d'Instruction Élémentaire

par MM.

A. RIQUIER et l'Abbé COMBES

HISTOIRE DU MOYEN-AGE

(Petit Cours)

Par M. A. RIQUIER

Revue par M. l'Abbé BEURLIER

Librairie Ch. Delagrave

COURS COMPLET

D'INSTRUCTION ÉLÉMENTAIRE

A L'USAGE DE LA JEUNESSE

HISTOIRE DU MOYEN AGE

(PETIT COURS)

SOCIÉTÉ ANONYME D'IMPRIMERIE DE VILLEFRANCHE-DE-ROUERGUE

Jules Bardoux, Directeur.

4ᵉ Édition

d'Instruction Élémentaire

À l'usage des Maisons d'Éducation

par MM. A. RIQUIER et l'Abbé COMBES

Couronné par l'Académie française

HISTOIRE DU MOYEN AGE

Par M. A. RIQUIER

Ouvrage approuvé par NN. SS. l'archevêque de Besançon et l'évêque de Poitiers.

Revue et corrigée

Par M. l'abbé E. BEURLIER

Docteur en théologie et ès lettres,
Professeur honoraire à l'Institut catholique de Paris,
Curé de Notre-Dame d'Auteuil.

ORNÉE DE GRAVURES DANS LE TEXTE ET DE CARTES

(PETIT COURS)

PARIS

LIBRAIRIE CH. DELAGRAVE

15, RUE SOUFFLOT, 15

AVERTISSEMENT

Nous publions, après bien d'autres, deux Cours d'histoire et de géographie, *un Cours élémentaire* pour la jeunesse, un *Petit Cours* pour l'enfance.

C'est d'après les sources originales, sans cesse consultées, et d'après les grands travaux historiques de notre temps, que nous écrivons chacune de nos pages. Nous n'avons rien négligé pour les tenir à la hauteur de la science. Nos petits livres cependant, dégagés de tout étalage d'érudition, veulent rester accessibles à toutes les intelligences, être toujours compris de leurs jeunes lecteurs. Donner une instruction solide et sérieuse, tout en rendant l'étude facile, tel est le double résultat que nous poursuivons.

Fénelon conseille à l'historien de « laisser tomber les menus faits qui ne mènent le lecteur à aucun but important, et ne lui apprennent que des noms et des dates stériles ». Ce précepte, d'une vérité générale, est encore plus à sa place dans l'histoire élémentaire que dans les travaux d'un ordre plus élevé. Au lieu de surcharger de choses inutiles la mémoire des enfants et des jeunes gens, il faut ne leur faire apprendre que ce qu'ils doivent retenir. Les grands événements, leurs causes, leurs conséquences, les liens qui les rattachent et en font comprendre la suite et l'ensemble, voilà ce qu'on trouvera dans nos Cours. Même système pour la chronologie et la géographie : les dates précises des faits les plus remarquables, mais en petit nombre; des cartes peu chargées, où nous n'avons inscrit que les lieux dont nous parlons. En un mot, nous débarrassons la mémoire de tout ce qui est bagage superflu, et nous facilitons le travail en parlant surtout à l'intelligence : on le peut toujours, même avec les enfants, si l'on sait se mettre à leur portée.

En sacrifiant les faits sans importance, les noms sans célébrité, nous avons trouvé, sans grossir nos livres, le moyen de raconter avec quelques détails les grandes scènes de l'histoire, de peindre par leurs traits essentiels les personnages qu'elle nous offre, de rapporter telle parole, telle anecdote, qui font mieux connaître un homme qu'un long portrait, de donner au récit un peu de vie et de couleur. Pour que l'enfant retienne, il faut qu'il s'intéresse à ce qu'il apprend. « Je ne connais point un homme en ne connaissant que son nom, dit encore Fénelon. Sans les circonstances, les faits demeurent comme décharnés; ce n'est que le squelette d'une histoire. »

Le grand écrivain nous donne un dernier conseil : « Il faut, dit-il, montrer l'unité d'une histoire. Sa principale perfection consiste dans l'ordre et l'arrangement. » Nous avons tâché partout de satisfaire à cette loi, sans laquelle il n'y a pas d'enseignement possible. Nous suivons et nous racontons la vie d'un peuple comme nous ferions pour la vie d'un homme. Nous le voyons naître, grandir, s'élever, décroître ensuite et mourir; et, sans jamais oublier que nous parlons à de jeunes esprits, sans nous perdre dans ces réflexions, aventureuses parfois et systématiques, qu'on a appelées la philosophie de l'histoire, nous tâchons de leur montrer, d'une manière nette et précise, pourquoi tel peuple s'élève et grandit, pourquoi ensuite il s'affaisse et tombe.

Nous suivons ainsi, pas à pas, la marche de l'humanité sous la main de Dieu, et l'idée chrétienne et catholique relie entre elles les histoires des divers peuples. En face de l'antiquité idolâtre, Dieu se choisit un peuple appelé à conserver la foi en son nom ; au monde régénéré il y a dix-huit siècles, il donne l'Église, pour appeler et soutenir les individus et les nations dans la voie qu'il leur a tracée ; dans tous les temps enfin, maître de la vie et de la mort, il envoie à la terre les grands hommes, en les chargeant, parfois à leur insu, de l'accomplissement de ses desseins. S'il n'est permis qu'aux saint Augustin et aux Bossuet, du haut de leur foi et de leur génie, d'aborder résolument ces mystères du gouvernement de la Providence, les plus humbles et les plus petits peuvent cependant reconnaître le doigt de Dieu dans la vie des peuples, et, quand ils l'aperçoivent, le signaler en s'inclinant.

On a souvent parlé de l'histoire du moyen âge comme d'un fouillis inextricable, où il est très difficile de se reconnaître, et dont, sauf quelques noms illustres et quelques événements plus en saillie, il est presque impossible de rien retenir. Cette manière de voir pouvait avoir quelque apparence de fondement avant les travaux de tous genres qui, de nos jours, ont jeté tant de lumière sur le passé. A présent, elle n'a plus de raison d'être. Nulle part ailleurs les grands faits ne se suivent et ne s'enchaînent aussi nettement, aussi visiblement que dans ce millier d'années où nous suivons l'enfance et la jeunesse de l'Europe chrétienne. Nous espérons que nos jeunes lecteurs partageront cet avis, et, pour les y amener, pour les guider sans fatigue à travers ce prétendu labyrinthe, nous avons tâché de mettre dans nos récits beaucoup d'ordre, de clarté, de simplicité, et nous avons placé à la fin de chaque période un tableau formant une sorte de résumé de ce qu'elle contient.

Des préventions qui tendent peu à peu à disparaître, mais dont il reste quelque chose encore en bien des esprits, ont soulevé contre le moyen âge bien d'autres accusations. C'était un temps de barbarie, disent les uns, dont notre civilisation n'a que faire. C'était un âge de servitude, disent les autres, qui ne mérite que répugnance et malédiction. A quoi l'on peut répondre, sans aimer ni la servitude ni la barbarie, que le moyen âge a été, sur les ruines de l'empire romain, l'âge d'enfantement et de croissance d'une société nouvelle, et que l'enfant n'est point parfait en venant au monde; que, si l'on y trouve les violences féodales et les misères du servage, le monde moderne a eu l'esclavage et la traite des noirs, que cette plaie hideuse vient seulement de disparaître, et qu'il en reste même quelques traces encore.

Chaque âge de notre pauvre humanité a eu ses misères, et le moyen âge a eu, avec les siennes, sa large part de grandeur. Notre XIXe siècle s'admire et se glorifie dans ses œuvres, à l'idée de cette lumière qui éclaire splendidement ses demeures, sans que l'œil aperçoive ce qui la produit et l'entretient, de ces robes aux mille dessins, de ces parures aux mille couleurs qui se tissent et se multiplient sans que la main de l'homme y travaille; de ces voyages qui s'accomplissent rapides comme le vent, sans voiles sur les mers et sans chevaux sur les routes; de ces portraits qui, sans crayons ni pinceaux, se tracent à peu de frais en quelques secondes; de ces messages enfin qui franchissent comme l'éclair les pays, les continents, l'Océan lui-même.

Tout cela est grand, sans aucun doute; mais le moyen âge avait inventé la boussole, qui a ouvert la mer à nos vaisseaux; la poudre à canon, qui a transformé la guerre; le papier et l'imprimerie, qui ont transformé le monde. Nous sommes justement fiers des Raphaël et des Michel-Ange, des Bossuet et des Corneille, des Molière et des

Shakespeare : mais l'art religieux a élevé au XIIe et au XIIIe siècle ces merveilleuses cathédrales au-dessus desquelles il n'y a rien ; on a comparé au génie d'Aristote le génie de saint Thomas d'Aquin, le premier théologien et le premier philosophe du moyen âge ; c'est encore le moyen âge qui a donné au monde chrétien le plus grand peut-être de ses poètes, Dante Alighieri, que Pétrarque a suivi de près ; Joinville et Froissart écrivaient alors leurs attachants récits, et c'est vers le même temps que fut composée l'*Imitation de Jésus-Christ,* « le plus beau livre qui soit sorti de la main des hommes ».

Le moyen âge, en plus d'un point, nous a laissé des modèles, en bien d'autres il nous a frayé les voies, et, bien loin de lui jeter la pierre parce qu'il n'a pas, plus que nous, été parfait en toutes choses, c'est avec une sorte de reconnaissance filiale que nous devrions toujours l'aborder.

AVERTISSEMENT DE LA NOUVELLE ÉDITION

Nous avons cru rendre un véritable service aux familles chrétiennes en préparant, sur la demande de Mme veuve Riquier et de M. Delagrave, une nouvelle édition du *Cours d'histoire élémentaire* de MM. A. Riquier et Combes.

Il serait on ne peut plus fâcheux, en effet, que cet ouvrage, si recommandable à tous les points de vue, fût abandonné pour d'autres moins sérieux, mais qui auraient sur lui l'avantage d'avoir été mis au courant des études modernes.

L'*Histoire du moyen âge* a été soumise au même travail de revision minutieuse que l'*Histoire de France*. En tête de chacun des chapitres on a placé un résumé qui permet d'embrasser d'un coup d'œil les matières qu'il contient ; on a ajouté à la fin des sujets de devoirs écrits et d'exercices géographiques. Le nombre des cartes et des figures a été multiplié. En un mot, rien n'a été négligé pour mettre ce volume à la hauteur des progrès de la science et de la pédagogie modernes, tout en lui conservant le caractère qui lui a assuré jusqu'ici un si légitime succès. Nous aimons à espérer que cette nouvelle édition sera favorablement accueillie du public comme l'ont été les précédentes.

E. BEURLIER.

HISTOIRE
DU MOYEN AGE

INTRODUCTION

RÉSUMÉ. — Le moyen âge est la période pendant laquelle se forment les Etats modernes. Il est rempli d'un bout à l'autre par des invasions.

Sa durée commence à la mort de l'empereur Théodose en 395, et se termine à la prise de Constantinople par les Turcs en 1453.

Pendant ce temps, les Etats européens vivent isolés les uns des autres et n'agissent de concert que pour les croisades.

1. Définition du mot moyen âge. — L'empire romain, après avoir réuni sous sa domination presque tout le monde ancien civilisé, avait fini par se partager en deux, l'empire d'Occident et l'empire d'Orient. On donne le nom de moyen âge, c'est-à-dire de période intermédiaire, aux dix siècles et demi qui, après la destruction du premier de ces empires par les Barbares de la Germanie, ont vu naître et se constituer les Etats modernes. Cette période de transformation est remplie d'invasions d'un bout à l'autre : invasion des Huns et des Barbares germains, aux v° et vi° siècles ; invasion des Arabes musulmans, aux vii° et viii° ; invasion des pirates normands et des Hongrois, du IXe au XIe; invasion des Mongols, au XIIIe; invasion des Turcs Ottomans, aux XIVe et XVe.

On donne pour limites précises au moyen âge la mort de l'empereur Théodose (395), après laquelle commence l'invasion des Barbares germains, et la prise de Constantinople et de l'empire romain d'Orient par les Turcs, en 1453. Alors commence l'histoire moderne, qui n'a plus eu à subir aucun bouleversement de ce genre.

A ce premier caractère du moyen âge s'en ajoute un autre, à savoir : l'isolement des États, la rareté des alliances, l'absence de relations diplomatiques entre les peuples, et de plus le morcellement de chaque État, partagé entre des centaines de petites souverainetés. Les expéditions lointaines entreprises, sous l'action de la Papauté, pour arracher aux musulmans la Palestine et le Saint Sépulcre, et désignées sous le nom de *croisades,* sont, au moyen âge, le seul acte commun aux divers peuples européens.

Questionnaire. — 1. Que veut dire le nom de moyen âge et à quelle période de l'histoire est-il donné? — Quels sont les caractères distinctifs du moyen âge? — Entre quelles dates est-il renfermé?

PREMIÈRE PARTIE

De la mort de Théodose à l'avènement de Pépin le Bref (395-752).

L'EMPIRE D'OCCIDENT DÉMEMBRÉ PAR L'INVASION GERMAINE. — L'EMPIRE D'ORIENT AMOINDRI PAR L'INVASION ARABE. — RENCONTRE DES DEUX INVASIONS (711, 732).

CHAPITRE PREMIER

LE MONDE ROMAIN ET LES BARBARES DU NORD A LA FIN DU QUATRIÈME SIÈCLE

RÉSUMÉ. — L'empire romain, après la mort de Théodose, se divise en deux : l'empire d'Occident et l'empire d'Orient. L'un et l'autre n'ont pour se défendre que des mercenaires, et sont dans la plus mauvaise situation financière.

Trois grandes familles forment le monde barbare : les Germains, les Slaves et les Scythes.

Les Germains sont introduits dans l'empire par les empereurs, qui les prennent pour auxiliaires dans leurs armées. Ils font connaitre au monde romain des mœurs plus pures et des habitudes de liberté politique.

2. Les deux empires d'Occident et d'Orient. — A la mort de *Théodose* (395), le monde romain fut définitivement partagé en deux empires : l'*empire d'Occident,* dont *Rome,* souvent abandonnée pour Ravenne ou Milan, ne fut plus la capitale que de nom, et l'*empire d'Orient,* qui devait survivre à l'autre un millier d'années, et qui avait pour capitale la brillante cité de *Constantinople,* élevée par Constantin sur l'emplacement de l'ancienne Byzance, entre la Propontide et le Pont-Euxin.

Ces deux empires n'avaient de commun que la ressemblance de gouvernement et d'administration. Chacun était divisé en deux préfectures, les préfectures en diocèses, et les diocèses en provinces.

EMPIRE D'OCCIDENT.		EMPIRE D'ORIENT.	
Préfectures.	*Diocèses.*	*Préfectures.*	*Diocèses.*
Préfecture des Gaules.	Bretagne. Gaule. Espagne.	Préfecture d'Orient.	Egypte. Orient. Pont. Asie. Thrace.
Préfecture d'Italie.	Italie. Rome. Illyrie occid^le. Afrique occid^le.	Préfecture d'Illyrie.	Dacie. Macédoine.

3. Faiblesse militaire de l'empire romain.

— Depuis longtemps, l'empire romain était impuissant à défendre ses frontières contre les Barbares. Attaqué de tous les côtés à la fois, il ne pouvait opposer sur bien des points qu'une faible résistance. Onze siècles de guerre avaient épuisé la population de l'Italie et des provinces : les empereurs, qui se défiaient de leurs sujets et qui les énervaient à dessein, ne recrutaient guère de soldats parmi eux. C'était à des mercenaires étrangers qu'on enrôlait dans les légions, à des tribus barbares cantonnées, sous le nom de *fédérés,* sur quelque point des frontières, que, depuis deux siècles, l'empire dégénéré remettait le soin de sa défense.

Incapable de se défendre par lui-même, l'empire était, de plus, détesté des populations. Les empereurs, dont la volonté toute-puissante faisait loi et

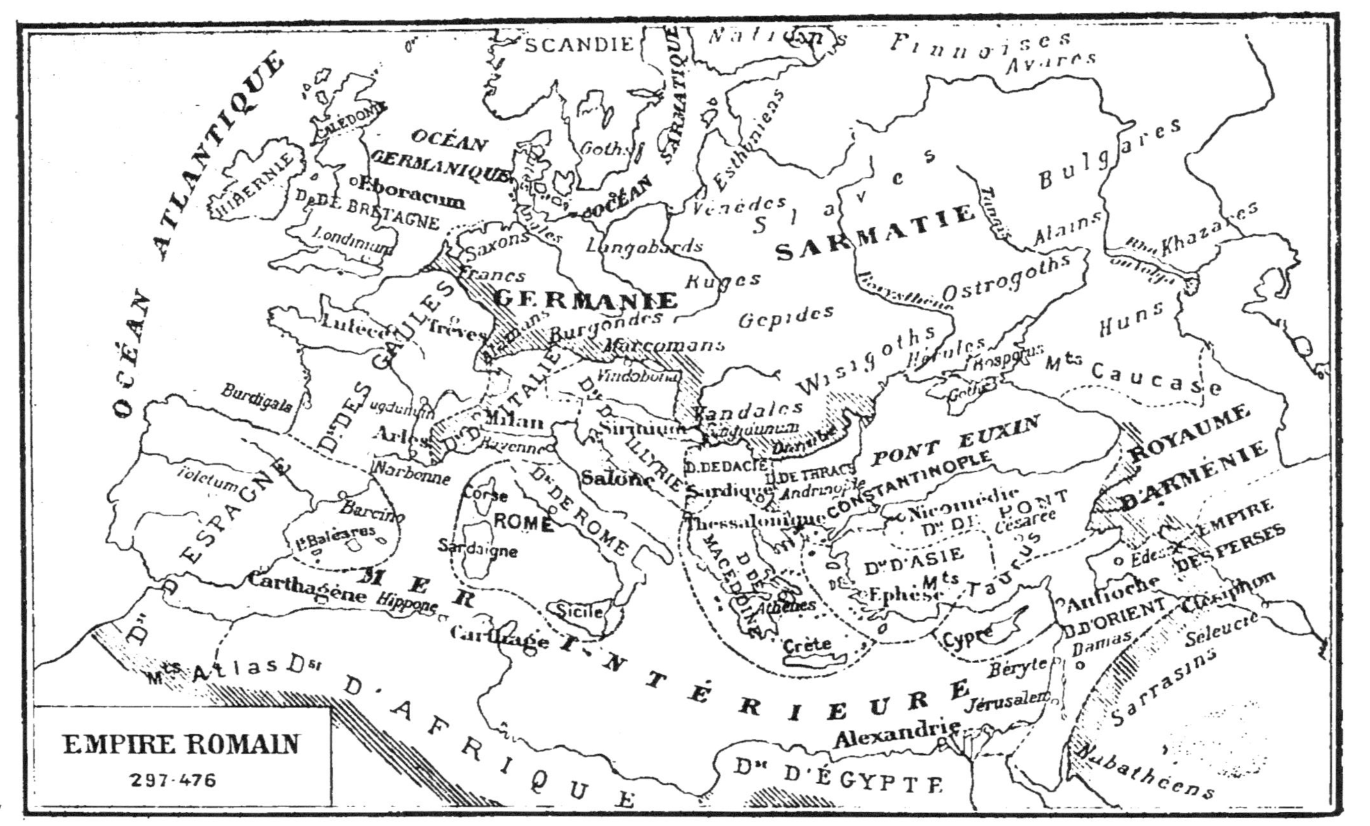

EMPIRE ROMAIN
297-476
OCÉAN ATLANTIQUE
OCÉAN GERMANIQUE
OCÉAN SARMATIQUE
SCANDIE
Nations Finnoises
Avares
HIBERNIE
CALÉDONIE
Goths
Esthniens
Venèdes
Slaves
Bulgares
SARMATIE
D. DE BRETAGNE
Eboracum
Londinium
Saxons
Longobards
Ruges
Tanais
Alains
Rha Khazares
Francs
GERMANIE
Gepides
Ostrogoths
Borysthène
GAULES
Lutèce
Trèves
Alamans
Burgondes
Marcomans
Wisigoths
Hérules
Bosporus
Mts Caucase
Huns
D. DES
Vindobona
Goths
Burdigala
Lugdunum
D. D'ITALIE
Vandales
Pannonie
Danube
PONT EUXIN
Arles
Milan
Ravenne
D. D'ILLYRIE
Sirmium
D. DE DACIE
D. DE THRACE
Constantinople
ROYAUME
Narbonne
Salone
Sardique
Andrinople
Nicomédie
D. DE PONT
D'ARMÉNIE
D. D'ESPAGNE
Toletum
Corse
D. DE ROME
Thessalonique
Césarée
o Edesse
X EMPIRE
Barcino
ROME
D. DE
Nicée
D. D'ASIE
Mts Taurus
Antioche
DES PERSES
l. Baléares
Sardaigne
MACEDOINE
Ephèse
D. D'ORIENT
Ctésiphon
MER
Sicile
Athènes
Cypre
Damas
Séleucie
Carthagène
Hippone
INTÉRIEURE
Crète
Béryte
Sarrasins
Mts Atlas
D. St
Carthage
Jérusalem
D. D'AFRIQUE
Alexandrie
Nabathéens
D. D'ÉGYPTE

réglait toutes choses, semblaient ne s'occuper des provinces que pour les écraser d'impôts. La rapacité de leurs agents (préfets dans les préfectures, vicaires dans les diocèses, proconsuls dans les provinces) rendait ces charges plus lourdes encore.

La misère était excessive, les révoltes fréquentes, les émigrations continuelles : on allait vivre chez les Barbares des frontières plutôt que de rester dans cet esclavage décoré du faux nom de liberté.

4. Division du monde barbare. — Au nord des deux empires, le monde barbare était partagé en trois grandes familles qui, plus ou moins, menaient encore la vie nomade : les **Germains**, répandus entre la mer du Nord et la mer Noire jusqu'à la Vistule et la Theiss, affluent du Danube; les **Slaves** ou Sarmates, qui habitaient l'Europe orientale depuis les frontières de la Germanie jusqu'au Volga; enfin, au delà du Volga, les **Scythes**, qui s'étendaient en outre sur tout le nord de l'Asie.

De ces trois grandes familles, la première renversa l'empire d'Occident. La grande invasion germaine du v⁰ siècle ne fut que le terme d'une lutte presque constante, poursuivie depuis 500 ans. Un siècle avant notre ère, Marius avait écrasé la formidable irruption des Germains ou Teutons, qui se répandaient dans la Gaule comme un torrent dévastateur. Cent mille de leurs cadavres avaient engraissé la plaine voisine d'Aix, à laquelle est resté le nom de *Pourrières* (102).

Un demi-siècle plus tard, César avait battu et chassé d'autres Germains (58), les Suèves d'Arioviste, et l'empereur Auguste, son neveu, avait répondu aux attaques de ces Barbares par l'occupation de toute la

Germanie occidentale, entre le Rhin et l'Elbe. Mais là s'étaient arrêtés les succès de Rome. Profitant des forêts et des marécages dont la Germanie était couverte, le Chérusque Hermann ou Arminius avait exterminé trois légions (9 apr. J.-C.) et rendu l'indépendance à sa patrie.

5. Établissement des Barbares dans l'empire. — Depuis lors, les tribus germaines, parfois contenues par une main vigoureuse, n'avaient cessé de menacer les frontières de l'empire : celle du Rhin au Ier siècle, celle du Danube au IIe, l'une et l'autre dans les deux siècles qui suivirent; et déjà plusieurs de ces tribus, les Francs vers les bouches du Rhin, les Wisigoths sur le bas Danube, s'étaient établies comme auxiliaires sur les terres romaines. Ces tribus et bien d'autres, venues directement de la Germanie, allaient, au Ve siècle, se répandre sur tous les points de l'empire d'Occident, le démembrer pièce à pièce et se le partager.

Malgré leur état de barbarie, les envahisseurs apportaient au milieu de la servitude et de la corruption du vieux monde des habitudes de pureté morale et des germes de liberté politique qui les mettaient certainement au-dessus de la société romaine dégénérée.

QUESTIONNAIRE. — 2. Comment fut partagé le monde romain à la mort de Théodose? — Quelles étaient les capitales des deux empires ? — Indiquez les grandes divisions de chacun d'eux. — 3. Dans quel but et depuis quand les empereurs avaient-ils enrôlé des Barbares dans leurs armées? — Parlez des charges énormes qui pesaient sur les provinces et des conséquences de la tyrannie impériale. — 4. Nommez les grandes familles de peuples barbares placées au nord des deux empires. — Où habitaient les Germains, les Slaves, les Scythes ? — Par laquelle de ces trois grandes familles allait être envahi et renversé l'empire d'Occident ? — Cette lutte avec les Germains était-elle nouvelle pour Rome ? — Résumez à grands traits les guerres de Rome contre les Germains depuis l'époque de Marius et de César. — 5. Quelles tribus germaines étaient déjà établies dans l'empire à la mort de Théodose ? — Indiquez en quelques mots le rôle historique des Barbares germains au v° siècle.

CHAPITRE II

L'INVASION GERMAINE SOUS LE RÈGNE D'HONORIUS
ALARIC ET LES WISIGOTHS (395-424)

RÉSUMÉ. — Arcadius, empereur d'Occident, eut pour principal ministre Rufin ; Honorius, empereur d'Orient, eut pour tuteur Stilicon.

Encouragés par Rufin, les Wisigoths envahissent l'Orient sous la conduite d'Alaric. Ils sont battus par Stilicon.

Trois royaumes barbares se fondent en Espagne : ceux des Suèves, des Alains et des Vandales.

Alaric envahit l'Italie avec les Wisigoths et s'empare de Rome en 410.

Les Burgondes, en 413, fondent un royaume à l'est de la Gaule, et les Wisigoths au sud de ce pays en 419. Un demi-siècle plus tard ces derniers s'emparent de l'Espagne.

6. **Partage de l'empire entre les fils de Théodose.** — En 395, l'empire fut partagé entre les deux fils de Théodose, *Arcadius* et *Honorius,* bien jeunes encore l'un et l'autre (dix-huit ans et onze ans), et aussi débiles d'esprit que de corps.

Arcadius eut Constantinople pour capitale, pour ministre le Gaulois *Rufin.*

Honorius, maître de l'Occident, eut pour tuteur **Stilicon**, soldat fougueux et fier qui avait le talent de contenir et de diriger ces nombreuses troupes d'auxiliaires que Rome soldait pour sa défense. Il était Vandale de naissance, mais Romain d'éducation et de cœur; Théodose, en mourant, l'avait chargé de veiller sur les deux empires et sur les deux enfants placés à leur tête.

7. **Première invasion des Wisigoths, des Suèves, des Burgondes, des Alains et des Vandales. —** Après deux invasions sans résultat des Wisigoths vaincus par Stilicon en Grèce et en Italie, l'empire d'Occident eut à repousser d'autres envahisseurs, et des royaumes barbares commencè-

Barbares en marche.

rent à s'établir çà et là dans les provinces. En 406, les Suèves, partis des bords de la Baltique sous la conduite de *Radagaise,* se précipitèrent vers le sud, entraînant sur leur passage les Burgondes, les Alains et les Vandales. Deux cent mille d'entre eux pénétrèrent en Italie et marchèrent sur Rome. Stilicon les enferma sur les rochers de *Fésules,* près de Florence, et leur chef Radagaise fut fait prisonnier et mis à mort.

Les autres corps avaient passé le Rhin, vainement défendu par les Francs, et ravageaient la Gaule en tout sens; mais bientôt, tandis que les Burgondes cherchaient à se fixer dans la partie orientale du pays, les Suèves, les Alains et les Vandales, franchissant les Pyrénées, allèrent, en 409, fonder trois royaumes barbares en Espagne.

8. Mort de Stilicon. — Stilicon avait sauvé l'Italie, mais il ne recueillit que l'ingratitude en retour des immenses services qu'il avait rendus. Ses ennemis l'accusèrent d'aspirer au trône; les troupes impériales, de favoriser à leur détriment les auxiliaires levés à prix d'argent chez les Barbares. Dans une émeute, ils profitèrent de la terreur du prince pour lui présenter l'ordre de tuer Stilicon. Honorius signa sans hésiter, et le soutien dévoué de Rome et de sa gloire eut la tête tranchée (408).

9. Alaric en Italie. — Au moment où la faiblesse d'Honorius privait l'empire du seul homme capable de le défendre, Alaric ramenait sur la frontière de l'Italie son armée, grossie de tous les Barbares, déserteurs des garnisons romaines, qui ne demandaient qu'à venger la mort de leur général. Il traversa sans obstacle le nord de la péninsule, vint mettre le siège devant Rome. Quand on lui parla des troupes innombrables que le Sénat avait à lui opposer : « Tant mieux, répondit-il, plus l'herbe est serrée, mieux on la fauche. » Il fallut, pour sauver la ville, livrer aux Wisigoths 5,000 livres d'argent, de riches étoffes, des meubles précieux. « Que nous laisseras-tu donc? disaient les ambassadeurs. — La vie, » répliqua sèchement le roi barbare.

L'appétit des Goths pour l'or et le butin une fois

satisfait, Alaric exigea bientôt pour lui-même un titre qui l'eût fait l'héritier de Stilicon et de sa puissance, le titre de maître des milices dans l'empire d'Occident. Quand il vit sa demande repoussée avec dédain, il marcha de nouveau sur Rome, y entra sans coup férir, et le Sénat tremblant lui accorda le titre qu'il ambitionnait.

10. **Prise de Rome par Alaric.** — La perfidie d'Honorius, qui, sans tenir compte de cet accord, fit attaquer à l'improviste le camp des Barbares, amena une troisième fois Alaric aux portes de Rome. La ville fut livrée à toutes les horreurs du pillage, et les vainqueurs barbares ne respectèrent que les temples chrétiens (410). Après leur triomphe, les Wisigoths se répandirent dans le sud de l'Italie, mais Alaric mourut subitement à Consentia, dans le Brutium, au moment où il se disposait à passer en Sicile (411).

11. **Alliance d'Honorius et des Wisigoths.** — La mort de Stilicon et l'irritation de ses troupes, jalouses de le venger, laissaient Honorius sans défense contre les Barbares d'Espagne et contre les usurpateurs qui s'élevaient alors sur divers points. Il fut réduit à abandonner aux *Burgondes* l'est de la Gaule où ils venaient de s'établir (413). Contre les Alains, les Vandales et les Suèves, il n'eut d'autre ressource que de s'appuyer sur ces Wisigoths qui venaient de rançonner et de piller Rome.

Leur chef Wallia réduisit les Vandales à se réfugier en Galice et marcha contre les Alains, qu'il anéantit complètement. Les Suèves n'échappèrent au même sort qu'en se reconnaissant tributaires de l'empire. Honorius récompensa les succès de Wallia par le don d'une partie de l'Aquitaine, avec Toulouse et Narbonne pour capitales (419). Un demi-siècle après, de 466 à 469, un autre roi, le vaillant Euric, devait y ajouter l'Espagne presque entière.

Quand Honorius mourut (423), cinq Etats barbares s'étaient fondés au sein de l'empire, et l'un de ces cinq royaumes, celui des Alains, avait déjà disparu.

QUESTIONNAIRE. — 6. Quels souverains succédèrent à Théodose dans les deux empires ? — Sur quels pays régna Arcadius ? — Nommez sa capitale et son ministre. — Quel fut le tuteur d'Honorius en Occident ? — Que savez-vous de son origine, de ses talents et de sa puissance ? — 7. Dites un mot des deux premières incursions des Wisigoths. — Racontez, avec sa date et ses résultats, l'invasion des Suèves, des Burgondes, des Alains et des Vandales. — 8. Comment Stilicon fut-il récompensé de ses services ? — 9-10. Racontez, avec sa date, la nouvelle invasion d'Alaric en Italie et la prise de Rome. — En quelle année et en quel lieu mourut Alaric? — 11. Sur quel peuple Honorius fut-il réduit à s'appuyer pour lutter contre les Barbares d'Espagne ? — Que devinrent les Alains ? — Quel pays fut donné aux Wisigoths pour prix de leurs services ? — Combien d'Etats barbares s'étaient fondés au sein de l'empire à la mort d'Honorius? — Lequel avait déjà disparu ?

CHAPITRE III

L'INVASION GERMAINE DE LA MORT D'HONORIUS A LA FIN DE L'EMPIRE D'OCCIDENT; LES VANDALES DE GENSÉRIC ET LES HUNS D'ATTILA (423-476).

RÉSUMÉ. — **Les Vandales, sous la conduite de Genséric, envahissent l'Afrique.**

Attila et les Huns ravagent l'Europe. Ils sont arrêtés en Gaule par la victoire d'Aétius près de Châlons (451), en Italie par le prestige du pape saint Léon le Grand.

Les Vandales débarquent en Italie et saccagent Rome (455).

Romulus-Augustule est le dernier empereur d'Occident.

12. **Valentinien III.** — Honorius, à sa mort (423), ne laissait qu'un neveu, *Valentinien III,* âgé de six ans, qui fut placé sous la tutelle de sa mère Placidie, fille de Théodose.

Aétius, Scythe de naissance, homme de guerre de premier ordre, mérita et obtint sous ce règne la plus large part dans les faveurs impériales. Il unissait à un corps de fer une activité infatigable, de rares talents d'administration, et il était adoré des troupes romaines. Mais il n'avait pas la grandeur morale de Stilicon. Après avoir provoqué, en 429, le rappel du comte d'Afrique, Boniface, qu'il voulait perdre, il le poussa à résister aux ordres de la régente en lui parlant des prétendus dangers de mort qui le menaçaient. Boniface, au lieu de retourner en Italie, appela à son aide les Vandales d'Espagne. Cette perfidie d'Aétius allait enlever à l'empire la province d'Afrique.

13. **Conquête de l'Afrique par les Van-**

dales. — **Genséric,** chef des Vandales, ne pouvait manquer en effet de saisir l'occasion qui lui était offerte. Les Barbares, quittant l'Espagne, passèrent le détroit de Gadès au nombre de 40,000. Ils trouvèrent des alliés naturels dans les tribus nomades des Maures, toujours restées en lutte avec Rome. En vain Boniface, réconcilié avec la régente, essaya-t-il d'arrêter l'invasion : il fut battu par Genséric. Hippone, excitée à la résistance par *saint Augustin,* son évêque, soutint inutilement un siège de quatorze mois, et Valentinien, contraint de traiter avec le roi barbare, lui abandonna une partie de l'Afrique romaine (435).

Genséric ne se contenta pas de cette première conquête : quatre ans après, il surprit Carthage (439). Toutes les possessions africaines de l'empire d'Occident lui obéirent, depuis le détroit de Gadès jusqu'à la Cyrénaïque. La Sicile, la Sardaigne, la Corse, les Baléares, reconnurent bientôt l'autorité de ce nouveau maître.

Ce ne fut pas tout : il s'allia avec le plus farouche des Barbares, le roi des Huns *Attila,* et jeta sur l'empire cet ennemi plus terrible encore que tous ceux qu'il combattait depuis cinquante ans.

14. **Invasion des Huns.** — Après avoir, au IVe siècle, renversé la domination des Goths dans l'Europe orientale (Ostrogoths à l'est et Wisigoths à l'ouest du Dniéper), les Huns, campés entre le Danube et le Volga, avaient imposé un tribut à l'empire d'Orient et assujetti à leurs lois tous les peuples barbares jusqu'au Rhin. C'étaient des hordes d'une race jusqu'alors inconnue, la race mongole aux yeux

enfoncés, aux joues saillantes, au nez écrasé : « sortes de bêtes à deux pieds, disent les historiens du temps, qui passaient à cheval leur vie errante et ne se nourrissaient que de racines sauvages et d'une viande mortifiée, pour toute cuisson, entre la selle et le dos de leurs montures ».

Attila, leur chef, se croyait né pour châtier les peuples ; il prenait le nom de *Fléau de Dieu,* et, pour exprimer les dévastations de ses hordes, il disait que l'herbe cessait de croître partout où avait passé son cheval.

15. Attila en Gaule. — Les Huns entrèrent en Gaule en massacrant et dévastant tout sur leur passage, et les populations devenaient à demi folles de terreur à l'idée

Sainte Geneviève et Attila.

de leur approche. Les Parisiens épouvantés ne restèrent dans leur ville que sur l'insistance et les prières d'une humble fille de Nanterre, **sainte Geneviève.** A Orléans, l'évêque *saint Aignan* avait su inspirer à son troupeau la patriotique résolution de se défendre ; cependant la ville épuisée venait de s'ouvrir aux assiégeants, et le pillage allait commencer, quand arriva enfin une armée de délivrance.

C'était la Gaule entière. L'infatigable *Aétius* avait

réuni contre les envahisseurs tout ce qu'il y avait de guerriers dans le pays : les troupes gallo-romaines, les Francs du Nord, les Burgondes de l'Est, les Wisigoths du Midi. Attila, contraint de reculer, alla déployer dans les *plaines de la Champagne*[1] son innombrable cavalerie. Une bataille acharnée se livra entre Méry-sur-Seine et Arcis-sur-Aube, non loin du confluent des deux cours d'eau. Après une effroyable mêlée, où 160,000 hommes suivant les uns, 300,000 suivant les autres, perdirent la vie, les Huns furent repoussés en désordre au delà du Rhin, et la Gaule fut sauvée (451).

16. Attila en Italie. — Impatient de venger sa défaite, Attila passa en Italie et détruisit Aquilée, dont les habitants s'enfuirent dans les lagunes et donnèrent ainsi naissance à Venise. Après avoir incendié sur son passage Vicence, Padoue et Vérone, il avait conduit son armée jusqu'aux environs de Mantoue, quand l'aspect vénérable et la parole inspirée du pape saint **Léon le Grand** le décidèrent à s'éloigner de la péninsule. Il mourut quelques mois après (453). Les Huns, affaiblis par des guerres intestines, virent s'écrouler leur puissance éphémère, et les peuples qu'ils avaient domptés reprirent leur indépendance.

17. Mort d'Aétius. — Seul défenseur de l'empire depuis la mort de Boniface (432), Aétius avait, comme Stilicon, repoussé les Barbares au delà des frontières : la même ingratitude l'attendait. Trois ans après

---

1. Châlons-sur-Marne était la ville principale de ces vastes plaines. De là le nom peu exact de bataille de Châlons, souvent donné à la rencontre des Huns et de l'armée de défense de la Gaule.

sa victoire sur Attila, l'empereur, qui ne lui avait pas donné de troupes suffisantes, le taxait d'incapacité, sous prétexte qu'il n'avait pas protégé le nord de l'Italie contre l'invasion. Quand il demanda pour son fils la main d'une fille de Valentinien, celui-ci, tirant son épée, le mit à mort dans un accès de colère (454). « Tuer Aétius, c'est se couper la main droite, » dit un officier des gardes, présent à l'assassinat. On vit bientôt que cette parole n'était que trop vraie.

18. Les Vandales en Italie. — En 455, deux soldats d'Aétius massacrèrent Valentinien III, à l'instigation du sénateur Maxime. Eudoxie, veuve de l'empereur, contrainte d'épouser le meurtrier de son mari, appela secrètement, pour se venger, le roi des Vandales.

Genséric s'embarqua avec une puissante armée. Rome, prise par lui, fut livrée au pillage pendant quatorze jours. Puis il saccagea tout le midi de l'Italie. Maxime, qui conseillait la fuite et qui voulait fuir lui-même, avait été assailli de pierres et jeté au Tibre à la première nouvelle de l'approche des Barbares.

19. Désorganisation de l'empire d'Occident. — Dans les vingt années qui suivirent l'irruption de Genséric en Italie, l'empire d'Occident, déjà dépouillé de l'Espagne, de l'Afrique, de la Gaule presque entière, n'eut pas à subir de nouvelles attaques. Mais, à l'intérieur, les rois barbares établis en diverses provinces du consentement des empereurs, et les chefs barbares revêtus dans les armées romaines de hautes fonctions militaires, furent les maîtres de l'empire et disposèrent souverainement du trône.

Le dernier empereur qu'ils nommèrent était Romulus-Augustule, un enfant de treize ans.

20. **Chute de l'empire d'Occident.** — Les soldats barbares se soulevèrent de nouveau en 476, et prirent pour chef *Odoacre*. Vainqueur des Romains, Odoacre épargna le jeune *Romulus-Augustule*, et lui assigna pour séjour une magnifique villa de Campanie, avec un revenu de six mille pièces d'or.

Lui-même reçut de ses guerriers le titre de roi, et celui d'empereur ne fut plus, dans l'Occident, donné à personne.

QUESTIONNAIRE. — 12. Qui gouverna l'empire d'Occident après Honorius ? — Qu'était et que valait Aétius ? — Quel revers amena-t-il et quels services rendit-il ? — 13. Racontez, avec ses dates, la conquête de l'Afrique par les Vandales. — A quel chef barbare s'allia le roi Genséric ? — 14. Racontez l'invasion des Huns et la défaite d'Attila. — 15. Quelle influence éloigna les Huns de l'Italie ? — Quand mourut Attila, et que devint son empire ? — 16. Quelle accusation s'éleva plus tard contre Aétius ? — Quand et comment se termina sa vie ? — 17. Quelles furent pour Valentinien III et pour Rome les conséquences du meurtre d'Aétius ? — 18. Donnez la date de la prise de Rome par Genséric. — 19. Résumez l'histoire des vingt dernières années de l'empire d'Occident. — 20. Racontez les événements qui amenèrent la chute du dernier empereur.

CHAPITRE IV

LES FRANCS SOUS CLOVIS ET SES FILS
(481-561)

RÉSUMÉ. — **Les Francs furent introduits en Gaule par l'empereur Constance. Leurs premiers chefs sont à peu près inconnus.**

Clovis, proclamé roi en 481, s'empara de la Gaule romaine à la suite de la victoire de Soissons. Sous l'influence de sa femme Clotilde, et après la victoire de Tolbiac, il se convertit au christianisme, et fut baptisé à Reims par saint Remi (496).

Ses quatre fils Thierry, Clodomir, Childebert et Clotaire se partagèrent son royaume.

Par la mort de ses frères et de ses neveux, Clotaire devint maître de tous les Etats francs.

21. Établissement des Francs en Gaule. — Quelques années après la chute de l'empire d'Occident, les Francs vinrent fonder un nouveau royaume barbare sur les ruines du monde romain. Originaires de la Germanie et formés de plusieurs tribus confédérées, ils avaient envahi le nord de la Gaule dès le milieu du IVe siècle. Mais, battus par le jeune *Julien,* cousin de l'empereur Constance, ils ne s'y étaient établis qu'à titre d'auxiliaires, et sur la promesse de défendre la frontière romaine : les uns dans le pays de Cologne, sous le nom de *Ripuaires* ou riverains; les autres dans les marais et sur les dunes qu'on appelait l'île des Bataves, à l'embouchure du Rhin.

On nommait ceux-ci *Francs Saliens,* parce qu'ils venaient des bords de l'Yssel ou Sala, bras septentrional du fleuve. Sous quelques chefs à peine con-

nus, Clodion, Mérovée, ils avaient poussé au ve siècle leur domination jusqu'aux villes de *Cambrai* et
de *Tournai* sur l'Escaut; mais la monarchie franque
et son histoire ne commencent vraiment qu'au règne
de **Clovis**, fils de Childéric.

22. **Division de la Gaule à l'avènement de
Clovis.** — *Clovis* n'avait que quinze à seize ans à la
mort de son père. La Gaule était alors partagée entre
quatre dominations : les *Romains* au centre, les
Francs au nord, les *Wisigoths* à l'ouest et au sud, les
Burgondes à l'est; il faut y ajouter la *confédération
des cités armoricaines,* redevenues indépendantes
depuis près d'un siècle, entre les bouches de la Seine
et celles de la Loire.

Clovis, dans ses trente années de règne (481-511),
n'eut qu'une ambition, celle de remplacer à lui seul
tous les maîtres du pays. Violent et cruel, et pourtant, au besoin, calme, patient et rusé, il poursuivit
son but sans relâche et sans scrupules, par tous les
moyens, par la perfidie et l'assassinat, comme par
l'audace et les batailles.

23. **Victoires de Clovis sur les Romains.** —
Les Romains furent ses premiers ennemis. Bien
qu'il n'y eût plus d'empire, on trouvait encore des
troupes romaines entre la Somme et la Loire.
Syagrius, qui les commandait, s'y serait volontiers
fait un royaume comme les chefs germains de son
voisinage. En 486, Clovis l'attaqua et le battit à
Soissons : Syagrius crut trouver un asile chez les
Wisigoths; mais le vainqueur se fit livrer le fugitif
par Alaric II, donna l'ordre de l'égorger, s'empara
de la plupart de ses villes, prit à son service les

troupes romaines, et étendit jusqu'à la Loire la domination des Saliens.

24. Conversion de Clovis. — Clovis épousa
une princesse catholique, *Clotilde,* nièce de Gondebaud, roi des Burgondes (493). La jeune femme

Baptême de Clovis.

pressa souvent son époux de quitter le culte des
idoles. En 496, un événement survint qui décida
Clovis à se faire chrétien.

Les tribus confédérées sous le nom d'*Alamans*
attaquèrent les Francs Ripuaires, leurs voisins. Clovis accourut au secours de ces derniers, et les deux
armées se rencontrèrent à **Tolbiac**. Le choc fut terrible, et les Francs pliaient. Clovis alors, songeant
au Dieu de Clotilde, leva les yeux vers le ciel :
« Jésus-Christ, s'écria-t-il, toi que Clotilde assure

être le vrai Fils de Dieu, je t'invoque en ce moment,
je veux croire en toi. Fais seulement que je sois
délivré de mes ennemis et donne-moi la victoire. »
La chance tourna, les Francs reprirent courage, les
Alamans furent exterminés avec leur roi, ou refoulés
et poursuivis au delà du fleuve. Le jour de Noël qui
suivit, Clovis, instruit par **saint Remi** des principales vérités de la foi chrétienne, vint recevoir le
baptême, avec trois mille de ses guerriers, dans la
cathédrale de Reims.

25. **Conséquences de la conversion de Clovis.** — Au milieu de la Gaule catholique, les Burgondes et les Wisigoths n'étaient guère chrétiens
que de nom, puisque l'hérésie d'Arius, adoptée par
eux, niait la divinité de Jésus-Christ, ne voyait en
lui qu'une créature supérieure à toutes les autres et
attaquait ainsi le fond même du christianisme. Clovis était le premier chef barbare qui eût embrassé
la foi catholique. Par sa conversion et celle de ses
guerriers, la nation dont il était roi devenait comme
la fille aînée de l'Eglise[1]. Les évêques le félicitèrent,
le pape lui écrivit, les cités armoricaines et les villes
gallo-romaines qui lui avaient résisté jusque-là se
rangèrent volontairement sous son empire.

26. **Guerres de Clovis contre les Burgondes.** — Clovis fit tourner cette popularité au profit
de sa puissance. *Gondebaud,* roi des Burgondes, avait
jadis égorgé ou noyé le père, la mère et les deux
frères de la reine Clotilde, sa nièce. Au souvenir de

---

1. Le titre de *roi très chrétien* devint plus tard une des pré-
rogatives de la couronne de France.

ces forfaits vint s'ajouter, dans le cœur de l'ambitieux chef des Francs, l'idée de venger Dieu et de châtier l'hérésie. Il envahit donc en 500 le pays des Burgondes, les vainquit à Dijon et les rendit ses tributaires.

27. Guerres contre les Wisigoths. — Vint ensuite le tour des Wisigoths. Une bataille se livra à *Vouillé,* près Poitiers. Clovis y tua de sa main le roi Alaric II, et les Wisigoths, refoulés vers l'Espagne, ne conservèrent en France que le pays de Narbonne et de Carcassonne ou la Septimanie, entre les bouches du Rhône et les Pyrénées (507). Leurs efforts et leur action se concentrèrent alors sur la péninsule espagnole, et ils y absorbèrent la petite nation des Suèves en 585.

28. Paris capitale du royaume franc. — A part ce pays et la Provence, qui appartenait alors aux *Ostrogoths* d'Italie, toute la Gaule, depuis le Rhin jusqu'aux Alpes et aux Pyrénées, fut sujette ou tributaire des Francs; les Gaulois furent incorporés dans les armées franques, comme l'avaient été les troupes de Syagrius. Pour être plus au centre, Clovis fixa sa résidence à *Paris.*

Restait à réunir en un seul corps tous les petits Etats francs, et Clovis déploya dans cette dernière œuvre de sa vie plus d'astuce et de cruauté que jamais. Le plus puissant chef des Francs, après Clovis, était Sigebert, roi des Ripuaires de Cologne. Clovis poussa le fils de Sigebert à tuer son père et le fit ensuite assassiner lui-même. Il se défit d'une manière analogue du roi de Cambrai et des autres chefs francs.

29. Les fils de Clovis. — Les quatre fils de

Clovis complétèrent les conquêtes de leur père, en s'emparant de la Bourgogne (534) et de la Provence, et en soumettant au tribut tous les peuples de la Germanie jusqu'à l'Elbe. Mais la vie des successeurs de Clovis, sauf de rares exceptions, fut un tissu de crimes révoltants et de débauches dégradantes. Les conquêtes furent remplacées, pendant plus d'un siècle, par des guerres civiles.

QUESTIONNAIRE. — 21. Quel nouveau royaume barbare fut fondé quelques années après la chute de l'empire d'Occident? — D'où les Francs étaient-ils originaires? — Dites un mot de leur établissement en Gaule. — Quel fut le vrai fondateur de la monarchie franque? — 22. Où, quand et comment Clovis fut-il proclamé roi des Francs Saliens? — Comment était alors partagée la Gaule? — Combien d'années régna Clovis et quand mourut-il? — Quel but poursuivit-il, et par quels moyens? — 23. Indiquez, avec sa date et ses conséquences, la première victoire de Clovis. — Jusqu'où s'étendit alors sa domination? — Quelles résistances, après sa victoire de Soissons, Clovis rencontra-t-il encore au nord de la Loire? — 24. Quelle fut l'épouse de Clovis, et que chercha-t-elle à obtenir de lui? — Racontez, avec sa date, la bataille de Tolbiac et le baptême de Clovis. — 25. Quelle était alors la religion des diverses populations de la Gaule? — En quoi consistait l'hérésie d'Arius? — La conversion de Clovis n'augmenta-t-elle point son pouvoir et sa renommée? — 26-27. Causes, date, principaux faits et résultats des guerres de Clovis aux Burgondes et aux Wisigoths. — 28. Quelles furent, après la bataille de Vouillé, les limites de la puissance des Francs? — Quelle ville Clovis choisit-il pour sa résidence? — Comment réunit-il tous les petits États francs à celui des Saliens? — 29. Comment les fils de Clovis se partagèrent-ils et agrandirent-ils encore son royaume? — Lequel survécut à tous les autres, et quand mourut-il?

CHAPITRE V

THÉODORIC ET LES OSTROGOTHS

RÉSUMÉ. — **Les Ostrogoths conquirent l'Italie sous la conduite de Théodoric. Ils s'emparèrent ensuite du sud de la Gaule et de toute l'Espagne.**
Théodoric adopta, dans son gouvernement, les lois romaines, et sous lui l'Italie fut prospère. Mais il était arien, et à la fin de son règne il persécuta les catholiques.

30. **Les Ostrogoths.** — Tandis que les Francs de Clovis s'établissaient dans la Gaule, un autre peuple barbare, les **Ostrogoths**, renversait en Italie la domination des Hérules.

Primitivement établis à l'est du Dniéper, les Ostrogoths avaient vu leur empire détruit par les Huns au ive siècle; mais, après la mort d'Attila, ils avaient, comme les autres peuples soumis, recouvré leur indépendance et, du consentement de l'empereur d'Orient, Marcien, ils s'étaient fixés dans la Pannonie, en 455, pour y défendre la frontière du Danube.

D'abord auxiliaires fidèles, ils avaient repoussé dans plusieurs guerres les Barbares de l'autre rive, quand **Théodoric** devint leur roi en 475. Déjà les Ostrogoths s'étaient agrandis aux dépens de l'empire, et ils occupaient en maîtres tout le diocèse de *Dacie* et l'*Illyric occidentale* presque entière, quand leur jeune chef demanda à la cour d'Orient, qui s'empressa de l'accorder, l'autorisation de délivrer l'Italie des Hérules.

31. **Conquête de l'Italie par Théodoric.** —

Il quitta la Thrace en 488, entraînant avec lui toute sa nation. Après avoir écrasé dans les Alpes Juliennes une armée de *Gépides* et de *Sarmates* chargée de lui disputer le passage, il remporta sur *Odoacre,* en 489, les deux victoires d'*Aquilée* et de *Vérone.* Réduit, malgré ces succès, à s'enfermer dans *Pavie,* il ne fut délivré que par le secours des Wisigoths de Toulouse. Avec ce renfort, il remporta une seconde victoire de *Vérone* qui décida du sort de la péninsule. Odoacre, bloqué dans *Ravenne,* dut capituler, après avoir inutilement soutenu un siège de trois ans (490-493). Un traité fut conclu par lequel les deux rois devaient gouverner avec une égale autorité; mais huit jours après, malgré la parole donnée, Odoacre fut poignardé par son rival au milieu d'un festin (493).

32. **Influence de Théodoric.** — Après la conquête de l'Italie, Théodoric étendit encore ses États et son influence. Ses victoires sur Odoacre avaient ajouté la péninsule entière aux anciennes possessions des Ostrogoths; son alliance avec Clovis, qu'il seconda dans la guerre de Bourgogne (500), y joignit bientôt la Provence. Après la bataille de Vouillé (507), son intervention dans la lutte de Clovis et des Wisigoths le rendit maître de l'Espagne et de la Septimanie, comme tuteur de son petit-fils Amalaric. En outre, il se rattachait par des alliances de famille à tous les grands chefs barbares, et lui-même avait épousé la sœur de Clovis.

En vain, vers l'an 507, la jalousie de la cour d'Orient essaya d'arrêter les progrès de cette puissance formidable; Théodoric battit l'armée de terre que l'empereur avait envoyée contre lui, tandis que la construction rapide de mille vaisseaux légers rendait inutiles les attaques de la flotte byzantine.

33. Gouvernement de Théodoric en Italie. — Moins barbare que tant d'autres chefs qui avaient pris comme lui quelque lambeau de l'empire, Théodoric chercha à s'attacher les populations de l'Italie en adoptant l'administration et les lois romaines. Il encouragea l'agriculture, restaura les monuments anciens, protégea les écoles, et rendit à la péninsule une prospérité qu'elle ne connaissait plus sous les empereurs.

34. Causes de l'insuccès de Théodoric. — Sous cette grandeur apparente se cachaient pourtant de puissants germes de faiblesse et de ruine. Théodoric échoua dans ses efforts pour unir en un seul corps les deux peuples qu'il commandait, et pour assouplir les Ostrogoths aux coutumes et à la civilisation romaines. En fait, le métier des armes resta la seule occupation des Barbares, qui défendaient à leurs enfants de suivre les écoles et s'écartaient dédaigneusement des fonctions civiles. Cette différence de mœurs était une première source de désunion; la différence de religion fut une cause de division plus puissante encore. Malgré la tolérance que Théodoric, arien comme son peuple, accorda longtemps à ses sujets catholiques, les deux nations restèrent en présence rivales et ennemies.

Des actes injustes et cruels vinrent obscurcir l'éclat de ce règne glorieux. Le préfet *Symmaque* et son gendre *Boèce,* impliqués dans le complot, furent enfermés dans la tour de Pavie et mis à mort sans jugement légal, après avoir subi d'affreuses tortures

(525). Quand leur innocence fut reconnue, Théodoric en éprouva de tels remords qu'il mourut, dit-on, de désespoir (526). Après lui la décadence commença.

QUESTIONNAIRE. — 30. Quel peuple renversa la domination des Hérules en Italie ? — Origine des Ostrogoths. — Quand et comment s'étaient-ils établis dans l'empire ? — Sous quel chef commencèrent-ils à s'agrandir ? — 31. Racontez, avec ses dates, la conquête de l'Italie par les Ostrogoths. — 32. Rappelez brièvement les possessions et les alliances de Théodoric. — 33. En quoi son gouvernement différait-il de celui des autres chefs barbares, et que faut-il en penser ? — 34. Enumérez les causes de faiblesse de cette nouvelle domination. — Par quels actes de cruauté Théodoric souilla-t-il la fin de son règne ? — En quelle année mourut-il ?

CHAPITRE VI

RÉACTION MOMENTANÉE DE L'EMPIRE GREC
JUSTINIEN (527-565)

RÉSUMÉ. — L'empereur Justinien arrêta un moment la décadence de l'empire d'Orient, où les dissensions religieuses et les factions étaient une cause de ruine.
Bélisaire triompha des Perses et délivra l'Afrique des Vandales. Il vainquit ensuite les Ostrogoths, s'empara de l'Italie et reprit une partie de l'Espagne aux Wisigoths.
Justinien fit rédiger le code des lois romaines qui porte son nom.

35. **L'empire d'Orient sous Justinien.** — Un an après la mort de Théodoric, arriva au trône de Constantinople l'empereur **Justinien**, qui arrêta pour un moment les progrès des Barbares et détruisit deux des royaumes nés de l'invasion.

La famille du grand Théodose s'était éteinte avec Marcien, beau-frère et successeur de Théodose II, fils d'Arcadius. L'empire, privé d'une loi qui réglât la succession au trône, était à la merci des ambitieux : les intrigues du palais ou les caprices de la garde des empereurs en disposaient sans cesse. Cette possibilité pour tous d'arriver au pouvoir était une source d'agitations continuelles.

Les dissensions religieuses étaient une autre cause d'anarchie. Avant Théodose, les luttes de l'arianisme avaient bouleversé Constantinople; maintenant c'étaient des hérésies nouvelles : au lieu de croire avec l'Eglise que le Sauveur réunit en lui la nature divine et la nature humaine, les uns, avec *Nestorius,* prétendaient voir deux personnes en Jésus-Christ; les autres, avec *Eutychès,* ne reconnaissaient en lui qu'une seule nature, et ces deux erreurs, tour à tour protégées et persécutées, jetaient le désordre dans tout l'empire.

36. **La sédition Nika.** — Enfin, à Constantinople comme dans les provinces, le peuple se passionnait avec frénésie pour les jeux du cirque : les chars dont les cochers étaient habillés de vert disputaient le prix à ceux qui étaient habillés de bleu, et toute la ville et la cour même prenaient parti jusqu'à la fureur pour les uns ou pour les autres. Ces rivalités dégénéraient souvent en luttes sanglantes. En 532, une émeute terrible qui coûta la vie à 30,000 hommes, la *sédition Nika,* faillit enlever le trône à Justinien et réduisit en cendres une partie de sa capitale[1].

____

1. Le mot *Nika* (sois vainqueur) était le cri des combattants.

Toujours agité à l'intérieur, toujours menacé sur les frontières, au nord par les Slaves et les Bulgares, au sud par les Ethiopiens, à l'est par les Perses, l'empire n'avait, pour repousser de tous côtés les Barbares, que peu d'hommes et peu d'argent.

37. **Guerre contre les Perses. — Bélisaire.** — Justinien se débarrassa d'abord d'une guerre contre les *Perses,* que lui avait léguée son prédécesseur. Le roi de Perse Cabadès commença les hostilités (528). **Bélisaire,** l'un des premiers généraux de l'empire, repoussa les agresseurs. Justinien profita de la mort de Cabadès et de l'avènement d'un nouveau roi pour conclure la paix au prix d'une somme considérable (532). Il avait hâte de commencer les guerres d'Occident.

38. **Bélisaire reprend l'Afrique aux Vandales.** — Prenant pour prétexte l'usurpation de *Gélimer* qui avait enlevé le trône des Vandales à son cousin Hildéric, Justinien envoya d'abord une armée contre Carthage.

Les Vandales, amollis et corrompus par le climat d'Afrique, avaient perdu l'énergie des premiers temps de la conquête. Plus encore que les Ostrogoths en Italie, ils étaient restés des étrangers pour l'ancienne population. Les indigènes, privés de leurs meilleures terres, accablés d'impôts, atrocement et continuellement persécutés comme catholiques, détestaient à tous les titres, comme vainqueurs et comme ariens, les maîtres de leur pays. Aussi se donnèrent-ils sans résistance à Bélisaire, qui quitta Constantinople (533) avec une flotte de 600 vaisseaux, et alla jeter l'ancre au sud de Carthage. Un premier succès

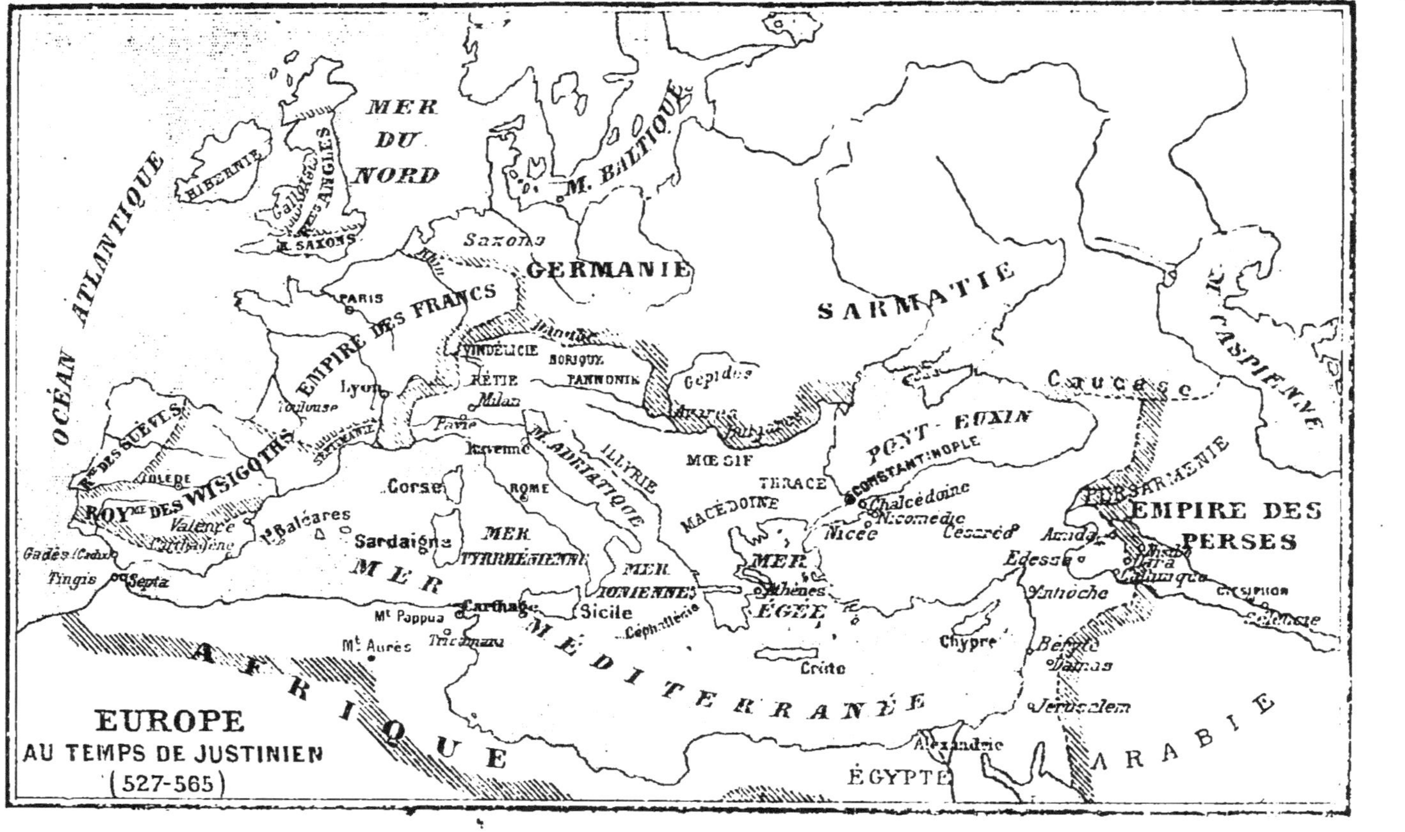

EUROPE
AU TEMPS DE JUSTINIEN
(527-565)
OCÉAN ATLANTIQUE
MER DU NORD
M. BALTIQUE
HIBERNIE
LES ANGLES
Galles
R. SAXONS
Saxons
GERMANIE
SARMATIE
CAUCASE
M. CASPIENNE
PARIS
EMPIRE DES FRANCS
Lyon
Toulouse
VINDÉLICIE
BOBIQUE
RÉTIE
PANNONIE
Danube
Gépides
Milan
Pavie
Ravenne
ILLYRIE
M. ADRIATIQUE
MŒSIE
THRACE
PONT-EUXIN
CONSTANTINOPLE
Chalcédoine
Nicomédie
Nicée
Césarée
PERSARMÉNIE
EMPIRE DES PERSES
R. DES SUÈVES
ROYME DES WISIGOTHS
TOLÈDE
Valence
Carthagène
P. Baléares
Corse
ROME
MACÉDOINE
Sardaigne
MER TYRRHÉNIENNE
MER IONIENNE
Athènes
MER ÉGÉE
Amida
Edesse
Antioche
Gadès (Cadix)
Tingis
Septa
MER MÉDITERRANÉE
Sicile
Céphalonie
Crète
Chypre
Béryte
Damas
Mt Pappua
Carthage
Mt Aurès
Tricamaru
AFRIQUE
Jérusalem
Alexandrie
ÉGYPTE
ARABIE

lui ouvrit les portes de la capitale; trois mois après son débarquement, la victoire plus décisive de *Tricaméron* (534) détruisait sans retour la domination des Vandales, et Gélimer, après avoir orné le triomphe de son vainqueur, alla, décoré du titre de patrice, terminer paisiblement sa carrière en Galatie.

39. Reprise de l'Italie. — Le tour des Ostrogoths vint ensuite. La fille de Théodoric, Amalasonthe, venait d'être assassinée par *Théodat,* son cousin et son époux. Justinien, saisissant cette occasion, se fit le vengeur de cette reine en Italie, comme il s'était déclaré le vengeur d'Hildéric à Carthage. Comme en Afrique aussi, Bélisaire eut pour lui les indigènes. La Sicile fut soumise sans coup férir (535), et le général de Justinien entra bientôt en vainqueur à *Naples* et à *Rome* (536).

Le lâche Théodat proposa alors de traiter, mais les Ostrogoths indignés l'égorgèrent et mirent à leur tête *Vitigès*. Ce nouveau chef rassembla en vain toutes les forces de la nation pour essayer de reprendre Rome; tous ses efforts échouèrent, et le général grec vint à son tour l'assiéger dans *Ravenne*. Trahi par les Francs Austrasiens qu'il avait appelés à son secours, le malheureux Vitigès dut livrer la ville, et il alla partager la captivité de Gélimer (540).

La conquête semblait achevée, lorsque Bélisaire, que tant de victoires n'avaient pu mettre à l'abri de la jalousie de Justinien, reçut l'ordre de quitter l'Italie. Les Ostrogoths reprirent courage; sous la conduite de *Totila* qu'ils avaient élu pour roi, ils remportèrent sur les Grecs (546) la victoire de *Faenza,* à l'ouest de Ravenne, qui leur rendit presque toute la péninsule. Bélisaire, renvoyé sur le théâtre de sa gloire, mais sans argent, sans chevaux, presque sans soldats, demanda lui-même son rappel.

Narsès, son successeur, se donna une armée nombreuse avec l'or qu'il put puiser à pleines mains dans le trésor public, et battit les Ostrogoths à *Lentagio,*

Justinien et sa cour (mosaïque de saint Vital à Ravenne).

non loin de Ravenne. Totila fut tué dans cette sanglante journée (552). Après sa mort, les vaincus résistèrent encore quelque temps avec le courage du désespoir. A la fin, ils demandèrent à sortir de l'Italie, et Narsès permit à cette poignée de héros de repasser les Alpes (554).

40. La Bétique et la Colchide annexées à l'empire d'Orient. — Mort de Justinien et de Bélisaire. — Outre ces conquêtes qui avaient ajouté deux grandes provinces à ses Etats, Justinien, en intervenant dans la querelle de deux compétiteurs au trône des Wisigoths, se fit céder l'est de la *Bétique,* avec *Valence* pour capitale. Mais l'Afrique, l'Italie, la Bétique, n'étaient que des pays de plus à défendre, alors que déjà l'empire luttait avec peine contre ses ennemis. Vingt ans d'une guerre nouvelle avec la *Perse* ne lui valurent que le petit pays de *Colchide,* près du Pont-Euxin, et l'on vit, vers la fin du règne, les *Bulgares* s'avancer jusqu'à Constantinople. Ils furent repoussés par une dernière victoire de Bélisaire, qui, pour récompense, fut encore une fois disgracié[1]. Bélisaire et Justinien moururent à quelques mois de distance, en 565. Après eux leurs conquêtes ne restèrent que bien peu de temps à l'empire.

41. Travaux de Justinien. — Le Code. — La véritable gloire de Justinien est bien moins dans ces agrandissements éphémères que dans les travaux qu'il entreprit, soit pour la défense de son empire, dont les frontières furent partout couvertes de forteresses, soit pour l'embellissement de sa capitale, où il fit construire la magnifique église de *Sainte-Sophie,* aujourd'hui transformée en mosquée, soit enfin et surtout pour la rédaction du **Code** et des *Institutes* qui portent son nom. Le Code est le recueil complet des lois romaines; les Institutes sont un manuel de droit. Ces deux monuments ont rendu célèbre le nom du jurisconsulte *Tribonien,* qui en fut le principal auteur.

1. Ce n'est qu'au XIIe siècle qu'on a inventé le conte de Bélisaire condamné à avoir les yeux crevés et réduit à mendier son pain.

QUESTIONNAIRE. — 35. Par quel empereur l'invasion germaine fut-elle un instant arrêtée? — 36. Principes de faiblesse et d'anarchie de l'empire grec. — Quels ennemis le menaçaient, et que lui manquait-il pour les repousser? — 37. Racontez, avec ses dates, la guerre de Justinien contre les Perses; — 38. la conquête de l'Afrique sur les Vandales; — 39. celle de l'Italie sur les Ostrogoths. — 40. Sur quels pays Justinien étendit-il encore sa domination? — Comment récompensa-t-il les services de Bélisaire? — En quelle année moururent Justinien et Bélisaire? — 41. Quels sont les vrais titres de gloire de Justinien?

CHAPITRE VII

TRIOMPHE DÉFINITIF DES BARBARES GERMAINS

RÉSUMÉ. — **Les Lombards conquirent le nord de l'Italie et furent convertis au catholicisme par le pape Grégoire le Grand.**
Les Saxons envahirent la Grande-Bretagne au cinquième siècle. Les Angles vinrent peu après. Les uns et les autres fondèrent sept royaumes, que l'on appela l'Heptarchie anglo-saxonne.

42. Les Lombards. — Un instant arrêtée par les conquêtes de Justinien, l'invasion continua son cours après la mort de ce prince. Dès 568, une tribu germaine, moins nombreuse peut-être, mais plus féroce encore que toutes les autres, s'établissait en Italie : c'était celle des **Lombards**, sous la conduite du farouche *Alboin*.

Ces Barbares, venus des bords de la Baltique, erraient depuis quelque temps déjà dans les plaines de la Germanie, lorsque Justinien les accueillit à titre d'auxiliaires dans le *Norique* et la *Pannonie* (Autriche et Bavière).

43. Conquête de l'Italie par les Lombards. — Deux ans plus tard, appelés, dit-on, par Narsès disgracié, ils franchirent les Alpes Juliennes, traversèrent sans obstacle toute la vallée du Pô, arrivèrent bientôt sous les murs de *Milan,* où leur chef se fit proclamer roi d'Italie. Prise après un siège de trois ans, *Pavie* devint la capitale des envahisseurs.

Ces nouveaux maîtres occupaient tout le nord de la péninsule et le duché de *Spolète* au centre. Après la mort d'Alboin, assassiné en 573 à l'instigation de sa femme Rosamonde, ses successeurs s'emparèrent du duché de *Bénévent* au midi. L'empire grec resta maître, plutôt de nom que de fait, du duché de *Rome* et de la ville de *Naples* à l'ouest, de l'exarchat de *Ravenne* à l'est, et des deux pointes méridionales de la presqu'île.

Vers 584, les Grecs voulant, avec l'aide des Francs Austrasiens, reconquérir la péninsule, le roi *Autharis* marcha contre les agresseurs, les battit en plusieurs rencontres, et conduisit ses armées victorieuses jusque dans le Midi. Malgré cette course passagère et les bravades d'Autharis, le duché de Bénévent fut toujours la principauté lombarde la plus avancée vers le sud.

44. Conversion des Lombards au catholicisme. — Après la mort d'Autharis (591), les ducs résolurent de donner la couronne à celui que la veuve de leur ancien roi jugerait digne de sa main. La reine *Théodelinde,* qui avait su gagner à ce point la confiance et l'affection de ses sujets, prit pour époux le duc de Turin, *Agilulfe*. Par les efforts réunis de cette princesse et du pape *saint Grégoire le Grand,* le roi lombard et ses sujets, ariens jusque-là, furent convertis à la foi catholique, et ce peuple à demi sauvage commença à s'adoucir et à se civiliser.

45. Invasion des Saxons en Grande-Bretagne. — En même temps que se faisaient les invasions sur le continent, une autre avait lieu dans l'île de Bretagne, celle des Saxons et des Angles.

Cette île n'avait jamais été entièrement soumise à la domination romaine; le nord était resté libre, et les deux populations celtiques des *Pictes* et des *Scots* dans la *Calédonie* (Ecosse) ne cessaient d'attaquer et d'inquiéter les provinces du sud. Quand, pour défendre la Gaule et l'Italie, Rome eut retiré ses légions, la Bretagne recouvra entièrement son indépendance, et elle élut, pour résister aux Calédoniens, un *penteyrn* ou chef commun qui devait diriger la défense.

Au milieu du ve siècle, le penteyrn *Wortigern,* voyant que les divisions rendaient la lutte impossible, appela à son secours les pirates saxons des bords de l'Elbe, et prit à sa solde, comme mercenaires, quelques bandes commandées par *Hengist* et *Horsa*. Des différends s'étant élevés entre les insulaires et les étrangers, ceux-ci se fixèrent sur une portion du territoire : ce fut l'origine du petit royaume de *Kent*. Après la naissance de ce premier Etat, de nouveaux aventuriers saxons vinrent en fonder d'autres, et en trois quarts de siècle (455-526) quatre furent établis par eux au sud de l'île, *Kent, Sussex* ou Saxe du Sud, *Wessex* ou Saxe de l'Ouest, et *Essex* ou Saxe de l'Est.

46. Invasion des Angles. — « L'émigration des habitants des marais de l'Elbe et des îles qui les avoi-

sinent, dit Augustin Thierry, apprit le chemin de la Bretagne à des peuples situés plus loin vers l'est, près des bords de la mer Baltique, et qu'on nommait Anghels ou Angles. » Après avoir essayé de petites invasions partielles sur la côte nord-est de la Bretagne, la population des *Angles* se mit tout entière en route sous la conduite du vaillant *Ida*. Avec les *Pictes* pour alliés, ils s'avancèrent dans l'intérieur des terres jusqu'au pied des montagnes d'où descend la Clyde. Là ils rencontrèrent un peuple qui osa leur résister, les Scots, et ils durent s'arrêter où s'était arrêtée l'invasion romaine. Ils avaient fondé au nord des Etats saxons trois royaumes nouveaux : celui de *Northumberland* ou pays au nord de l'Humber, et ceux d'*Est-Anglie* et de *Mercie*.

47. L'heptarchie anglo-saxonne. — L'heptarchie[1] dura plus de deux siècles, déchirée par tous les désordres de la guerre et de l'anarchie, et elle ne forma un seul royaume que sous *Egbert,* au commencement du IXe siècle.

Les Barbares triomphaient sur tous les points. Ils avaient fondé sept royaumes dans l'île de Bretagne, neuf royaumes sur le continent : mais, parmi ces neuf Etats, six n'avaient eu qu'une existence assez courte ou même éphémère ; trois seulement subsistaient encore à la fin du VIe siècle : celui des *Francs* dans l'ancienne Gaule, celui des *Wisigoths* en Espagne et en Septimanie, et celui des *Lombards* en Italie.

1. De deux mots grecs signifiant *sept gouvernements.*

naires? — Nommez les quatre royaumes saxons, — les trois royaumes angles. — 47. Quelle fut la durée de l'heptarchie anglo-saxonne? — Combien de royaumes avaient été fondés par les Barbares depuis le début de l'invasion ? — Combien subsistaient encore sur le continent à la fin du vi^e siècle?

CHAPITRE VIII

RÉSULTATS GÉNÉRAUX DE L'INVASION. — LES ROYAUMES BARBARES CHRÉTIENS ET CATHOLIQUES. — SAINT GRÉGOIRE LE GRAND (590-604).

RÉSUMÉ. — **Les Barbares, en s'établissant dans les diverses régions de l'empire romain, s'emparèrent d'une partie du sol. Les chefs distribuèrent ces terres, sous le nom de fiefs, à leurs compagnons, moyennant certaines obligations.**

Les langues modernes se formèrent peu à peu du latin corrompu.

Les Barbares remplacèrent la procédure romaine par des usages qui leur étaient propres, notamment par les épreuves et par le combat judiciaire.

Les hommes libres, réunis en assemblées, prirent part au gouvernement.

L'Eglise s'efforça de convertir et de civiliser les Barbares. Les moines furent les principaux ouvriers de cette grande œuvre.

L'Angleterre fut convertie par le moine saint Augustin, qu'envoya le pape saint Grégoire le Grand.

48. **Partage des terres dans les royaumes barbares.** — En s'établissant sur les débris de l'empire d'Occident, les Barbares y avaient apporté les mœurs simples et les coutumes grossières de la Germanie. Dans tous les pays soumis à leurs armes, les conquérants avaient dépossédé en totalité ou en partie les anciens habitants. Après l'invasion, les terres

furent partagées; elles devinrent pour les conquérants des propriétés sans charge aucune, et de là leur venait le nom d'*alleu* (des mots germains *al-od,* propriété pleine et entière).

49. Les fiefs. — Outre les terres du domaine public, qui naturellement leur revinrent, les rois se firent une large part dans la distribution des propriétés privées enlevées aux vaincus, et ils trouvèrent dans cette immense richesse territoriale un moyen de récompenser les services de leurs compagnons les plus dévoués ou, comme on les appelait, de leurs leudes. Ces possessions ne leur étaient concédées à l'origine que pour le temps de leur vie. De plus, elles imposaient au donataire certaines obligations, dont la fidélité et le service militaire étaient les principales. On les appelait bénéfices ou *fiefs,* en latin *feoda* (des mots germains *feh-od,* propriété, récompense). Les fiefs devaient plus tard servir de base à une organisation sociale toute nouvelle, la féodalité.

50. Origine des langues modernes. — A la place de l'antique civilisation que Rome avait reçue de la Grèce et développée par son propre génie, l'invasion avait introduit dans l'Occident la barbarie des forêts germaines. Tout était à recommencer dans l'ordre intellectuel. Le latin, déjà corrompu dans les diverses provinces par l'ignorance populaire, s'altéra de plus en plus au contact des Barbares. C'est de ce latin dégénéré que devaient sortir plus tard quelques-unes des langues modernes, l'italien, l'espagnol, le portugais et le français.

51. Coutumes judiciaires des Barbares. — Dans l'ordre judiciaire, les coutumes de la Germanie, encore voisines de l'état sauvage, avaient remplacé le droit romain et la perfection de ses codes. Pour décider de la culpabilité ou de l'innocence des accusés, on recourait au *duel judiciaire*, combat en règle entre l'accusé et l'accusateur, et qui n'était que le droit sauvage de vengeance personnelle un peu régularisé. On croyait que Dieu ne pouvait manquer d'accorder son appui à l'innocent, et l'on appelait *jugement de Dieu* le résultat du combat.

Quant à la punition du coupable, on s'en tenait encore au mode des anciens Germains. « L'homicide se rachetait chez eux, dit Tacite, au prix d'un certain nombre de bœufs et de moutons, que le meurtrier donnait à la victime, si elle survivait, ou à sa famille. »

52. Les assemblées populaires. — Si la culture intellectuelle et les lois avaient perdu par suite du triomphe des Barbares, dans l'ordre politique il y avait, au contraire, un progrès réel. Les assemblées d'hommes libres qui se réunissaient autour du chef sortaient d'une vieille coutume de la Germanie. « Les chefs délibèrent sur les petites affaires, dit encore Tacite, et la tribu entière sur les grandes. » Ces réunions se maintinrent tant bien que mal dans les divers pays que l'invasion avait transformés. On leur donnait en Gaule le nom de *mals* (*mala*), de *plaids* (*placita*), de *champs de mars* ou *de mai*.

53. La société chrétienne. — En même temps que la société civile et politique essayait de s'organiser, la société chrétienne gagnait sans cesse en puissance et en étendue. L'influence de l'Eglise allait introduire une certaine unité dans le monde barbare, et remplacer les liens politiques qui manquaient encore entre les peuples.

Persécutée quelquefois par les Barbares ariens, l'Eglise parvint à amener à l'orthodoxie ceux d'entre eux qui ne furent pas trop vite effacés du monde : les Burgondes en 517, les Suèves en 551, les Wisigoths en 589, et enfin les Lombards sous Théodelinde et Agilulfe en 591. D'autres peuples, encore païens lors de l'invasion, se convertirent au christianisme : en 496, le baptême de Clovis amena celui d'une partie de la nation. Un siècle plus tard (596), vint le tour des Anglo-Saxons, et ce fut au pape saint **Grégoire le Grand** qu'ils durent de renoncer à leurs idoles.

54. Les moines. — La vie monastique, née en Orient avec l'Egyptien saint *Antoine,* au ive siècle (305), avait été transportée en Italie par le Grec saint *Athanase* (340), en Gaule par le Dalmate saint *Martin* (360), en Afrique par saint *Augustin* (388).

Les règles du Grec saint *Basile* en Orient (ive siècle) et de l'Italien saint **Benoît** (vi^e siècle) en Occident avaient assuré aux monastères le maintien des vertus et de la piété des premiers jours, et on voyait de toutes parts les plus nobles âmes et les caractères les plus vigoureux s'arracher aux plaisirs et à la corruption du monde pour s'enrôler dans cette sainte milice.

C'est ainsi que le Romain saint *Grégoire le Grand* avait renoncé à tous les avantages que lui promettaient son rang et sa fortune. Le choix unanime du clergé, du sénat et du peuple de Rome vint l'enlever à la solitude et le porter malgré lui sur le trône pontifical, où il ne cessa, pendant quatorze ans (590-604), de travailler à l'extension de la foi chrétienne et catholique.

55. Conversion de l'Angleterre. — Depuis longtemps déjà il songeait à évangéliser les Anglo-Saxons. N'étant encore que simple moine, il avait vu un jour des enfants étrangers mis en vente sur le forum; frappé de leur beauté, il avait demandé au marchand d'esclaves à quelle nation ils appartenaient. « Ce sont des Angles (*Angli*) de l'île de Bretagne, répondit celui-ci. — Ils sont bien nommés, s'écria Grégoire, car ils ont des visages angéliques, et tels doivent être dans les cieux les frères des anges (*angeli*). » Apprenant qu'ils étaient païens : « O douleur! dit-il, de si beaux fronts contiennent une intelligence encore privée de la grâce intérieure de Dieu! » Dès ce moment, il avait pris la résolution de se consacrer à la conversion de ce pays lointain; devenu pape, il y envoya des missionnaires.

Le moine **Augustin** et ses quarante compagnons quittèrent Rome en 596, traversèrent la Gaule, et allèrent aborder dans le pays de Kent, où l'appui du roi Ethelbert les aida puissamment dans leur entreprise. Préparé à leurs enseignements par la piété d'une épouse chrétienne, il ne tarda pas à recevoir lui-même le baptême, et son exemple entraîna la cour et toute la nation. « La moisson est grande, et les travailleurs n'y suffisent plus, » écrivait Augustin au saint-siège. Une nouvelle députation fut chargée de seconder la première dans les travaux de ce grand apostolat. Plus tard d'autres missionnaires arrivèrent encore du grand monastère d'Iona, dans les îles Hébrides, et la conversion, bornée d'abord aux royaumes de Kent et d'Essex, gagna successivement les autres dans l'espace d'un siècle. A la voix de quelques savants envoyés par les papes, de grandes écoles se fondèrent à la même époque dans l'île de Bretagne. Au viiie siècle elle était un centre d'études, et surtout d'études religieuses, aussi important que l'Italie même.

QUESTIONNAIRE. — 48. Quelle portion du territoire les peuples barbares s'étaient-ils attribuée dans les divers royaumes nés de l'invasion? — 49. Qu'était-ce qu'un alleu, un fief? — 50. Quel fut le résultat de l'invasion germaine au point de vue de la culture intellectuelle et de la formation des langues modernes? — 51. Par quelles coutumes les Barbares avaient-ils remplacé le droit romain? — Donnez quelques détails sur leur procédure et leur droit pénal. — 52. En quoi les Barbares germains l'emportaient-ils, dans l'ordre politique, sur le monde romain? — 53. Donnez la date du retour des peuples ariens à l'orthodoxie, — celle de la conversion des Francs au christianisme. — 54. Rappelez les commencements de la vie monastique en Orient et en Occident. — Donnez les dates du pontificat de saint Grégoire le Grand. — 55. Racontez avec quelques détails la conversion des Anglo-Saxons. — Comment l'île de Bretagne devint-elle un centre d'études religieuses et littéraires?

CHAPITRE IX

L'EMPIRE GREC EN PARTIE DÉMEMBRÉ
MAHOMET ET LES CONQUÊTES DES ARABES

I

RÉSUMÉ. — **Les Perses s'emparèrent, au début du septième siècle, d'une grande partie de l'empire d'Orient.**

Peu après naquit Mahomet, qui s'empara de la Mecque et fonda l'islamisme ou religion musulmane, qui a pour base un livre appelé le Coran.

Les Arabes, sous sa conduite et sous celle de ses successeurs, commencèrent une guerre de conquête et fondèrent un immense empire.

56. Démembrement de l'empire d'Orient. — Conquêtes des Perses et des Avares. — L'invasion germaine terminée et les Barbares établis définitivement dans les possessions européennes de l'empire d'Occident, l'empire d'Orient fut démembré à son tour.

Laissant les Lombards s'emparer de la plus grande partie de l'Italie, les successeurs de Justinien avaient eu sans cesse à lutter, au nord contre les *Avares,* à l'est contre les *Perses,* et quand *Héraclius* monta sur le trône en 610, il eut à combattre à la fois ces deux peuples. Vainqueur de Chosroès à *Issus,* à *Mossoul* sur le Tigre, près des ruines de Ninive, il conclut avec la Perse un traité qui rendit aux deux États l'ancienne limite de l'Euphrate. Les Avares, leurs alliés, furent à leur tour taillés en pièces ou refoulés au delà du Danube. Fatigué de tant de luttes, épuisé par ses victoires mêmes, l'empire demandait du repos, quand les Arabes de **Mahomet**, bien autrement redoutables que les Perses, envahirent son territoire et lui enlevèrent ses plus belles provinces.

57. Les Arabes. — L'Arabie forme, au sud-ouest de l'Asie, une vaste presqu'île que baignent de trois côtés la mer Rouge, l'océan Indien et le golfe Persique, et dont les vastes déserts se confondent au nord avec ceux de la Syrie et de la Chaldée.

Les anciens la divisaient en trois parties : au nord, l'*Arabie Déserte* (Nedjed), couverte partout de sables arides, sauf en quelques rares oasis; au centre, l'*Arabie Pétrée* (Nedjax), ainsi nommée à cause de son sol rocailleux, et dont les montagnes cachent quelques vallons fertiles. Là s'élevaient la riche et commerçante Yatreb, et la ville sainte de *la Mecque,* dont le temple attirait tous les ans de nombreux pèlerins. Dans la plus grande partie de ces deux contrées, les Arabes ou *Sarrasins*[1], sous le nom de Bédouins, n'avaient et n'ont encore aujourd'hui d'autre occupation que le soin de leurs troupeaux et le pillage des caravanes qui traversent le désert.

Au sud s'étend une région plus fertile, l'Yémen ou *Arabie Heureuse,* l'un des plus beaux pays de la terre, où les villes d'*Aden,* de *Sana* et de *Moka* étaient des centres de commerce très actif, dès les temps anciens. Avant Mahomet, l'Arabie n'avait joué aucun rôle, et son territoire était partagé entre une foule de petites tribus, souvent en guerre les unes avec les autres. On y trouvait peu de chrétiens et beaucoup de juifs, mais l'idolâtrie dominait, et 360

1. De l'arabe *Scharkiin,* Orientaux.

idoles s'élevaient à la Mecque dans le temple de la
Kaaba, consacré primitivement au culte du Dieu suprême. L'Arabie n'avait donc ni unité politique ni
unité religieuse. Mahomet lui donna l'une et l'autre
et, avec la force qui vient de l'union, l'ardeur du
prosélytisme et des conquêtes.

58. Mahomet. — Né à la Mecque et orphelin à
l'âge de cinq ans, il fut placé sous la tutelle de son
oncle Abou-Thaleb, grand prêtre de la Kaaba. A quatorze ans, il s'enrôla dans une de ces caravanes armées qui font le commerce et la guerre sur la frontière
de la Syrie, et son intelligente activité lui valut la confiance de la noble veuve Kadijah, qui le mit à la tête
de ses affaires et lui donna sa main quelques années
après (595). Ce mariage le rendit maître d'une fortune immense et lui permit de se livrer exclusive-
ment à des méditations qui devaient transformer
l'Arabie et bouleverser le monde.

Toutefois, ce ne fut qu'à l'âge de quarante ans, en
610, qu'il commença son apostolat. Il se déclara alors
inspiré de Dieu, par l'entremise de l'ange Gabriel, et,
pour réunir son pays dans une même croyance et
sous une loi commune, il publia successivement les
divers chapitres du *Coran* ou lecture par excellence.

59. L'islamisme. — La religion nouvelle (*islam,*
résignation à la volonté divine) reposait sur deux
principes : l'unité de Dieu et l'apostolat de Mahomet,
chargé de compléter les révélations antérieures de
Moïse et de Jésus-Christ. « Il n'y a de Dieu que Dieu,
disait-elle, et Mahomet est son prophète. » Composée en grande partie des souvenirs du Pentateuque
et de l'Evangile, elle se séparait essentiellement du

christianisme par la négation du péché originel et de la rédemption, et par le paradis tout sensuel qu'elle promettait à la masse des élus, en réservant les joies de la vision de Dieu pour les saints et les martyrs.

Comme le christianisme, elle prescrivait la prière,

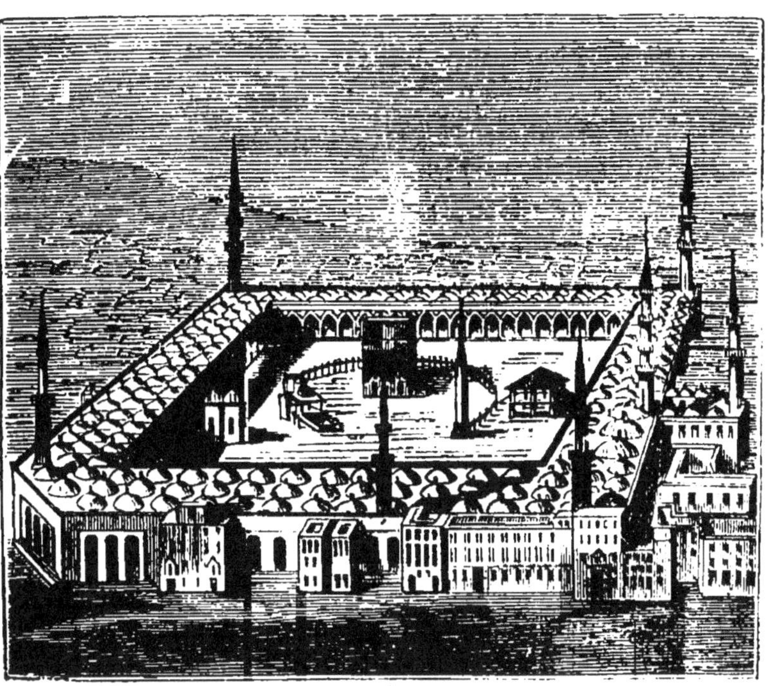

Temple de la Kaaba, à la Mecque.

le jeûne et l'aumône, mais, au lieu de se propager par la parole et la persuasion, elle ordonnait à ses sectateurs la prédication armée.

Le christianisme, tout en disant que Dieu voit l'avenir comme le présent, enseigne que les actions de l'homme restent libres. Pour les musulmans, au contraire, les décrets éternels enchaînent la volonté de l'homme, qui n'a plus, par conséquent, ni mérite ni responsabilité. Le dogme de la fatalité ne laisse subsister la loi morale que par une contradiction.

60. L'hégire. — Prise de la Mecque par Mahomet. — D'abord méprisée et adoptée seulement par un petit nombre, la religion nouvelle fut bientôt persécutée par les idolâtres. Réduit à prendre la fuite, Mahomet trouva un refuge à Yatreb, la rivale commerciale de la Mecque, dont les habitants l'accueillirent avec transport. Cette ville s'appela désormais *Médine* (Medinat-al-Nabi, ville du prophète), et l'année de la fuite (622) a été consacrée, sous le nom d'**hégire** (fuite), par les musulmans, qui l'ont prise pour point de départ de leur chronologie.

Après une petite guerre d'embuscades et de surprises, les Koreischites, d'abord vaincus à *Béder,* puis victorieux au mont *Ohud,* finirent par attaquer Médine avec des forces considérables, qui ont fait donner à cette période de la lutte le nom de *guerre. des nations.* Mahomet réussit pourtant à éloigner les assiégeants en jetant la division parmi eux, et il força la Mecque à une trève. Après avoir accablé successivement tous ses ennemis, il entra dans la ville en 629 et commanda à la péninsule entière. L'Arabie avait maintenant l'unité, et elle pouvait combattre ceux que le Coran appelait les infidèles. Déjà les Arabes, s'attaquant à l'empire d'Orient, venaient de porter leurs armes contre les Grecs de Syrie, quand leur prophète mourut en 632.

invasion vint encore menacer l'empire ? — 57. Décrivez
brièvement l'Arabie et les mœurs des Arabes. — 58. Résumez la vie de Mahomet jusqu'à son apostolat. — Quel est le
livre sacré des musulmans? — 59. Faites connaître les principes de la doctrine de Mahomet. — 60. Par qui fut-il persécuté? — Comment l'année de sa fuite est-elle restée célèbre? — Racontez les triomphes de Mahomet et indiquez
l'année de sa mort.

CHAPITRE X

L'EMPIRE GREC EN PARTIE DÉMEMBRÉ. — CONQUÊTES DES ARABES (632-732)

II

RÉSUMÉ. — **Les Arabes furent d'abord gouvernés par des
califes élus. Ils conquirent la Syrie, l'Egypte et la
Perse.**
**Le califat devint héréditaire dans la famille des Ommia-
des au milieu du septième siècle. Les Arabes conquirent alors le nord de l'Afrique et l'Espagne.**

61. Le califat électif. — Après la mort de
Mahomet, l'élection donna quatre fois encore des
chefs à l'Arabie. Dans la période du *califat électif*
(632-661), les Arabes firent de grandes conquêtes à
l'Orient comme à l'Occident.

En Occident, ils commencèrent le démembrement de l'empire d'Héraclius. Portant d'abord leurs
armes dans la *Syrie,* ils s'emparèrent de *Bostra,* qui
en était la clef du côté du désert. Bientôt après, la
victoire d'*Aïznadin,* près de *Damas* (634), leur per-

mit d'assiéger cette place importante. Elle ne se rendit qu'après une glorieuse résistance.

62. Conquête de la Syrie par les Arabes. — Héraclius envoya une nouvelle armée contre les Sarrasins et livra, sur les bords de l'*Yermouk,* en Palestine, une bataille qui décida du sort de la province (636). Après une lutte acharnée, la victoire resta aux Arabes, et *Jérusalem, Alep, Antioche,* toutes les villes de la Syrie, tombèrent successivement en leur pouvoir.

63. Conquête de l'Egypte. — En même temps *Amrou* pénétrait en *Egypte.* La prise de *Péluse* lui ouvrit l'entrée du pays; puis il s'empara de *Memphis.* *Alexandrie,* la métropole de l'Egypte et la plus commerçante des villes de l'Empire, se rendit après un siège de quatorze mois[1], et la province tout entière fut soumise.

64. Conquête de la Perse. — A la même époque, les Arabes conquirent la Perse. La grande victoire de *Néhavend* ou *victoire des victoires,* au sud d'Ecbatane (642), leur livra les contrées qui s'étendent jusqu'à l'Indus et l'Oxus. La capitale, *Ctésiphon,* fut saccagée, et deux villes nouvelles furent fondées par les Arabes : *Bassorah* sur le Chat-el-Arab, réunion du Tigre et de l'Euphrate, et *Koufah* sur ce dernier cours d'eau; la première surtout était destinée à un brillant avenir.

65. Les Ommiades. — Les discordes intestines ralentirent un moment les conquêtes des Arabes.

---

1. On a dit, mais sans preuves, qu'Omar avait fait brûler la précieuse bibliothèque d'Alexandrie. Dès le ve siècle, l'historien Paul Orose l'avait vue à peu près vidée.

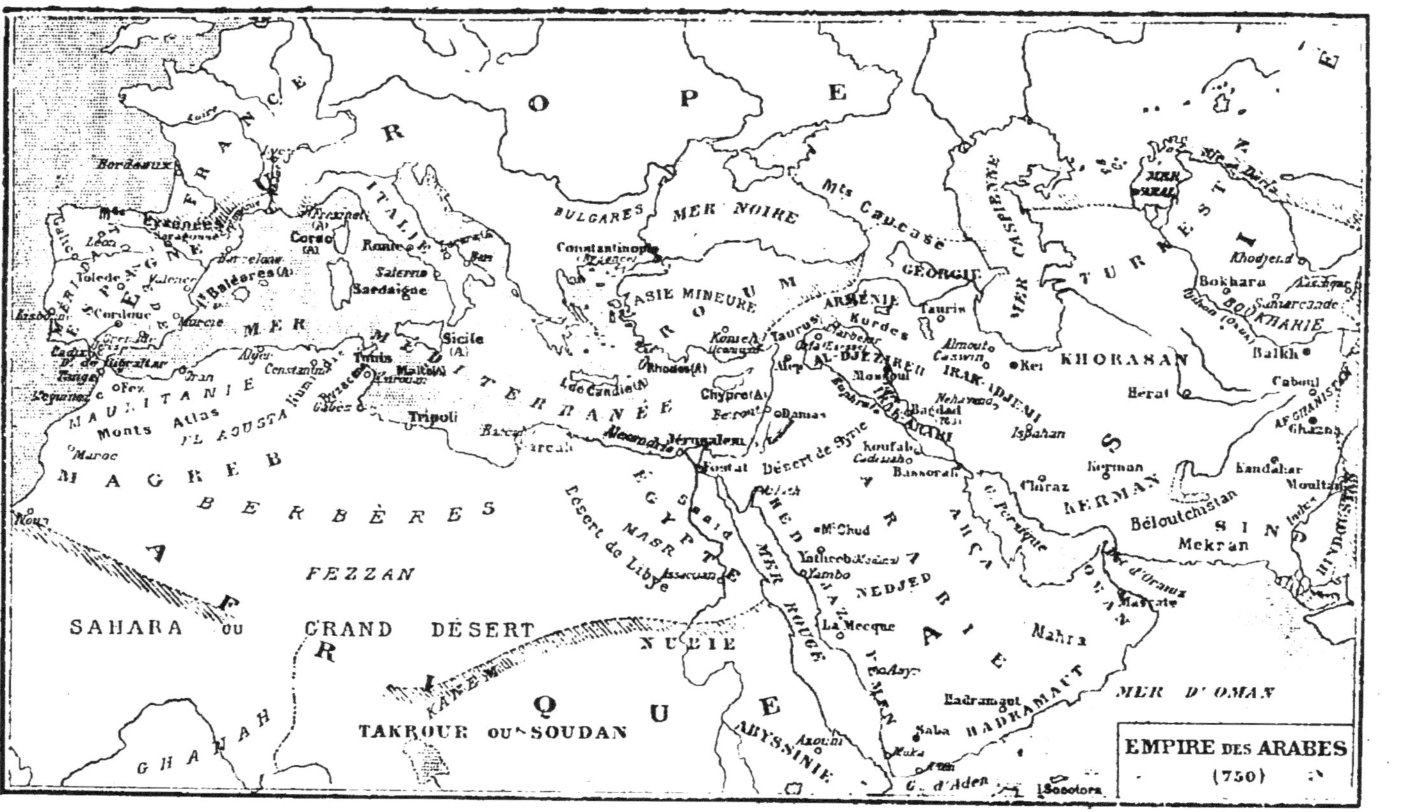

EMPIRE DES ARABES
(750)
EUROPE
AFRIQUE
ASIE
MER CASPIENNE
MER NOIRE
MER MÉDITERRANÉE
MER ROUGE
MER D'OMAN
G. Persique
G. d'Aden
Mts Caucase
TURKESTAN
BOUKHARIE
KHORASAN
KERMAN
SIND
Béloutchistan
Mekran
Hérat
Kandahar
Caboul
Balkh
Bokhara
Khodjend
ASIE MINEURE
ARMÉNIE
GÉORGIE
IRAK-ADJEMI
IRAK-ARABI
MÉSOPOTAMIE
ARABIE
NEDJED
HEDJAZ
HADRAMAUT
YEMEN
Mahra
La Mecque
Médine
Yambo
Ispahan
Chiraz
Taurus
Kurdes
Mossoul
Bagdad
Bassora
Koufah
Désert de Syrie
Damas
Beyrouth
Jérusalem
Constantinople
Rhodes (A)
Candie (A)
Chypre (A)
BULGARES
ITALIE
Rome (A)
Salerne
Sardaigne
Corse (A)
Sicile (A)
Tunis
Tripoli
FEZZAN
SAHARA ou GRAND DÉSERT
TAKROUR ou SOUDAN
NUBIE
ÉGYPTE
MASR
Désert de Libye
ABYSSINIE
MAGREB
BERBÈRES
MAURITANIE
Monts Atlas
Maroc
D. de Gibraltar
Cadix
Tolède
Bordeaux
ESPAGNE
FRANCE
GHANAH
Socotora

L'usurpation de Moawiah remplaça le califat électif par le *califat héréditaire* dans la famille des *Ommiades,* ainsi nommée d'Ommiah, arrière-grand-père du nouveau souverain.

Cependant les Arabes attaquèrent *Constantinople* dès 668; mais, au moyen du feu grégeois, qui avait la terrible propriété de brûler dans l'eau, les Grecs incendiaient les vaisseaux ennemis, dont les efforts échouèrent pendant sept ans.

66. **Conquête de l'Afrique.** — Sous Abdelméleck, ils atteignirent en Orient les limites de l'ancien empire d'Alexandre. En Occident, ils s'emparèrent de l'*Afrique* sur les Grecs, et de l'Espagne sur les Wisigoths.

Hassan, gouverneur de l'Egypte, fut chargé du commandement de la guerre d'Afrique (692). *Carthage,* prise par les Arabes, reprise ensuite par les Grecs, fut enfin livrée aux flammes et détruite définitivement.

67. **Conquête de l'Espagne.** — En 711, appelés en Espagne par un parti hostile au roi wisigoth Roderic, ils débarquèrent à Calpé, où *Tarik,* leur chef, s'empara de ce roc inexpugnable, qui porta dès lors son nom (Gibel-al-Tarik, montagne de Tarik, d'où *Gibraltar*).

Peu après, la bataille de *Xérès* (711) enleva à Roderic le trône et probablement la vie, et livra toute l'Espagne aux envahisseurs. Quelques débris des Wisigoths se retirèrent, sous la conduite de *Pélage,* dans les montagnes des Asturies, au nord-ouest de la péninsule. Ce petit royaume de quelques lieues d'étendue devint l'asile du christianisme et de l'indépendance espagnole.

Vainqueurs des Wisigoths, les Arabes allaient être arrêtés au delà des Pyrénées par un autre peuple germain : il était réservé aux Francs, nos ancêtres, de sauver l'Europe et la religion menacées.

QUESTIONNAIRE. — 61. Dites un mot des divisions des musulmans après la mort de Mahomet. — Donnez les dates du califat électif. — 62-63. Racontez, avec les dates, la conquête de la Syrie par les musulmans, — celle de l'Egypte. — Donnez la date de la mort d'Héraclius. — 64. Résumez, avec ses dates, la conquête de la Perse. — 65. Quelle cause ralentit les succès des Arabes après le califat d'Omar? — Quand et comment le califat devint-il héréditaire ? — Dites un mot des tentatives de conquêtes des premiers Ommiades. — 66-67. Racontez, avec les dates, la conquête de l'Afrique, — celle de l'Espagne. — Où se retirèrent les derniers débris des Wisigoths ? — Par quel peuple germain les Arabes devaient-ils bientôt être arrêtés ?

CHAPITRE XI

GUERRES CIVILES DES FRANCS (561-687)

RÉSUMÉ. — Les fils de Clotaire Ier, princes méprisables, se partagèrent le royaume de leur père. La France fut, pendant deux siècles, divisée en trois royaumes : l'Austrasie, la Neustrie et la Bourgogne.

La Neustrie et l'Austrasie furent presque toujours en guerre l'une contre l'autre.

La lutte fut rendue plus acharnée par la rivalité de Brunehaut, reine d'Austrasie, et de Frédégonde, reine de Neustrie. Brunehaut vaincue fut cruellement mise à mort par le fils de sa rivale.

Après le règne de Dagobert, qui jeta quelque éclat, les derniers Mérovingiens ne furent plus rois que de nom. C'est pourquoi on les appelle rois fainéants. L'autorité fut entre les mains des maires du palais.

68. Les fils de Clotaire Ier. — Maîtres de toute la Gaule, sauf de la Septimanie, les *Francs* avaient même assujetti à un tribut les peuples de la Germanie, jusqu'aux rives de l'Elbe, et ils étaient, au vie siècle, la nation prépondérante dans l'Europe occidentale.

Après la mort de Clotaire Ier, ses quatre fils se partagèrent ses Etats. Six ans plus tard, la mort de Caribert et le partage de ses villes réduisirent à trois le nombre des royaumes francs. Ces trois royaumes étaient : la France de l'est ou **Austrasie**, la France de l'ouest ou **Neustrie**, et la **Bourgogne**, assez souvent réunie à l'Etat neustrien.

A la période de conquêtes des Mérovingiens succéda alors, pour plus d'un siècle (561-687), une période de guerres fréquentes et de décadence continue.

69. Rivalité de l'Austrasie et de la Neustrie. — Les Austrasiens, que le Rhin seul séparait des pays germains, leur ancienne patrie, avaient conservé beaucoup de leur rudesse primitive. Ils regardaient avec une sorte de dédain les Francs de Neustrie, qui commençaient à prendre les idées et les mœurs des populations gauloises, auxquelles ils étaient mêlés depuis trois quarts de siècle. La haine implacable de deux reines transforma en guerre ouverte ces germes d'inimitié.

70. Brunehaut et Frédégonde. — *Sigebert,* roi d'Austrasie, avait épousé **Brunehaut,** fille du roi des Wisigoths Athanagild. Chilpéric, roi de Neustrie, jaloux de cette union princière, demanda en mariage *Galsuinthe,* sœur de Brunehaut. Pour l'obtenir, il renvoya **Frédégonde** et les autres femmes qui s'étaient faites comme elle les complices de sa vie désordonnée. Mais, moins d'un an après, il fit étrangler dans son lit sa jeune épouse, revint à Frédégonde, et la déclara reine à la place de sa victime.

Brunehaut jura de venger sa sœur, et poussa Sigebert à prendre les armes contre Chilpéric. Elle y réussit facilement, car le forfait commis soulevait l'indignation universelle, et elle se vit un moment bien près du triomphe. Chilpéric était assiégé dans Tournai, et les Neustriens allaient proclamer son frère à sa place, quand deux émissaires de Frédégonde frappèrent Sigebert de coups de couteaux empoisonnés (575). Ce meurtre changea pour longtemps la face des affaires. Vingt ans plus tard, de nouvelles tentatives n'aboutirent encore qu'à des revers pour l'Austrasie, et Frédégonde, malgré d'autres crimes, malgré l'assassinat de son mari Chilpéric en 584, mourut dans la plénitude du pouvoir qu'elle exerçait au nom de son fils *Clotaire II,* encore enfant (597).

Cette mort privait le jeune prince d'un vigoureux appui. Clotaire II, deux fois vaincu, fut bientôt dépouillé par Brunehaut d'une portion de ses Etats. Mais l'ambition de son ennemie poursuivait en même temps un autre but : au nom de son fils *Childebert II* et plus tard de ses petits-fils, elle voulait augmenter l'autorité royale et abaisser le pouvoir des grands. Les leudes d'Austrasie firent à son gouvernement une opposition violente. Pour la perdre, ils oublièrent même leurs inimitiés contre la Neustrie. Ils reconnurent Clotaire II pour seul roi des Francs et lui livrèrent la vieille reine. Brunehaut, malgré ses quatre-vingts ans, fut condamnée au plus horrible supplice. Elle fut liée à la queue d'un cheval indompté, qui, la traînant dans une course effrénée, mit son corps en pièces (613).

71. Dagobert Ier. — La vie scandaleuse de la plupart des Mérovingiens ne tarda pas. à produire de terribles conséquences, et la race de Clovis dégénéra rapidement.

Dagobert, fils de Clotaire II, fut le dernier vrai roi de la dynastie (628-638), mais il fut aussi licencieux que les autres dans sa vie privée. Il sut du moins choisir de sages conseillers, saint *Ouen* et l'habile orfèvre saint *Eloi,* évêques de Rouen et de Noyon. Les chroniques du temps louent ses efforts pour défendre les petits et les pauvres contre la violence des grands, et la protection qu'il accorda aux arts en décadence en faisant construire une grande œuvre d'architecture, l'abbaye de Saint-Denis.

72. Les rois fainéants. — Les maires du palais. — Dagobert mourut à trente et un ans. Des treize Mérovingiens qui portèrent après lui le titre de rois, pas un n'atteignit cet âge. Faibles et frêles dès la naissance, sans intelligence et sans volonté, ces descendants d'une famille énervée par les vices s'éteignaient dans l'adolescence, et l'histoire a flétri ces malheureux du nom de *rois fainéants.* Ces rois sans puissance se rendaient chaque année, sur un chariot traîné par des bœufs, de la campagne où ils vivaient aux assemblées générales ou *champs de mars.* Ils faisaient, à l'occasion, aux ambassadeurs les réponses qui leur étaient enseignées. Mais le gouvernement était tout entier aux mains des **mai-**

res du palais, qui, de simples intendants des domaines du prince, étaient devenus les seuls dépositaires de l'autorité, et dirigeaient tout au nom de leurs maîtres.

73. La famille d'Héristal. — Dans l'Austrasie, malgré les efforts de Brunehaut, le pouvoir royal était demeuré sans force, et les maires du palais n'y étaient et n'y pouvaient être que les chefs des leudes. Le titre de maire y restait de père en fils, depuis Dagobert, dans l'énergique et puissante famille dite *d'Héristal,* du nom d'une résidence voisine de Liège (Belgique). Au contraire, dans la Neustrie, moins hostile à la puissance souveraine, les maires, qui étaient les vrais rois, cherchèrent naturellement à fortifier l'autorité royale et à diminuer l'influence des grands.

Ainsi fit pendant vingt ans le violent et sanguinaire *Ebroïn*. Il dépouilla, exila, frappa de mort quantité de leudes; il fit crever les yeux, puis trancher la tête à l'évêque d'Autun, saint *Léger,* qui soutenait leur cause. Les leudes persécutés se réfugièrent en Austrasie; ils y implorèrent l'appui de *Pépin d'Héristal* et de *Martin,* son cousin, et la guerre recommença entre les deux Etats francs en 678.

Ebroïn vainquit d'abord ses ennemis à *Leucofao,* près de Laon. Il fit, par trahison, tuer Martin, l'année suivante, mais il périt lui-même assassiné par un ennemi personnel (681). Six ans plus tard, en 687, Pépin écrasa l'armée neustrienne à *Testry,* près de Saint-Quentin, et l'Austrasie, avec ses leudes tout-puissants et sa noble maison d'Héristal, eut la direction de la France entière.

QUESTIONNAIRE. — 68. Sur quels pays s'étendait la puissance des Francs au xv° siècle? — Comment les fils de Clotaire Ier se partagèrent-ils ses Etats? — Quel fut le caractère de l'histoire des Francs et de leurs rois dans le siècle qui suivit? — 69. En quoi différaient les Francs d'Austrasie de ceux de Neustrie, et d'où cette différence provenait-elle? — 70. Qu'étaient Brunehaut et Frédégonde, et d'où vint la haine qui les divisa? — Résumez, avec ses dates, la guerre que cette haine fit éclater entre l'Austrasie et la Neustrie. — 71. Résumez, avec ses dates, le règne de Dagobert. — 72. Que furent les rois dans le siècle qui suivit Dagobert, et quel nom leur a été donné? — Qu'étaient les maires du palais? — Indiquez le rôle différent des maires du palais dans les deux royaumes d'Austrasie et de Neustrie. — 73. Quel fut, dans la Neustrie, le gouvernement du maire Ebroïn? — Quand et comment sa tyrannie amena-t-elle une nouvelle guerre entre les royaumes francs? — Résumez l'histoire de cette guerre et indiquez-en les résultats et la date finale.

CHAPITRE XII

LES FRANCS SOUS LES MAIRES DE LA MAISON D'HÉRISTAL (687-752). — LES ARABES VAINCUS A POITIERS (732).

RÉSUMÉ. — **Les principaux maires du palais furent Pépin d'Héristal, Charles-Martel et Pépin le Bref.**
Tous trois luttèrent avec succès contre les Saxons et les autres peuples situés entre le Rhin et l'Elbe.
Charles-Martel repoussa l'invasion des Arabes et les battit près de Poitiers.
Pépin le Bref fut proclamé roi, sur le conseil du pape Zacharie, et sacré par Etienne II.

74. Gouvernement des maires du palais. — Après la bataille de *Testry,* on vit encore, pendant soixante-cinq ans (687-752), des fantômes de rois de la race mérovingienne. Mais, sous les titres de *ducs* en Austrasie et de *maires du palais* en Neustrie et en Bourgogne, trois membres de la maison d'Héristal exercèrent héréditairement tout le pouvoir : *Pépin d'Héristal,* de 687 à 714; *Charles-Martel,* de 714 à 741; *Pépin le Bref,* avec Carloman son frère, de 741 à 747, puis seul de 747 à 752. D'immenses services augmentèrent encore la gloire et la popularité de cette famille et achevèrent la ruine des Mérovingiens dégénérés.

75. Invasions des peuplades germaniques. — Les peuples germains avaient profité des guerres civiles des Francs pour s'affranchir du tribut que leur avait imposé le fils aîné de Clovis.

Derrière eux s'avançaient d'autres populations barbares, les *Avares,* les *Bulgares,* les *Slaves,* et la grande invasion semblait à la veille de recommencer. Pépin d'Héristal, Charles-Martel et Pépin le Bref replacèrent sous le tribut les peuples d'entre Rhin et Elbe, et secondèrent de tout leur pouvoir le zèle des papes et des missionnaires pour les convertir à la foi chrétienne.

76. Invasion des Arabes. — Au Midi, un autre danger, plus terrible encore, menaça alors la France et sa religion. Les *Arabes,* sous la conduite d'*Abdérame,* avaient franchi les Pyrénées, pris la Septimanie, et attaqué l'Aquitaine. Ce pays, depuis un siècle, avait cessé d'obéir aux Francs. Son duc Eudes, battu par les envahisseurs, n'eut pourtant d'autre ressource que d'appeler **Charles-Martel** à son aide.

77. Bataille de Poitiers. — Dès sa première jeunesse, Charles avait montré son courage et ses

talents militaires. Il accourut à l'appel du duc d'A-
quitaine, et les deux armées se rencontrèrent près de
Poitiers, à *Moussais-la-Bataille*. Une semaine entière
elles restèrent en présence, différant de jour en jour
l'action décisive.

Abdérame attaqua enfin les Francs à la tête de sa
cavalerie; mais les charges réitérées de ses escadrons ne purent entamer les solides bataillons, hé-
rissés de piques, des chrétiens. Toute la journée, les
chances du combat se balancèrent, et aux approches
du soir la victoire restait encore indécise. Tout à
coup, sur les derrières de l'armée musulmane, un
corps de Francs envahit le camp où était entassé le
riche butin des Arabes. Les cavaliers aussitôt abandonnèrent leur poste pour courir le défendre; le
désordre se mit dans leurs rangs; Abdérame, qui
voulait les arrêter, fut tué dans une mêlée sanglante,
où ses soldats furent exterminés par milliers.

Le lendemain matin, les Francs s'apprêtaient à recommencer la lutte, mais les Arabes avaient décampé
en silence pendant la nuit, abandonnant le gros de
leur butin. Ils ne conservèrent en France que la province de Septimanie.

C'était juste un siècle après la mort de Mahomet,
en 732, que Charles-Martel sauvait ainsi son pays et
la chrétienté. Il avait, disent les vieilles chroniques,
écrasé les Sarrasins comme le marteau brise le fer et
l'acier : de là le surnom qui ne fait plus qu'un avec
son nom dans l'histoire.

78. **Pépin le Bref proclamé roi.** — Vingt ans
après la bataille de **Poitiers**, en 752, le fils de Charles-Martel, **Pépin le Bref**, ainsi surnommé à cause de

sa petite taille, fit déposer le dernier Mérovingien Childéric III, et prit lui-même la couronne, du consentement de tous les Francs. Cette révolution, accomplie au champ de mars ou assemblée nationale de Soissons, passa presque inaperçue. Elle n'était pour la maison d'Héristal qu'un changement de titre, puisque, depuis la victoire de Testry, cette famille exerçait de père en fils la puissance souveraine. Pépin le Bref ajouta à son pouvoir un caractère religieux; il se fit sacrer successivement par saint Boniface, archevêque de Mayence, apôtre de la Germanie, et par le pape Etienne II.

QUESTIONNAIRE. — 74. Par qui fut gouvernée la France dans le demi-siècle qui suivit la bataille de Testry? — Nommez, avec leurs dates, les maires du palais depuis cette époque jusqu'au milieu du VIIIe siècle. — 75. Quel danger menaçait alors la France du côté du Rhin? — Comment les maires de la maison d'Héristal travaillèrent-ils à l'écarter? — 76. Parlez de l'invasion des Arabes en France. — 77. Racontez, avec sa date, la bataille qui les repoussa. — Quel surnom fut donné à leur vainqueur? — 78. Quand et comment finit la dynastie mérovingienne? — Montrez que la maison d'Héristal arriva régulièrement à la couronne. — Quel caractère nouveau prit le pouvoir royal à l'avènement de Pépin le Bref?

Résumé de l'invasion germaine des cinquième et sixième siècles.

ROYAUMES BARBARES FONDÉS SUR LE CONTINENT

Nom des royaumes.	Nom du fondateur.	Lieu et date de la fondation.	Cause et date de la chute.
Alains.	»	Centre de l'Espagne (409).	Détruit par les Wisigoths en 416.
Vandales.	»	Sud de l'Espagne (409). — Puis en Afrique sous Genséric en 427.	Détruit par l'empire grec en 534.
Suèves.	»	Nord-ouest de l'Espagne (409).	Conquis par les Wisigoths en 585.
Burgondes.	»	Est de la Gaule, conquis en 406, cédé par l'empereur Honorius en 413.	Conquis par les Francs en 534.
Wisigoths.	Wallia.	Sud-ouest de la Gaule, cédé par l'empereur Honorius en 419. — S'étend jusqu'à la Loire et sur toute l'Espagne sous Euric de 466 à 469.	Détruit en Gaule par les Francs de Clovis (507), — en Espagne par les Arabes (711).
Hérules.	Odoacre.	Italie (476).	Détruit par les Ostrogoths (489-493).
Francs.	Clovis.	Dans toute la Gaule sous Clovis (481-511).	» »
Ostrogoths.	Théodoric.	Italie (489-493).	Détruit par l'empire grec (535-554).
Lombards.	Alboin.	Italie (568).	Conquis par les Francs sous Charlemagne en 774.

ROYAUMES BARBARES FONDÉS DANS L'ILE DE BRETAGNE

4 royaumes saxons.	Kent. Sussex. Wessex. Essex.	Fondés de 455 à 584. — Réunis sous Egbert au commencement du IXe siècle.
3 royaumes angles.	Northumberland. Est-Anglie. Mercie.	

Saint Arnulf, d'une famille gallo-romaine. Devenu veuf, il se fit prêtre et fut évêque de Metz. Maire du palais d'Austrasie sous Dagobert. Mort en 640.

Pépin de Landen, d'une famille austrasienne dont les principales possessions étaient aux bords de la Meuse (Landen, Héristal, toutes deux près de Liège). Partagea en Austrasie, sous Dagobert, l'autorité avec saint Arnulf. Mort en 639.

Ansigise, fils de saint Arnulf, épouse Begga, fille de Pépin de Landen.

Begga, fille de Pépin de Landen, épouse Ansigise, fils de saint Arnulf.

Grimoald, maire du palais d'Austrasie sous Sigebert II, à la mort duquel il veut faire nommer roi son propre fils Childebert. L'un et l'autre sont mis à mort (656).

Martin, petit-fils de saint Arnulf. Duc d'Austrasie avec Pépin d'Héristal en 679. Assassiné en 680 par Ebroïn, maire de Neustrie et Bourgogne.

Né de ce mariage :
Pépin d'Héristal, duc d'Austrasie avec Martin en 679. Maire du palais en Neustrie et Bourgogne après sa victoire de Testry (687). Mort en 714.

Charles-Martel, fils de Pépin d'Héristal, succède au pouvoir de son père. Bat les Sarrasins à Moussais-la-Bataille, près Poitiers. Mort en 741.

Pépin le Bref succède à Charles-Martel avec son frère. Il reste seul maître en 747 et se fait nommer roi en 752.

Carloman partage d'abord le pouvoir avec son frère, se fait moine au mont Cassin en 747. Meurt en 756.

DEUXIÈME PARTIE

De l'avènement de Pépin le Bref à l'avènement de Grégoire VII (752-1073).

FORMATION ET DÉMEMBREMENT DE L'EMPIRE CARLOVINGIEN.
LA FÉODALITÉ. — DÉMEMBREMENT DE L'EMPIRE ARABE.

CHAPITRE PREMIER

PÉPIN LE BREF ET CHARLEMAGNE. — L'EMPIRE ET
LE GOUVERNEMENT CARLOVINGIEN. — LE POU-
VOIR TEMPOREL DU SAINT-SIÈGE (752-814).

RÉSUMÉ. — **Pépin le Bref**, après avoir chassé les Arabes au delà des Pyrénées, marcha au secours du pape contre les Lombards, et établit le pouvoir temporel du saint-siège.

Charlemagne, son successeur, combattit également contre les Lombards et confirma la donation faite par son père au pape Etienne II. Il prit pour lui-même la couronne de Lombardie.

Il fit ensuite la guerre aux Saxons, à qui il imposa par la force la profession du christianisme. Leur roi Witikind reçut le baptême, mais les Saxons se révoltèrent à plusieurs reprises. Charlemagne ne put les dompter qu'en déportant un tiers de la population.

Il fit enfin la guerre aux Arabes d'Espagne, et, malgré le désastre de Roncevaux, il resta maître du pays jusqu'à l'Ebre.

En 800, Charlemagne fut proclamé à Rome empereur d'Occident, et couronné par le pape Léon III.

Le nouvel empereur réorganisa l'empire par un ensemble d'institutions contenues dans les Capitulaires. Il surveilla, à l'aide des « missi dominici », le gouvernement des comtes ou grafs, chargés d'administrer les provinces. Il protégea les lettres et créa de nombreuses écoles, entre autres la célèbre école du palais.

1. Les premiers Carlovingiens. — La dynastie carlovingienne a eu le rare bonheur d'être successivement représentée par quatre grands hommes, *Pépin d'Héristal* et *Charles-Martel,* qui lui ont frayé les voies au trône, *Pépin le Bref* et *Charlemagne* (c'est-à-dire *Karl* ou *Charles le Grand*), qui l'ont brillamment ouverte (752-768; 768-814). Son nom lui vient soit de Charles-Martel, l'illustre vainqueur de Poitiers, soit de Charlemagne, l'un de ces génies rares et complets dont l'humanité offre à peine quelques exemples.

2. Pépin le Bref. — *Pépin le Bref,* continuant l'œuvre de son père, fit aux *Arabes* de Narbonne et de la Septimanie·une guerre de sept ans, qui leur enleva ce dernier asile et les refoula tous au delà des Pyrénées (759). Une autre guerre, difficile et acharnée (760-768), fit ensuite rentrer le duché d'**Aquitaine** sous la suprématie des rois francs. Mais le fait le plus considérable du règne fut la constitution de l'Etat romain ou de la **souveraineté temporelle du pape** sous la protection de la France.

3. Situation de l'Italie au huitième siècle. — Après avoir, depuis la chute de l'empire d'Occident, subi bien des maîtres et passé par bien des mains, l'Italie était partagée entre les Lombards et les empereurs grecs de Constantinople. Les *Lombards* possédaient le nord de la péninsule, ou le demi-cercle que bornent les Alpes et auquel le nom de *Lombardie* est resté, et de plus le duché de *Spolète* au centre et le duché de *Bénévent* au midi. L'empereur d'Orient était maître nominal du reste de l'Italie. Son représentant, appelé *exarque,* résidait à Ravenne, sur la côte de l'Adriatique; mais, sur bien des points, l'autorité de cet exarque était méconnue des peuples et sans prestige à leurs yeux.

Les Italiens n'oubliaient pas que presque toujours l'empire d'Orient avait laissé l'Italie sans défense devant les invasions des Barbares; ils se rappelaient que l'empereur Léon l'Isaurien avait dirigé de violentes attaques contre les croyances catholiques de l'Italie, en protégeant l'hérésie des *iconoclastes* (briseurs d'images), qui traitaient d'idolâtrie le culte rendu aux images des saints. Cet abandon, ces persécutions, avaient presque détaché de l'empire les villes du duché et de la province de Rome avec l'exarchat de Ravenne.

Le seul pouvoir réel en ces deux pays était le saint-siège[1]. Sans prendre le titre et les insignes de la souveraineté temporelle, les papes en exerçaient tous les droits par le libre choix des Italiens. Les Lombards, qui nourrissaient l'ambition de posséder la péninsule entière, attaquèrent à la fois l'exarque grec et le pontife romain, c'est-à-dire le chef nominal et le chef réel de l'Italie centrale.

4. Etablissement du pouvoir temporel des papes. — En 752, leur roi *Astolphe* s'empara de tout l'exarchat, depuis les Apennins jusqu'à l'Adriatique, depuis les bouches du Pô jusqu'à la ville d'Ancône. Rome à son tour était menacée par ses troupes, quand le pape *Etienne II*, après s'être adressé en vain à Constantinople, appela les Francs,

____

1. Voir plus haut, paragraphes 16 et 18 les rapports de saint Léon le Grand avec Attila et Genséric.

|ui, au temps de leurs guerres civiles, s'étaient déjà
rouvés en lutte avec les Lombards.

Pépin le Bref passa les Alpes deux années de suite
754, 755). Astolphe, bloqué dans *Pavie,* sa capitale,

Charlemagne et Alcuin.

fut forcé de lui abandonner ses conquêtes et de lui
promettre un tribut annüel. A part ce tribut, le roi
franc n'usa qu'en faveur du pape des droits que lui
conférait sa victoire. Maître de l'exarchat, il le donna
en toute souveraineté au saint-siège. Quant au duché
de Rome, il resta, comme auparavant, aux mains du
pontife, et Pépin ne joignit à son titre de roi des
Francs que ceux de défenseur de Rome et de patrice,

qui lui conféraient le commandement militaire dans
la capitale du monde chrétien.

5. Portrait de Charlemagne. — Charlema-
gne était âgé de vingt-six ans quand mourut son
père Pépin le Bref (768). Modèle accompli du chef
d'empire, il consacra son cœur comme sa vaste intelligence à l'accomplissement de sa lourde tâche. Il ne
songea, dans ses nombreuses guerres, qu'à garantir,
sur tous les points et contre tous les ennemis, la sé-
curité de la France et de sa religion; dans son gouvernement, qu'à remplacer par une administration
régulière le désordre universel que les bouleversements de l'invasion avaient amené depuis trois siècles.

6. Guerre contre les Lombards. — *Didier,*
successeur d'Astolphe, avait de nouveau attaqué Rome
en 773; le pape, *Adrien Ier,* appela les Francs à son
secours. Charlemagne répondit à cet appel. La
guerre, aussitôt résolue, amena la prise de *Pavie,* la
chute de Didier, qui fut enfermé dans un cloître, et
l'occupation de tout son royaume (774). Charlemagne
confirma et augmenta la donation faite par son père
au pape Etienne II, et il prit pour lui-même la couronne de Lombardie, dite *couronne de fer*[1].

7. Guerres contre les Saxons. — En même
temps que les Francs asservissaient les Lombards en
Italie, Charlemagne écartait de la France les périls
qui la menaçaient sur ses deux autres frontières : à
l'est, il domptait les *Saxons* par trente-deux ans de
guerre (772-803); au sud, il refoulait les *Arabes* plus

1. Elle était d'or pur; mais un petit cercle, formé, disait-on,
d'un des clous qui avaient servi à crucifier le Sauveur, était
placé dans sa partie intérieure : de là lui venait son nom.

loin encore que derrière le rempart naturel des Pyrénées.

Le tribut annuel promis par les Saxons à Pépin le Bref ne les empêchait pas de demeurer audacieux et menaçants. Plus attachés que jamais à la sanglante religion d'*Odin,* ils massacraient sans pitié les missionnaires ; ils chassaient du pays, comme traîtres, ceux qui se convertissaient à la foi chrétienne. Tout montrait que les incursions, les meurtres, les incendies, recommenceraient sur la frontière dès qu'ils croiraient le moment favorable.

Charlemagne résolut d'en finir avec ces craintes toujours renaissantes. En 772, il porta la guerre en Saxe, pour y établir d'une manière définitive la suprématie des Francs, si souvent oubliée et méconnue, et pour y protéger énergiquement les missionnaires chrétiens et les Saxons convertis par eux.

8. Première campagne (772). — L'Irminsul. — Nouvelles révoltes. — La guerre ne rencontra pas d'abord de sérieux obstacles. Charlemagne prit la forteresse d'*Eresbourg,* non loin du Wéser, pénétra jusqu'à ce fleuve, et renversa l'idole nationale d'*Irminsul*[1]. A quatre reprises, les Saxons furent réduits à se soumettre. Chaque fois, des troupes innombrables d'hommes, de femmes et d'enfants descendirent dans les rivières pour y recevoir le baptême ; mais toujours ils s'insurgeaient de nouveau

1. Suivant les uns, cette idole grossière était élevée en l'honneur d'Hermann ou Arminius, l'antique défenseur de l'indépendance germaine contre Rome. Selon d'autres, c'était une sorte de colonne, image et symbole de l'arbre sacré qui, d'après les Germains, s'élevait au centre de la terre pour soutenir tout l'édifice de la création.

aussitôt que les Francs s'étaient éloignés, et ils venaient, sur les bords du Rhin, tout ravager, tout massacrer, sans distinguer ni l'âge ni le sexe.

9. **Witikind.** — Dans une cinquième révolte, un chef plein d'ardeur, **Witikind**, réunit pour la guerre toutes les tribus, jusque-là isolées, leur assura l'alliance de la Frise et du Danemark et détruisit presque en entier l'armée envoyée pour les combattre.

Charlemagne, oubliant alors toute modération, ne songea plus qu'à dompter les Saxons par la terreur et à les rendre, malgré eux, sujets dociles et chrétiens fidèles. Quatre mille cinq cents révoltés, jugés, suivant les coutumes germaines, par leurs concitoyens, furent déclarés traîtres, et Charlemagne, en un seul jour, les fit décapiter jusqu'au dernier.

Des lois implacables punirent de mort non seulement l'incendie des églises, le meurtre des prêtres, le sacrifice de victimes humaines aux dieux de la Germanie, mais le seul refus du baptême chrétien. Lorsque, en trois années d'une guerre sans quartier, les Saxons eurent essuyé défaite sur défaite, et que de toutes parts, du Rhin à l'Elbe, le pays eut été dévasté, les hameaux détruits, les maisons livrées aux flammes, Charlemagne offrit au peuple la paix, à Witikind sa grâce.

10. **Baptême de Witikind.** — Le héros, épuisé par tant d'efforts, vint à *Attigny-sur-Aisne* recevoir le baptême et se courber devant la loi du vainqueur (785).

Witikind tint ses serments, mais les Saxons de l'est et du nord se soulevèrent encore plus d'une fois. Charlemagne, pour triompher de cette courageuse obstination, fit déporter en masse et disséminer en France et en Germanie un tiers des familles.

11. Conversion des Saxons. — En 803, une réconciliation décisive se fit à l'assemblée de Salz ou *Salzbourg* (Autriche actuelle) : les hommes nobles de Saxe, stipulant pour leur pays, promirent de renoncer aux idoles ; Charles, se réservant le droit de les faire inspecter et de nommer leurs juges, leur laissa les lois de leurs pères et une apparence de liberté.

Au lieu d'être, comme auparavant, une inquiétude et un danger, les Saxons entrèrent, et la Frise avec eux, dans les voies de la civilisation chrétienne et travaillèrent de tous leurs efforts à étendre et à propager la religion qu'ils venaient d'embrasser.

12. Guerre contre les Arabes. — En 778, Charlemagne fut appelé en Espagne par *l'émir* ou gouverneur de *Saragosse,* en révolte ouverte contre le calife de *Cordoue,* souverain de la péninsule. L'expédition ne le rendit point maître de cette forte place, dont les défenseurs ne voulurent pas suivre leur chef dans sa rébellion ; mais elle mit entre ses mains, avec *Pampelune* et *Barcelone;* tout le nord-est de l'Espagne, depuis les *Pyrénées* jusqu'à l'*Ebre*.

13. Mort de Roland. — Au retour, l'arrière-garde commandée par **Roland**, neveu de Charlemagne, fut surprise dans l'étroite gorge de *Roncevaux* (Navarre espagnole, nord-est de Pampelune). Cette surprise venait d'une trahison des montagnards basques, toujours jaloux de l'indépendance de leur pays. A un signal donné, Roland et les siens se virent assaillis de pierres énormes et de quartiers de rocs précipités de toutes les hauteurs, et ils périrent tous écrasés ou percés de flèches. La province acquise, dite *Marche* d'Espagne[1], n'en resta pas moins aux mains des Francs.

14. Étendue des États de Charlemagne. — Les guerres de Charlemagne contre les Lombards, contre les Saxons et les Arabes, étendirent ses États jusqu'au *Garillan* en Italie, jusqu'à l'*Elbe* en Germanie, jusqu'à l'*Èbre* en Espagne, et lui donnèrent des millions de sujets. D'autres guerres lui créèrent, au delà de ces limites, comme une ceinture de peuples tributaires : les *Slaves,* qui, sous divers noms, se pressaient, les uns en Germanie, des rives de l'Elbe à celles de l'Oder, les autres en Illyrie, sur les côtes orientales de l'Adriatique; les *Avares,* reste de la sauvage nation des Huns, qui campaient sur les bords du Danube et de la Theiss, dans la Hongrie actuelle, et que Charles dépouilla des immenses richesses accumulées entre leurs mains par deux siècles de pillage; le duché de *Bénévent,* qui comprenait la moitié de l'Italie méridionale, et qui n'avait pas suivi le sort du reste de l'État lombard.

La capitale de l'empire de Charlemagne, ainsi agrandi, ne pouvait plus être au milieu de l'ancienne Gaule : il la transporta entre le Rhin et la Meuse, dans la ville d'*Aix-la-Chapelle,* où il se plaisait à résider.

15. Charlemagne empereur d'Occident. — Les États du roi franc n'étaient guère moins étendus que ceux de l'empire romain d'Occident. En l'an 800,

---

1. On appelait *Marches* les provinces frontières.

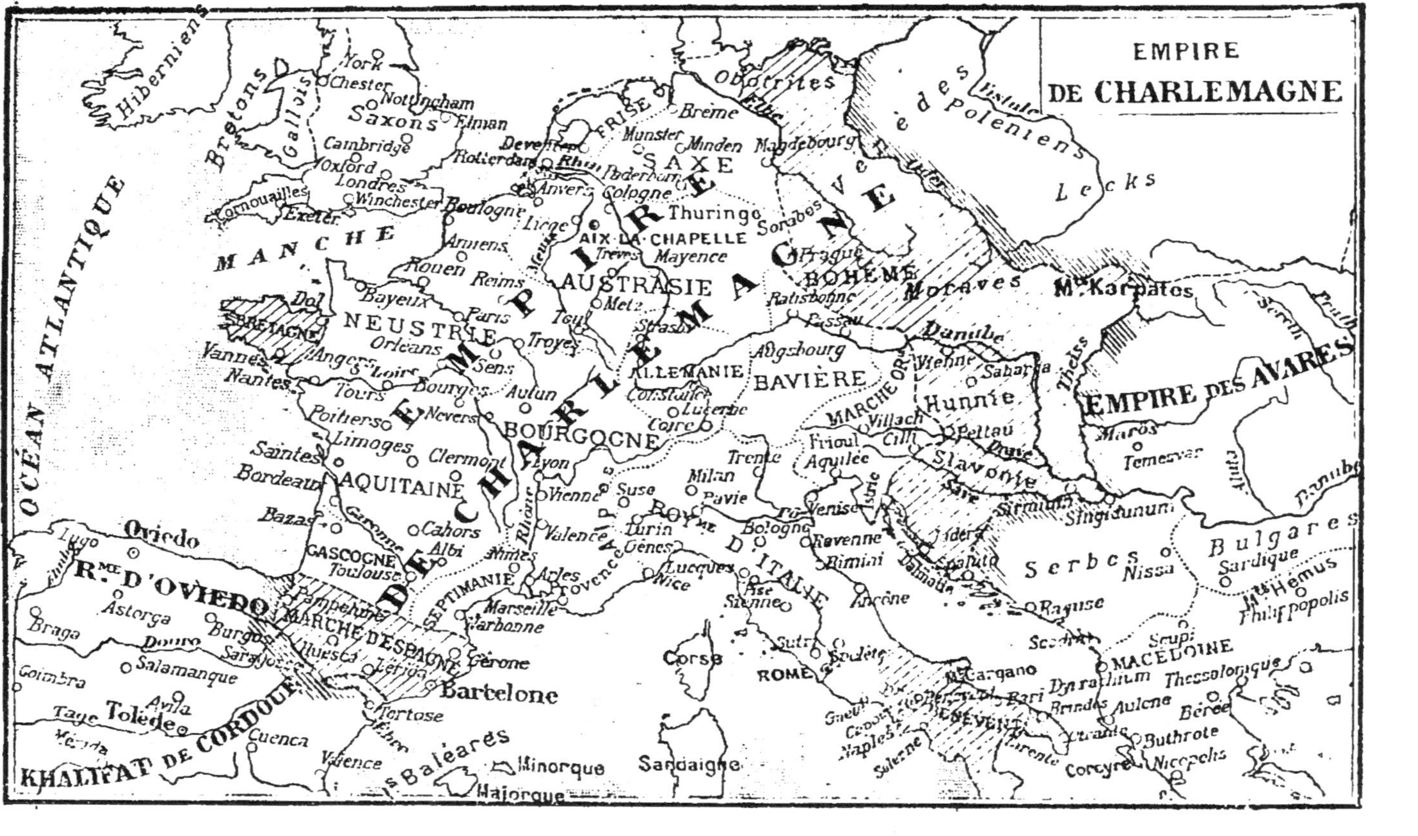

EMPIRE
DE CHARLEMAGNE
EMPIRE DE CHARLEMAGNE
OCÉAN ATLANTIQUE
MANCHE
Hiberniens
Bretons
Gallois
York
Chester
Nottingham
Saxons
Elman
Cambridge
Oxford
Londres
Winchester
Cornouailles
Exeter
Boulogne
Amiens
Rouen
Reims
Bayeux
Paris
Troyes
BRETAGNE
Dol
Vannes
Angers
Nantes
Loire
Orleans
Sens
Tours
Bourges
Aulun
Poitiers
Limoges
Nevers
Saintes
Clermont
Bordeaux
AQUITAINE
Garonne
Bazas
Cahors
Albi
GASCOGNE
Toulouse
Pampelune
SEPTIMANIE
MARCHE D'ESPAGNE
Huesca
Lerida
Gérone
Bartelone
Tortose
Ebre
Baléares
Minorque
Majorque
Valence
Cuenca
R.ce D'OVIEDO
Oviedo
Lugo
Braga
Astorga
Burgos
Saragosse
Douro
Salamanque
Coimbra
Avila
Tage
Tolede
Merida
KHALIFAT DE CORDOUE
FRISE
Breme
Deventer
Rotterdam
Anvers
Cologne
Liege
Munster
Minden
Magdebourg
Rhin
Paderborn
SAXE
Thuringe
AIX-LA-CHAPELLE
Trèves
Mayence
AUSTRASIE
Metz
Toul
Strasb
Sorabes
Prague
BOHÊME
Moraves
M.ts Karpates
Obotrites
Elbe
des
Polemens
Lecks
Ratisbonne
Passau
Danube
ALLEMANIE
BAVIÈRE
Augsbourg
Constance
Lucerne
Coire
BOURGOGNE
Lyon
Vienne
Suse
Milan
Pavie
Turin
Gênes
Valence
Nîmes
Arles
Provence
Marseille
Narbonne
Nice
ROY.me D'ITALIE
Trente
Aquilée
Frioul
Venise
Bologne
Ravenne
Rimini
Lucques
Ase
Sienne
Ancône
Corse
Sutri
ROME
Naples
Salerne
Sardaigne
MARCHE OR.
Vienne
Sabaria
Villach
Cilli
Pettau
Drave
Hunnie
Slavonie
Save
Sirmium
Singidunum
Ider
Dalmatie
Spalato
Raguse
Serbes
Nissa
Scodra
M.te Gargano
Bari
Brindes
Tarente
Otrante
Corcyre
Bulgares
Sardique
M.ts Hémus
Philippopolis
MACEDOINE
Dyrrachium
Thessalonique
Aulone
Bérée
Buthrote
Nicopolis
EMPIRE DES AVARES
Maros
Temesvar
Danube

Charlemagne reprit cet ancien titre d'*empereur*. Il était alors à Rome. Le jour de Noël, le pape Léon III s'approcha de lui, lui mit sur la tête une couronne d'or, et la multitude le salua de ses acclamations.

16. Gouvernement de Charlemagne. — Charlemagne, en relevant l'empire d'Occident, eut la sagesse de ne pas revenir au despotisme des empereurs romains, et il ne prétendit point, comme eux, donner son unique volonté pour règle. Plein de respect et même d'attachement pour les vieilles institutions germaniques, il voulut seulement les dominer par un pouvoir central vigoureux, condition essentielle d'ordre et de paix dans la société nouvelle. Il conserva les anciens *champs de mars* ou de mai. De ces réunions des seigneurs et des prélats sortirent les lois ou *Capitulaires* de Charlemagne, ainsi nommés parce qu'ils étaient partagés en articles ou petits chapitres (*capitula*); mais l'empereur proposait ces lois, de lui dépendait la résolution définitive il : restait donc le centre et l'âme de toutes choses, et ses sujets ne lui apportaient que des renseignements et des lumières.

Des *comtes* ou *grafs* furent chargés, dans chaque district, de rendre la justice avec les notables du canton, et de conduire les hommes libres à la guerre; mais il les fit surveiller fréquemment par des inspecteurs généraux appelés *missi dominici,* c'est-à-dire envoyés du souverain.

Par ses guerres et ses conquêtes, Charlemagne écartait de l'Occident le danger des invasions. S'il y en eut encore après lui, elles n'arrivèrent que par la mer et les côtes; ce ne furent plus des déplacements de peuples, quittant leurs foyers en masse,

pour se jeter sur des pays plus beaux et plus fertiles et s'y établir, mais de passagères irruptions de
pillards, sans femmes ni enfants.

Par son administration, il s'efforçait d'assurer à
ses Etats l'ordre et la justice, et, tant qu'il vécut, les
peuples de son empire se trouvèrent comme dans un
monde nouveau.

17. Charlemagne protecteur des lettres. —
Il voulut, de plus, y combattre l'ignorance, y relever
les études délaissées, et il attira près de lui, pour
l'aider dans cette œuvre difficile, tout ce qu'il y avait
de savants dans ce temps d'invasions et de barbarie.
Deux hommes surtout le secondèrent, l'Anglais *Alcuin* et l'Italien *Pierre de Pise*.

Charlemagne eut la gloire de relever le savoir du
clergé et de mettre, autant qu'il le pouvait, l'instruction élémentaire à la portée des plus pauvres. Dans
les cathédrales et dans les abbayes, des écoles s'élevèrent de toutes parts pour les ecclésiastiques, et
en même temps Charlemagne fonda l'enseignement
primaire, en exigeant que le prêtre de chaque pa-
roisse apprît à lire aux petits enfants, sans distinc-
tion de naissance et sans rétribution ni salaire.

18. L'école du palais. — Dans le palais même
de l'empereur, une école réunissait ses fils, ceux des
seigneurs qui l'entouraient, et à côté d'eux, pour
leur rappeler sans doute l'égalité chrétienne et exciter parmi eux une salutaire émulation, des enfants
sortis des classes moyennes et même des plus humbles familles. Quand Charlemagne visitait cette école,
il ne s'inquiétait que du travail des enfants, et nullement de leur origine.

« Il arriva qu'un jour, les enfants de médiocre ou
d'infime condition lui présentèrent des devoirs qui
passaient toute espérance, et les nobles, au contraire,
n'eurent à produire que de misérables pauvretés.
L'empereur mit à sa droite les premiers et les combla
d'encouragements et de promesses. Tournant ensuite
un front irrité vers les autres, restés à sa gauche :
« Quant à vous, les nobles, leur dit-il, je ne fais nul
« cas de votre beauté ni de votre naissance. Sachez
« et retenez bien que si vous ne vous hâtez de répa-
« rer par une constante application votre négligence
« passée, vous n'obtiendrez jamais rien de moi. »

19. Résultats du règne de Charlemagne. —
Charlemagne mourut en 814. Peu d'années après,
on eût pu croire, au premier coup d'œil, que son œuvre tout entière avait disparu. L'empire fut démembré, le pouvoir central annulé par les seigneurs, et
les pirateries des hommes du Nord ou *Normands*
révélèrent la faiblesse des rois et ramenèrent, plus
profonde que jamais, la misère des peuples. Il y avait,
en effet, une part fragile et éphémère dans la politique et dans les institutions de ce grand règne.

Une autre part resta, et celle-là solide et durable :
la renaissance des études due à Charlemagne continua
de produire ses fruits ; ses écoles subsistèrent, elles
entretinrent l'activité intellectuelle, et le mouvement
imprimé par lui à l'esprit humain, bien qu'entravé
et ralenti parfois, ne s'arrêta plus. Au dehors, la Saxe,
devenue chrétienne, demeura pour l'Occident une
barrière protectrice contre les nouvelles invasions.

QUESTIONNAIRE. — 1. Par quels souverains a commencé la
dynastie carlovingienne, et d'où lui vient ce nom ? — Dates

du règne de Pépin le Bref et de celui de Charlemagne. —
2. Durée, dates et résultats des guerres de Pépin le Bref
contre les Arabes et contre l'Aquitaine. — 3. A qui était soumise l'Italie au temps de Pépin le Bref? — Que reprochaient les Italiens à l'empire d'Orient, et quels résultats
leur mécontentement avait-il produits? — 4. Pourquoi et
par qui Pépin le Bref fut-il appelé dans la péninsule? —
Quand et comment triompha-t-il des Lombards? — Quel
usage fit-il de sa conquête? — Résumez en quelques mots
l'histoire de l'origine du pouvoir temporel des papes. — 5.
Portrait et appréciation de Charlemagne. — 6. Résumez,
avec ses causes et ses dates, la conquête de la Lombardie.
7-11. — Motifs et durée de la guerre de Saxe. — Racontez
cette guerre en insistant sur les causes de sa longueur et sur
les mesures terribles qui la terminèrent. — Conséquences
de la conquête et de la conversion de la Saxe. — 12. Occasion, dates et résultats de la guerre de Charlemagne contre
les Arabes d'Espagne. — 13. Quel revers subirent les Francs
au retour de l'expédition? — 14. Limites des Etats de Charlemagne en Italie, en Germanie et en Espagne. — Peuples
tributaires en dehors de ces limites. — Où Charles plaça-
t-il sa capitale? — Donnez une idée de son influence au
dehors. — 15. Quel titre ajouta Charlemagne à celui de roi
des Francs, dans quelles circonstances et à quelle époque?
— 16. Quel fut le gouvernement de l'empire de Charlemagne? — Où et comment se faisaient les lois, et quel nom
leur est donné? — Comment s'appelaient les officiers chargés d'administrer les provinces, et quelles étaient leurs
fonctions? — A quelle surveillance étaient-il soumis? —
Donnez une idée de la vigilance, de la générosité et de l'é-
conomie de Charlemagne. — 17. Quels hommes l'aidèrent à relever les études, et comment lui-même profita-t-il
de leurs leçons? — Qu'y a-t-il à dire de lui comme restau-
rateur des lettres? — 18. Rappelez un souvenir de ses ins-
pections dans les écoles. — 19. Date de la mort de Charlemagne. — Tout ce qu'avait fait ce grand homme dura-t-il
longtemps? — Quels furent les résultats durables de son
règne, et quels grands services lui doivent la France et l'Europe?

CHAPITRE II

DÉMEMBREMENT DE L'EMPIRE CARLOVINGIEN ET RUINE DU POUVOIR CENTRAL. — ÉTABLISSEMENT DE LA FÉODALITÉ (814-887).

RÉSUMÉ. — Louis le Débonnaire, qui succéda à Charlemagne, eut à lutter pendant toute sa vie contre ses fils.

Après sa mort, l'empire fut partagé en trois parties. Louis le Germanique eut l'Allemagne, Charles le Chauve la France, et Lothaire la Lotharingie ou Lorraine. Le traité de Verdun, où fut accompli ce partage, marque la fin de la monarchie franque. La France elle-même se divisa en principautés, de plus en plus indépendantes.

Sous le règne de Charles le Chauve, les Normands envahirent la France et pénétrèrent jusque sous les murs de Paris. La Provence fut, en même temps, pillée par les Sarrasins.

L'empire d'Occident, désorganisé, était incapable de résister à ces attaques. Aussi les comtes se considérèrent-ils bientôt comme les maîtres des provinces qu'ils gouvernaient et en firent-ils leurs domaines personnels. Le capitulaire de Kiersy-sur-Oise sanctionna cette transformation, qui fut l'origine de la féodalité.

Les plus puissants des seigneurs féodaux furent les ducs de France, qui se signalèrent par leur résistance aux Normands.

Charles le Gros, qui n'avait pas su défendre la France, fut déposé par ses sujets allemands.

20. **Louis le Débonnaire et ses fils.** — Après Charlemagne, l'empire ne dura que vingt-neuf ans. *Louis le Débonnaire,* son fils, n'avait pas l'énergie nécessaire pour maintenir sous sa domination les peuples de l'empire, et ces peuples, forcément réunis par la conquête, songèrent à se séparer comme autrefois en plusieurs nations. A ce désir des populations se joignit l'ambition des fils de Louis, *Lothaire, Pé-*

pin et *Louis le Germanique.* Chacun d'eux voulut être indépendant dans la portion d'empire qu'il avait à gouverner et y ajouter de nouvelles provinces. Nés d'un premier mariage, ces trois princes se montrèrent jaloux d'un frère du second lit, Charles le Chauve; leur ambition les poussa à l'oubli le plus odieux du respect filial. Le malheureux empereur, abandonné par ses troupes, outragé par ses enfants, deux fois déposé, deux fois rétabli, mourut de chagrin au début d'une révolte nouvelle, qui allait, disait-il, *envoyer tristement ses cheveux blancs au sépulcre* (840).

21. Partage de l'empire d'Occident. — Après la mort de Louis le Débonnaire, la lutte continua entre les trois fils qui lui survivaient, et à la grande bataille de Fontenay ou *Fontanet,* près d'Auxerre (Yonne), 80,000 hommes perdirent la vie (841). *Lothaire,* empereur et roi d'Italie, y fut vaincu par *Louis le Germanique,* roi de Bavière, et *Charles le Chauve,* roi de France. Deux ans plus tard (843), le **traité de Verdun** démembra l'empire en trois grands royaumes. Louis eut la Germanie ou *Allemagne,* depuis le Rhin et les Alpes jusqu'à l'Elbe; Charles eut la *France,* avec le nord de l'Espagne, qui s'affranchit bientôt de toute dépendance, et l'Escaut, la Meuse, la Saône et le Rhône formaient la limite orientale de son royaume; Lothaire enfin conserva le titre d'empereur, et il eut, avec l'Italie, la longue bande comprise entre les deux autres Etats.

Ainsi finit l'empire carlovingien. Le titre d'empereur subsista; mais il ne donnait aucune prépondérance, et il ne fut plus pour les Carlovingiens qui le portèrent qu'un nom sans puissance réelle.

22. Démembrement des royaumes. — Après le démembrement et la ruine de l'empire de Charlemagne eut lieu le démembrement et la ruine du gouvernement central qu'il avait fondé. Après le partage de l'empire en trois grands royaumes vint le partage de chaque royaume en principautés, à peine rattachées par un lien de plus en plus faible au pouvoir royal. Ce travail de morcellement et d'éparpillement du pouvoir s'accomplit en grande partie pour la France sous *Charles le Chauve* (840-877), et il ne fit que continuer sous *Louis le Bègue,* son fils (877-879), et pendant le siècle qui suivit. Il eut pour cause, dans les Etats carlovingiens : la faiblesse des rois, qui, dans l'espoir de s'attacher les seigneurs, se dépouillèrent pièce à pièce, pour eux, de leur autorité et de leurs domaines; l'ambition des grands, d'autant plus insatiable qu'elle rencontrait chez les rois plus de mollesse et de facilité; enfin les incursions maritimes des pirates normands ou sarrasins, contre lesquels les populations, délaissées par le souverain, cherchèrent des appuis dans les seigneurs de leur voisinage.

23. Premières incursions des Normands. — Les *Normands,* sortis du Danemark et de la Scandinavie, étaient de terribles adversaires. La rareté des blés et la fréquence des famines dans leurs froides régions, la fougue sauvage de leur nature, l'enivrante idée des nouveaux combats et des éternels festins que le paradis d'Odin réservait aux braves, les poussaient à chercher audacieusement les guerres et le butin sur tous les rivages. Les uns, avec *Rurik* et ses frères, allaient jeter à Kiev et à Novogorod les fondements du grand-duché de Russie; les autres, sous le nom de Danois, attaquaient les côtes d'Angleterre.

En France, ils vinrent se poster avec leurs barques à l'embouchure de tous nos fleuves. De là ils remontaient dans l'intérieur du pays, livrant aux flammes les églises et les châteaux, massacrant les prêtres et les seigneurs, voyant fuir devant eux comme des troupeaux les populations épouvantées. Ils pénétrèrent, sur la Somme, jusqu'à Amiens, qu'ils pillèrent. Sur la Seine, ils poussèrent leurs courses jusqu'aux faubourgs de Paris. Sur la Loire, ils s'avancèrent jusqu'à Orléans. Sur la Garonne enfin, ils saccagèrent Bordeaux et couvrirent de ruines les deux rives du fleuve jusqu'à Toulouse.

Les côtes françaises de la Méditerranée et celles d'Italie, quoique moins ravagées, avaient aussi parfois leurs pillards.

24. Invasions des Arabes. — En Provence, les Sarrasins d'Espagne et d'Afrique pillèrent Arles en 842, et tentèrent même de se fixer dans le pays. En Italie, les Normands encore s'avancèrent un jour jusqu'aux côtes de l'Etrurie, et allèrent brûler la ville de Luna, qu'ils prenaient pour Rome (867). Mais soit en Italie, soit en Allemagne, les courses des pirates étaient rares et passagères, tandis que la France était le théâtre principal et continuel de leurs incursions dévastatrices.

25. Faiblesse de la défense de l'empire d'Occident. — La lutte y était difficile contre les pirates normands, dont les barques se montraient sur tous les points à la fois pour disparaître aussitôt après le pillage.

Charles le Chauve, au lieu de réunir en grand nombre contre les Normands les hommes du pays, acheta plus d'une fois à prix d'or le départ des envahisseurs, et il laissa aux provinces attaquées le soin d'organiser de leur mieux la résistance. « Chacun n'a qu'à se défendre comme il pourra, » répétait-

Le château de Coucy, avec le donjon construit pendant la minorité de saint Louis.

il sans cesse. Partout les petits propriétaires, les hommes libres, les paysans, se groupèrent sous le patronage de quelque seigneur, pour protéger, sous sa conduite, les maisons et les troupeaux, les églises et les demeures. De toutes parts des châteaux forts s'élevèrent, avec une double enceinte et des fossés profonds qui pussent en faire un refuge assuré, avec une grosse tour centrale ou donjon, pour servir au besoin de dernière défense, avec d'autres tours le long des murailles, pour aider à repousser l'ennemi.

Ce fut ainsi, et sans direction de l'autorité centrale, que la France lutta contre les pirates. Le plus vaillant de ses protecteurs fut *Robert le Fort,* comte d'Anjou et duc de France, c'est-à-dire du pays entre Seine et Loire. Après de nombreux succès sur les Normands, il finit par être tué par eux à Brissarthe près d'Angers, en 866.

26. Débuts de la féodalité. — En même temps que Charles le Chauve laissait ainsi à d'autres le soin de défendre la France, il autorisait les possesseurs de fiefs à les laisser après eux à leurs enfants. Les fils des *comtes* ou gouverneurs des provinces conservaient les fonctions de leurs pères et les vastes domaines dont ces fonctions leur donnaient la jouissance (capitulaire de *Kiersy-sur-Oise,* 877). Quand tous les seigneurs furent sûrs de garder dans leurs familles les terres royales qui leur avaient été concédées, ils s'en considérèrent comme les vrais et uniques propriétaires et ne s'inquiétèrent plus guère des rois. Les comtes, magistrats révocables jusquelà, et simples agents du prince, se trouvèrent transformés, par le capitulaire de Kiersy, en petits souverains héréditaires et indépendants.

Quand le roi eut ainsi abandonné tous les droits naturels de la couronne, il ne lui resta plus qu'à se dépouiller de ce qu'il avait encore de villes, de campagnes et de châteaux. Les Carlovingiens de France finirent par n'avoir plus vraiment à eux qu'une seule ville, la ville de Laon : encore leur était-elle parfois disputée.

La révolution qui partageait ainsi la France en une trentaine de petits Etats s'accomplissait de même en

Allemagne et en Italie. L'hérédité des fiefs n'y fut proclamée qu'un siècle plus tard ; mais, là comme en France, le pouvoir des seigneurs s'agrandit et se fortifia au détriment du pouvoir central.

27. Charles le Gros. — Quarante ans après le traité de Verdun, presque tous les Etats de Charlemagne se trouvèrent encore une fois aux mains d'un seul souverain, *Charles le Gros,* fils de Louis le Germanique. Il avait la Germanie, l'Italie, une portion du pays entre la Germanie et la France, comme héritier de ses frères ou de ses cousins. Il avait reçu le titre d'empereur, qui n'augmentait d'ailleurs en rien sa puissance. Enfin, en 884, il fut appelé par les grands à gouverner la France au nom d'un fils de Louis le Bègue, *Charles III le Simple,* qui n'avait que cinq ans. Mais une terrible invasion normande montra bientôt combien ce descendant de Charlemagne était loin du fondateur de l'empire.

28. Siège de Paris par les Normands. — En novembre 885, sept cents barques, portant plus de trente mille hommes, voguèrent vers Paris et vinrent couvrir deux lieues de la Seine. La ville, comprise alors tout entière dans l'île de la Cité, était protégée par un double mur d'enceinte, et elle avait à sa tête deux braves, résolus à la défendre vigoureusement : son évêque *Gozlin,* qui mourut de fatigue pendant le siège, et le comte de Paris, *Eudes,* fils de Robert le Fort. Les pirates la bloquèrent étroitement pendant treize mois ; mais elle soutint tous les assauts sans faiblir.

Quand les ressources s'épuisèrent, le comte Eudes quitta Paris pour presser l'empereur d'envoyer des secours au plus vite. Enfin Charles le Gros parut, avec une armée nombreuse, sur les hauteurs de Montmartre ; mais, au lieu de livrer bataille, l'indolent monarque eut la lâcheté d'acheter le départ des pirates au prix d'une forte rançon.

29. Déposition de Charles le Gros. — Les sujets allemands de Charles le Gros furent eux-mêmes indignés, et ils le déposèrent, quelques mois après (887), dans l'assemblée nationale ou *diète de Tribur* (près Darmstadt). Au lieu des trois Etats du traité de Verdun, il y en eut alors sept, parce que la *Navarre* avait un roi à sa tête depuis plus de trente ans déjà, et que la bande qui séparait l'Allemagne de la France fut morcelée en trois petits royaumes : *Bourgogne en deçà du Jura* ou Cisjurane (Lyon, Besançon, Grenoble, Arles, Marseille), *Bourgogne au delà du Jura* ou Transjurane (Suisse)[1], et *Lotharingie,* Lotherrègne, d'où l'on a fait Lorraine : c'était une portion notable de l'ancienne Austrasie, avec Aix-la-Chapelle et Metz pour villes principales.

QUESTIONNAIRE. — 20. Combien d'années l'empire carlovingien survécut-il à son fondateur ? — Résumez en peu de mots, avec ses dates, le règne de Louis le Débonnaire. — 21. Après quelle bataille et par quel traité fut démembré l'empire carlovingien ? — Donnez les dates de ces deux événements, les résultats de la bataille et les conditions précises du partage. — Que devint le titre d'empereur pour les Carlovingiens qui le portèrent encore ? — 22. Comment chacun des royaumes carlovingiens se morcela-t-il à son tour ? — En quel temps et sous quels rois ce changement s'accomplit-il en France ? — Quelles en furent les causes ? — 23. D'où

1. Les deux Bourgognes furent réunies en 930 sous le nom de royaume d'Arles.

6

venaient les pirates normands ? — N'avaient-ils pas paru sur les côtes de France dès le règne de Charlemagne ? — Quels mobiles excitaient leurs pirateries ? — Dans quels pays s'exerçaient-elles ? — Donnez une idée de leurs ravages. — Jusqu'où s'avancèrent-ils sur les divers fleuves de France ? — 24. De quelles incursions souffraient en même temps les côtes françaises de la Méditerranée et celles d'Italie ? — 25. Comment la France, sous Charles le Chauve, lutta-t-elle contre ces pirates ? — Quel fut alors le meilleur défenseur du pays ? — Que savez-vous de sa fin ? — 26. Quelle fut en France la condition invariable des fiefs depuis le règne de Charles le Chauve ? — Comment et par quel acte les comtes ou gouverneurs acquirent-ils, sous ce roi, plus d'indépendance ? — Les derniers Carlovingiens avaient-ils encore de nombreux domaines ? — Le pouvoir royal conservait-il plus de vigueur en Allemagne et en Italie ? — 27. Quel fut le Carlovingien qui, quelques années après Charles le Chauve, réunit sur sa tête toutes les couronnes de Charlemagne ? — 28. Racontez, avec la date, le siège de Paris par les Normands. — 29. Comment l'empereur Charles le Gros fut-il puni de sa lâcheté ? — En combien d'Etats se trouva démembré l'empire carlovingien après la déposition de Charles le Gros ?

CHAPITRE III

FIN DE LA DYNASTIE CARLOVINGIENNE EN ALLEMAGNE (887-911), EN ITALIE (887) ET EN FRANCE (887-987); PREMIERS CAPÉTIENS DE FRANCE (987-1060).

RÉSUMÉ. — **En Allemagne, en France et en Italie, la puissance des Carlovingiens passa aux mains de seigneurs locaux.**

Le duc de France Eudes reçut le titre de roi : la vallée inférieure de la Seine fut donnée aux Normands, et leur chef Rollon eut le titre de duc.

La dynastie carlovingienne s'éteignit peu après, et Hugues Capet fut proclamé roi à Noyon.

30. Les derniers Carlovingiens en Allemagne et en Italie. — L'empire de Charlemagne était en lambeaux ; le gouvernement central avait partout fait place au pouvoir des seigneurs. La dynastie, à son tour, après avoir encore donné quelques rois, finit par disparaître dans les divers États que la main du grand empereur avait un instant réunis.

En *Allemagne,* elle ne donna plus que deux rois, *Arnulf,* neveu de Charles le Gros, et *Louis l'Enfant,* et elle s'éteignit dès 911.

En *Italie,* les ducs qui depuis 887 se disputaient le pouvoir, *Béranger,* duc de Frioul, et *Guido,* duc de Spolète, ne se rattachaient aux Carlovingiens que par les femmes.

31. Les premiers ducs de France. — En *France,* les descendants de Charlemagne régnèrent encore un siècle, jusqu'en 987 ; mais en face de cette famille, sans autorité et souvent sans énergie, la puissante maison de *Robert le Fort* se recommandait au pays par son activité et son courage. En 887, la défense de Paris valut à *Eudes,* fils de Robert, le titre de *roi de France,* qu'il partagea jusqu'à sa mort (898) avec *Charles le Simple,* soutenu par un parti puissant.

32. Création du duché de Normandie. — Ce fut sous le règne de ce dernier prince, en 911, que se terminèrent les invasions normandes. Les pirates avaient alors pour principal chef *Rollon,* que ses instincts d'ordre et de civilisation plaçaient bien au-dessus de ses vagabonds prédécesseurs. De l'avis de ses conseillers, Charles lui fit offrir la cession d'une partie considérable de la Neustrie, pourvu qu'il se fît chrétien et reconnût la suprématie du roi. L'offre fut acceptée, l'accord conclu par le traité de *Saint-Clair-sur-Epte,* près de Mantes. Les coureurs de mer se firent laboureurs, et le duché de Normandie fut bientôt la plus riche et la plus florissante des provinces françaises. Il absorba dans son sein toutes les bandes de pirates qui pillaient encore çà et là, et le pays ne tarda pas à être délivré des dévastations qui l'avaient si longtemps appauvri et désolé.

33. **Les derniers Carlovingiens en France.** — Après le traité de Saint-Clair-sur-Epte, la maison de Robert le Fort et la famille carlovingienne restèrent trois quarts de siècle en présence. La puissance de l'une continua de grandir, tandis que l'autre achevait obscurément de s'éteindre. *Robert,* frère d'Eudes, puis *Raoul,* gendre de Robert, arrivèrent au trône (922-923; 923-936), à la place de Charles le Simple, déposé par les grands en 920. Ce malheureux prince, battu par ses ennemis, fut trahi dans sa fuite par Hugues de Vermandois, qui l'enferma au château de Péronne, où il mourut prisonnier en 929. Son fils, *Louis d'Outremer,* élevé en Angleterre, en fut pourtant rappelé en 936, et la couronne passa, après lui, à *Lothaire* et à *Louis V;* mais ces trois princes ne furent guère rois que de nom.

34. **Avènement de Hugues Capet.** — En 987, Louis V mourut sans enfants. Son oncle Charles, duc de Basse-Lorraine, s'était complètement rattaché aux rois de Germanie, et il était regardé par les grands comme un étranger indigne de la couronne.

Alors le petit-neveu du vaillant Eudes, **Hugues**

Capet, duc de France et comte de Paris, réunit à Noyon les seigneurs de son duché et, avec eux, un grand nombre de ceux du nord, de l'ouest et du midi de la France. L'archevêque de Reims, Adalbéron, déclara nettement, dans cette assemblée, qu'en principe la couronne n'était pas héréditaire, mais élective, et il proposa de choisir Hugues Capet. Le duc de Bourgogne Henri, frère de Hugues, et le duc de Normandie Richard sans Peur, son beau-frère, appuyèrent chaudement la proposition ; Hugues fut élu, Adalbéron le sacra à Reims, et la dynastie capétienne remplaça définitivement les Carlovingiens.

35. Les premiers Capétiens. — Hugues Capet ne régna que neuf ans. Ses successeurs, *Robert le Pieux* et *Henri Ier* (996-1060), furent de très médiocres souverains; la bonté populaire du roi Robert est le seul trait royal qui ait mérité en ce temps de laisser trace dans l'histoire.

Pour être sûrs de maintenir la couronne dans leur famille, ils prirent la précaution de s'associer de leur vivant leur fils aîné; mais ils avaient encore trop peu de pouvoir pour tenter de faire valoir les droits que le titre de roi semblait leur donner sur la France entière. Ils ne possédaient vraiment que leur domaine personnel, c'est-à-dire l'*Ile-de-France* proprement dite (Paris, Pontoise, Compiègne, Etampes, Melun) et une partie de l'*Orléanais,* à peu près cinq de nos départements, auxquels ils ajoutèrent le comté de *Sens* et le *Berry* ou vicomté de Bourges, qu'ils achetèrent de son seigneur. Ce n'est qu'un demi-siècle plus tard que la royauté capétienne devait sortir de l'état humble et précaire de son origine.

QuestionNaire. — 30. Quand s'éteignit la dynastie carlovingienne en Allemagne, en Italie ? — 31. Rappelez les services de Robert le Fort et de son fils Eudes. — Quelle récompense reçut ce dernier de son courage et de son dévouement pendant le siège de Paris ? — 32. Sous quel roi, en quelle année, par quel traité et à quelles conditions se terminèrent les invasions normandes ? — Quelles furent, pour la France et pour la Normandie, les conséquences du traité de Saint-Clair-sur-Epte ? — 33. Le trône de France, après ce traité, ne fut-il pas encore donné à des membres de la maison de Robert le Fort ? — Indiquez leurs noms et les dates de leurs règnes. — Qu'était devenu Charles le Simple, et dans quelle situation mourut-il ? — Indiquez les noms des trois derniers Carlovingiens. — 34. Montrez quand, comment et par qui fut installée sur le trône une dynastie nouvelle. — 35. Quels furent les premiers successeurs de Hugues Capet, et que faut-il penser d'eux ? — Quelle précaution prirent-ils pour maintenir la couronne dans la famille capétienne ? — Que comprenait alors le domaine royal ?

DYNASTIE CARLOVINGIENNE

PÉPIN LE BREF, roi de 752 à 768.

CHARLEMAGNE a le nord des Etats de Pépin le Bref; à la mort de Carloman (771), il est proclamé par les sujets de son frère, et devient seul maître, au détriment de ses neveux. Roi d'Italie en 774, empereur en 800. Mort en 814.

LOUIS LE DÉBONNAIRE, empereur en 814. Mort en 840.

CARLOMAN a le sud des Etats de Pépin. Mort en 771. Ses enfants se retirent, avec leur mère, à la cour de Didier, roi des Lombards, qui veut profiter de leur présence pour susciter des embarras à Charlemagne. Enfermés dans des monastères après la conquête du royaume des Lombards, ils disparaissent de l'histoire.

LOTHAIRE Ier, empereur après son père, obtient, au traité de Verdun (843), l'Italie carlovingienne avec les pays entre le Rhin et les Alpes à l'E., l'Escaut, la Meuse, la Saône et le Rhône à l'O. Mort en 855.

Trois fils, qui se partagent ses Etats et meurent sans enfants mâles légitimes.

PÉPIN Ier, roi d'Aquitaine du vivant de son père. Mort en 838.

PÉPIN II, dépossédé de l'Aquitaine au profit de Charles le Chauve, lutte en vain contre ce dernier, et meurt prisonnier en 864.

LOUIS LE GERMANIQUE, roi de Germanie (traité de Verdun, 843). Mort en 876.

CHARLES LE GROS, l'un des trois fils de Louis le Germanique, hérite de ses frères et réunit les titres de roi de Germanie, de roi d'Italie et d'empereur. En 884, il est aussi chargé du gouvernement et de la défense de la France, l'héritier légitime n'étant encore qu'un enfant. Déposé, en 887, par les Germains, à la diète de Tribur. Mort en 888.

CHARLES LE CHAUVE, roi de France (jusqu'à l'Escaut, la Meuse, la Saône, le Rhône. Traité de Verdun, 843). A plus tard les titres d'empereur et de roi d'Italie (875). Mort en 877.

LOUIS LE BÈGUE, roi de France (877). Mort en 879.

LOUIS III, CARLOMAN, règnent ensemble de 879 à 882. Louis III étant mort en 882, Carloman règne seul jusqu'en 884.

CHARLES III, LE SIMPLE, enfant posthume. Ne règne d'abord qu'avec Eudes, à qui un parti l'oppose dès 893, et qui, après une lutte de trois ans, conserve encore le pays au sud de la Seine. Déposé dès 920, prisonnier en 923. Mort en 929.

LOUIS IV, D'OUTREMER, roi de 936 à 954.

LOTHAIRE, roi de 954 à 986.

LOUIS V, roi de 986 à 987.

CHARLES DE LORRAINE, prétendant contre Hugues Capet, qui s'est fait nommer roi en 987. Meurt prisonnier.

CHAPITRE IV

L'ALLEMAGNE ET L'ITALIE FÉODALES (911-1039).
— RECONSTITUTION DE L'EMPIRE DE CHARLE-
MAGNE PAR OTHON LE GRAND (962).

RÉSUMÉ. — **L'Allemagne se divisa en quatre grands duchés : la Saxe, la Franconie, la Bavière et la Souabe.
Henri Ier l'Oiseleur protégea l'empire contre l'invasion
des Hongrois.
Othon Ier repoussa les Danois et triompha des Bohémiens et des Polonais. Après une première et inutile
invasion en Italie, il revint une seconde fois dans ce
pays et se fit couronner empereur à Rome.
Sous le règne de Henri II, la Pologne et la Hongrie furent
érigées en royaumes. Saint Etienne fut le premier roi
de Hongrie et travailla activement à la conversion de
son peuple.
Sous Conrad le Salique, les fiefs furent proclamés héredi-
taires en Allemagne et en Italie.**

**36. Division de l'Allemagne en quatre
grands duchés.** — Les divers peuples allemands
avaient profité de la faiblesse des derniers Carlovingiens pour reprendre des chefs nationaux comme ils
en avaient eu avant Charlemagne. Dès le commencement du Xe siècle, la Germanie était partagée en
quatre grands duchés : *Saxe, Franconie, Bavière* et
Souabe. En 911, les ducs auraient pu s'affranchir de
toute dépendance en laissant Louis l'Enfant sans successeur; les querelles intestines, et surtout les dangers qui menaçaient le pays à l'extérieur, les décidèrent seuls à maintenir la royauté; mais le trône
devint électif, et les seigneurs proclamèrent le duc de
Franconie, *Conrad Ier.*

Burg au bord du Rhin.

37. Henri l'Oiseleur. — Après un règne fort court, rempli tout entier par les révoltes des ducs (911-919), ce prince mourut, en recommandant au choix de la nation Henri, duc de Saxe, qui devint roi sous le nom de *Henri Ier l'Oiseleur*[1]. La maison de Saxe, à laquelle les électeurs laissèrent la couronne pendant un siècle (919-1024), allait donner à l'Allemagne un rôle utile et glorieux.

38. Invasion des Hongrois. — Un grand danger menaçait le pays : les invasions des *Hongrois* ou Madgyares, venus des bords de l'Oural.

Après avoir forcé à la soumission les ducs de Souabe et de Bavière, Henri Ier protégea son royaume contre les Hongrois en y relevant les institutions militaires. Il rétablit dans toute sa vigueur l'*hériban* ou levée de la nation en masse, fortifia les villes anciennes, en créa de nouvelles qu'il entoura de hautes murailles; enfin, il institua des *marches* ou comtés frontières, dont les chefs ou *margraves* furent spécialement chargés de défendre le territoire.

Ces mesures vigoureuses eurent pour résultat, en 933, la défaite des Hongrois à *Mersebourg,* sur la Saale (affluent de l'Elbe).

39. Othon Ier. — *Othon Ier,* fils de Henri, augmenta encore, dans un règne de trente-sept ans, la puissance de sa famille et celle de l'Allemagne (936-973). En vain les seigneurs essayèrent-ils, avec l'appui de la France, de lever de nouveau l'étendard de la ré-

---

1. Au moment où l'on vint lui offrir la couronne, le duc de Saxe se livrait, dit-on, à la chasse aux oiseaux : de là son surnom de Henri l'Oiseleur.

volte : Othon, vainqueur sur tous les points, vit bientôt son pouvoir reconnu et respecté.

L'unité une fois rétablie, il repoussa les *Danois,* qui envahissaient le nord du pays, triompha d'une révolte des *Bohémiens,* obtint l'hommage d'une autre tribu slave, celle des *Polonais,* et ouvrit au christianisme ces pays encore barbares. Othon voulut aussi, comme Charlemagne, réunir sur sa tête plusieurs couronnes, et la conquête de l'Italie devint pour les souverains allemands une cause de faiblesse.

40. Guerres d'Othon Iᵉʳ en Italie. — Depuis la chute des Carlovingiens, la péninsule était livrée à la plus déplorable anarchie : les seigneurs s'y disputaient la couronne ; le trône pontifical lui-même n'était pas à l'abri de leurs convoitises. Pour se défendre contre la tyrannie des grands, les villes des côtes fortifiaient leurs murailles ; enfin *Gênes, Pise, Gaète, Amalfi,* s'étaient, à l'exemple de *Venise,* érigées en républiques.

Ces divisions offraient à l'étranger une occasion d'intervenir. Othon ne la laissa pas échapper. Lothaire, roi d'Italie, était mort en 950, empoisonné, dit-on, par son tuteur Bérenger, marquis d'Ivrée. La veuve de Lothaire, Adélaïde, appela Othon à son secours, en lui offrant, avec sa main, ses droits sur l'Italie. Othon passa les Alpes (951), mais cette première expédition n'eut d'autre résultat que son mariage avec Adélaïde. Rappelé en Allemagne par des querelles intestines, il quitta la péninsule en laissant le trône à l'usurpateur.

41. Conversion des Hongrois au christianisme. — Sa présence dans ses Etats était devenue nécessaire : les seigneurs, profitant de son éloignement, étaient en pleine révolte. Les insurgés allèrent jusqu'à appeler les Hongrois à leur aide. Mais la victoire d'*Augsbourg* vint terminer glorieusement la lutte : les Barbares y perdirent, dit-on, 100,000 hommes, et leurs ravages furent pour toujours arrêtés (955).

42. Othon proclamé empereur à Rome. — Quelques années après, Othon repassa les Alpes, appelé par le pape Jean XII, à qui Bérenger venait d'enlever l'Exarchat et la Pentapole (Rimini, Ancône, etc.). Cette fois, il se fit couronner roi d'Italie à Milan, puis empereur à Rome, après avoir promis de respecter l'indépendance des Romains et du pape et de maintenir les anciennes donations faites au saint-ninsiège (962).

Othon rêvait encore de conquérir le sud de la pésule quand la mort arrêta ses projets (973).

43. Les successeurs d'Othon Ier. — Création du royaume de Hongrie. — Les règnes des trois derniers princes saxons, *Othon II* (973-983), *Othon III* (983-1002) et *Henri II le Saint* (1002-1024), ne se composent que de dissensions intestines et d'inutiles expéditions pour comprimer l'Italie, sans cesse soulevée contre ses nouveaux maîtres. Sous le dernier de ces princes, les duchés de Pologne et de Hongrie furent érigés en royaumes, et le premier roi de Hongrie, *Etienne,* en travaillant activement à la conversion de son peuple, a mérité le titre de saint. Après la mort de Henri II, la couronne retourna à la maison de Franconie, qui la garda à son tour un siècle, de 1024 à 1135.

44. Conrad le Salique. — Le premier empereur franconien, *Conrad le Salique*[1] (1024-1039), consacra solennellement les privilèges des seigneurs, en proclamant l'hérédité des fiefs dans les deux pays (1025 en Allemagne et 1037 en Italie). La réunion du *royaume d'Arles* fut une faible compensation à cet amoindrissement de l'autorité royale (1033).

QUESTIONNAIRE. — 36. Comment l'Allemagne était-elle divisée au commencement du x° siècle ? — Quand et comment le trône y devint-il électif, et quel fut le premier roi ? — 37. A quelle famille passa la couronne après la mort de Conrad Ier, et combien de temps la conserva-t-elle ? — 38. Quel danger menaçait alors l'Allemagne ? — Racontez la lutte de Henri l'Oiseleur contre les Hongrois. — Rappelez les agrandissements de l'Allemagne sous le règne de ce prince. — 39. Indiquez le nom de son successeur. — Dites un mot des querelles intestines, au début du règne d'Othon le Grand. — Rappelez ses succès sur les Danois, les Bohémiens et les Polonais. — A quelle nouvelle conquête l'ambition d'Othon l'entraîna-t-elle ensuite ? — 40. Décrivez la situation de l'Italie depuis la chute des Carlovingiens. — Racontez, avec ses dates, la première expédition d'Othon dans la péninsule. — 41. Quelle révolte le rappela dans ses Etats ? — Sur quel peuple s'appuyaient les rebelles ? — Nommez la grande victoire qui termina la lutte contre les Hongrois. — 42. Racontez la seconde expédition d'Othon en Italie, et donnez la date de son couronnement. — Montrez l'impuissance de ce nouveau titre. — Quel projet de conquête formait encore Othon quand il mourut ? — 43. Indiquez les dates et le caractère des trois derniers règnes de la maison de Saxe. — Quel titre nouveau prirent à cette époque les souverains de Pologne et de Hongrie ? — 44. A qui passa la couronne après la mort de Henri II, et combien de temps

1. Conrad II le Salique tirait son nom de ce que les domaines de sa maison étaient situés pour la plupart sur les bords de la Saale, affluent de l'Elbe.

resta-t-elle à la maison de Franconie ? — Par quel empereur
l'hérédité des fiefs fut-elle solennellement proclamée en
Allemagne et en Italie ?

CHAPITRE V

LA FÉODALITÉ : SES GRANDS CARACTÈRES ET SES RÉSULTATS

RÉSUMÉ. — **Au moyen âge les peuples chrétiens vécurent
sous le régime féodal. Les différents Etats étaient divi-
sés en seigneuries subordonnées les unes aux autres.
Les seigneurs vassaux faisaient hommage de leur terre
au suzerain, qui leur donnait en échange aide et protection.**

**Le système féodal forma des hommes énergiques et
loyaux; mais l'absence d'un pouvoir central respecté
amena des guerres fréquentes et des brigandages.**

**Les classes inférieures, surtout celle des serfs, eurent
beaucoup à souffrir. Le servage constitua cependant
un progrès sur l'esclavage, car la dignité humaine fut
respectée dans la personne du serf.**

**Les grands vassaux du roi de France étaient : le comte
de Flandre, le duc de Normandie, le comte de Vermandois, le comte de Champagne, le duc d'Aquitaine et le
comte de Toulouse.**

**Les grands seigneurs allemands étaient les ducs de Saxe
et de Thuringe, de Franconie, de Bavière et Carinthie
et de Souabe.**

**Il y avait aussi de puissants seigneurs en Italie et dans
le royaume d'Arles.**

45. Origine de la féodalité. — Sous les derniers descendants de Charlemagne, l'affaiblissement
de l'autorité royale et les progrès constants des seigneurs avaient donné à la société une forme nouvelle
dans les divers Etats formés du démembrement de
l'empire. La *féodalité,* morcellement du territoire

tout entier en une foule de fiefs, rattachés les uns aux autres par certains liens, et à peu près indépendants du pouvoir central, existait en germe avant la décadence carlovingienne.

46. Le suzerain et le vassal. — Le fief était une propriété d'une nature toute particulière : on le passait à ses héritiers comme la propriété d'aujourd'hui; mais, d'une part, il imposait des obligations, et, d'autre part, il créait des droits.

Le possesseur de fief ou *feudataire* faisait *hommage* au donateur, qu'il appelait son *suzerain,* c'est-à-dire qu'il se déclarait son *homme,* son *vassal* (du mot germain *geselle,* compagnon), prêt à le seconder et à le servir fidèlement en toutes choses. Il devait l'accompagner à la guerre, avec un certain nombre d'hommes d'armes, quarante ou soixante jours chaque année; il lui payait, en certains cas, des aides d'argent.

En compensation, lui-même était sur son fief comme un petit roi; il y levait des impôts et des troupes, il y faisait des lois, il y rendait des jugements avec ses vassaux et les hommes libres du district, qui formaient une sorte de jury sous sa présidence; il y battait monnaie si bon lui semblait.

47. Avantages et inconvénients du système féodal. — La féodalité eut à la fois des résultats utiles et des conséquences désastreuses.

En établissant sur tous les points du territoire des centres locaux de résistance, elle permit à l'Europe de lutter contre les invasions si redoutables des Normands, des Sarrasins, des Hongrois. En laissant à chaque seigneur le soin de se défendre par lui-même,

de protéger sa femme et ses enfants, de garantir ses
villes, ses châteaux et ses terres, elle forma des caractères virils, des âmes d'une trempe vigoureuse.

Malheureusement l'absence d'un pouvoir central
obéi et respecté, protecteur de l'ordre et défenseur
des faibles, amenait en même temps de grands maux
pour la société entière.

Des guerres avaient lieu sans cesse de province à
province, de ville à ville, de château à château, et les
brigandages s'y ajoutaient de toutes parts. Pendant
qu'on se battait, les récoltes étaient ravagées, les
marchands pillés, les subsistances devenaient de plus
en plus rares, et il en résultait des famines terribles,
où des multitudes d'hommes mouraient littéralement
de faim. Cette anarchie et ces bouleversements semblaient en outre menacer d'une ruine entière les études relevées par Charlemagne : les invasions normandes et les désordres civils avaient en grande
partie détruit les monastères et les écoles, et les seigneurs ne songeaient qu'aux armes et aux combats.

48. Les serfs. — L'esclavage avait disparu, mais
il était remplacé par le servage, et la condition du
serf, quoique moins dure que celle de l'esclave, était
encore des plus tristes. A part un petit nombre de
fermiers ou métayers libres qu'on appelait *vilains* (de
villa, métairie), la condition de serf devint l'état général de la population des campagnes.

Serfs de la glèbe, c'est-à-dire esclaves de la terre,
les campagnards étaient, en quelque sorte, attachés
aux champs pour les cultiver, aux domaines pour les
faire valoir, légués et vendus avec ces champs et ces
domaines sans pouvoir les quitter jamais. Soumis à

des redevances sans nombre et à des corvées de toute nature, les serfs avaient de plus à subir, sans qu'il leur fût possible de réclamer, tout ce que le caprice d'un maître tout-puissant pouvait parfois imaginer de vexations et de tyrannie.

Le servage de la glèbe, malgré toutes ses misères, était pourtant un progrès immense sur l'esclavage ancien. Le serf ne pouvait jamais quitter la terre où il était né, et il suivait en tout les destinées de cette terre; mais il ne pouvait, comme l'esclave, être mis en vente sur le marché. Le mariage du serf était sanctifié par la religion comme celui du seigneur, il était sûr de garder sa femme, d'élever sa famille dans la chétive cabane qui les abritait : les esclaves n'avaient point d'épouses, point de familles; leurs unions se formaient et se brisaient par la volonté du maître, et les enfants, vendus à l'enchère, étaient arrachés pour toujours aux malheureux qui les avaient mis au monde.

De l'esclave des temps anciens au serf de l'époque féodale, il y avait plus de distance que de celui-ci au travailleur libre de nos jours.

49. Les grands vassaux du roi de France. — Malgré les vices de son organisation, le système féodal devait régir pendant plusieurs siècles tous les États sortis de l'empire carlovingien, la France, l'Allemagne et l'Italie.

Les grands vassaux du roi de France étaient, au nord, le *comte de Flandre,* le *duc de Normandie* et les *comtes de Vermandois* et *de Champagne;* à l'est, le *duc de Bourgogne;* au sud, le *duc d'Aquitaine* et le *comte de Toulouse.*

50. Les grands duchés allemands. — Les anciens duchés germains, qui représentaient autant de petites nationalités distinctes, avaient reparu sous les derniers Carlovingiens d'Allemagne et subsistèrent après 911, en présence d'un roi devenu électif : c'étaient celui de *Saxe et Thuringe* au nord, celui de *Franconie* vers le centre, celui de *Bavière et Carinthie* au sud-est, et celui de *Souabe* au sud-ouest.

51. Les grands seigneurs d'Italie et du royaume d'Arles. — Dans l'ancienne Italie carlovingienne, les vrais maîtres étaient : au nord-ouest, les *marquis d'Ivrée* et *de Suse ;* au nord-est, le *duc de Frioul ;* au centre, le *duc de Spolète* et le *marquis de Toscane.*

Enfin la forme féodale s'était établie aussi dans le petit royaume d'Arles, et les *comtes de Provence* et *de Savoie* étaient les principaux des nombreux seigneurs laïques et ecclésiastiques qui se partageaient le pays.

Des Etats carlovingiens, où elle avait pris naissance, la féodalité allait s'étendre au XIe siècle dans l'Italie du sud et dans l'Angleterre par les conquêtes des Normands, et plus tard en Asie et dans l'empire grec par l'établissement du royaume chrétien de Jérusalem et la conquête temporaire de Constantinople.

QUESTIONNAIRE. — **45.** Qu'était-ce que la féodalité, et quand a-t-elle pris naissance? — Expliquez comment, dans la seconde moitié du IXe siècle, toutes les terres s'étaient transformées en fiefs. — **46.** A quelles obligations était tenu le possesseur du fief et quels droits exerçait-il? — Donnez une idée de l'organisation de la société, et de la subordination ou hiérarchie des seigneurs. — **47.** Comment la féodalité favorisa-t-elle la défense du pays et la vigueur des caractères? — En quoi la société entière, et notamment la population des campagnes, souffrit-elle à cette époque de l'impuissance des rois ? — 48. Décrivez la condition des serfs. — Montrez en quoi la condition des serfs, malgré ses misères, était un immense progrès sur l'esclavage ancien. —49-51. — Nommez les grands vassaux du roi de France, — les grands duchés germains, — les principaux seigneurs italiens, — ceux du royaume d'Arles. — Dans quels autres pays la féodalité devait-elle s'établir au xiᵉ siècle?

CHAPITRE VI

L'ANGLETERRE TOUR A TOUR CONQUISE PAR LES DANOIS ET PAR LES NORMANDS (1066). — ÉTABLISSEMENT DE LA FÉODALITÉ.

RÉSUMÉ. — **Alfred le Grand arrêta les invasions danoises en Angleterre. Il gouverna l'Angleterre avec la plus grande sagesse.**

Après lui, les invasions recommencèrent, et l'Angleterre fut soumise au roi de Danemark Canut le Grand.

Edouard le Confesseur prépara la conquête de l'île par les Normands.

Guillaume le Conquérant, duc de Normandie, revendiqua l'héritage d'Edouard et s'empara de l'Angleterre à la suite de la bataille d'Hastings (1066).

Les Saxons furent dépouillés, et leurs domaines partagés entre les Normands.

52. **Les invasions anglo-saxonnes en Grande-Bretagne.** — Avant la grande invasion normande qui devait l'asservir à jamais (1066), l'Angleterre eut à soutenir deux siècles et demi de luttes incessantes contre les pirates danois, qui vinrent, dès la fin du viiiᵉ siècle, inquiéter les côtes de la Grande-Bretagne. Ils furent d'abord repoussés par *Egbert,* qui le premier avait réuni sous ses lois tous les

Etats de l'ancienne *heptarchie* (827). Après lui, leurs descentes devinrent plus fréquentes et plus terribles. Les trois royaumes de *Northumberland, d'Est-Anglie* et de *Mercie* tombèrent successivement en leur pouvoir; *Londres, Cantorbéry,* une foule d'autres villes furent brûlées, les campagnes dévastées, et le règne d'**Alfred le Grand** (871-901) put seul mettre un terme à leurs ravages et arrêter pour plus d'un siècle les invasions de ces nouveaux Barbares.

53. Alfred le Grand. — *Alfred* n'avait que vingt-deux ans quand la mort de son père Ethelred l'appela au trône. C'était un prince supérieur à son temps par les connaissances qu'il avait acquises en parcourant le midi de l'Europe. Ces qualités lui furent d'abord fatales, en lui inspirant pour son peuple, encore simple et grossier dans ses mœurs, une sorte de dédain qu'il ne chercha pas à dissimuler. Aussi vit-il ses sujets s'éloigner peu à peu de lui. Après plusieurs combats heureux contre les Danois, il fut vaincu par eux. Réduit à fuir, il se réfugia dans la presqu'île de Cornouailles, suivi seulement de quelques fidèles compagnons. Il y fut recueilli par une pauvre famille de pêcheurs, et l'on vit plus d'une fois le roi d'Angleterre obligé de cuire lui-même le pain destiné à sa nourriture.

Tandis que les Danois s'établissaient dans le pays, Alfred menait dans son exil la vie rude et sauvage d'un brigand des montagnes. La cause de la liberté lui attirait chaque jour de nombreux partisans. Cependant ce ne fut qu'après six mois de stratagèmes, de surprises, de combats nocturnes, qu'il résolut de se mettre à la tête de la nation, déjà fatiguée de ses nouveaux maîtres, pour lutter ouvertement contre les envahisseurs.

Avant de livrer bataille, il fallait étudier la position des troupes ennemies. Alfred entra dans leur camp sous l'habit d'un joueur de harpe, et divertit l'armée danoise par des chansons saxonnes; il se promena ainsi au milieu des tentes, et, à son retour, il envoya des messagers dans toute la contrée d'alentour, assignant pour rendez-vous aux Saxons qui voudraient s'armer et combattre un lieu nommé la Pierre d'Egbert. Ils y arrivèrent de tous les points du royaume, et bientôt la victoire d'*Ethandun* (pointe sud-ouest de l'île) rendit à Alfred la plus grande partie de ses États (878).

Ce ne fut point assez pour lui d'avoir affranchi l'Angleterre : pour réparer les malheurs de l'invasion et en prévenir le retour, il releva les villes détruites, créa une armée et construisit une flotte de cent vingt vaisseaux. Pour faire cesser l'ignorance et le brigandage, il fonda des écoles, rédigea un code de lois, et l'ordre et la justice régnèrent si bien pendant sa vie qu'on put, disent les chroniqueurs, suspendre un bracelet d'or sur la route sans que personne osât y toucher. Il mourut en 901, et la postérité lui a justement donné les surnoms de *Grand* et de *Charlemagne de l'Angleterre*. Ses successeurs, achevant l'œuvre de libération si glorieusement commencée, expulsèrent les Danois de l'île entière, et le royaume parut quelque temps à l'abri de tout danger. *Londres,* depuis le règne d'Alfred, en était devenue la capitale.

54. Ethelred II. — Canut le Grand. — A la fin

du xe siècle, les pirates reparurent sur les côtes anglaises et s'établirent sur une partie du territoire.
En vain les Saxons exaspérés essayèrent-ils de s'affranchir en égorgeant, le jour de la *Saint-Brice* (1003),
tous les Danois qui se trouvaient en Angleterre; ce
massacre ne servit qu'à rendre les invasions plus terribles.

Dix ans plus tard, le roi *Swen* ou *Suénon* débarqua
à la tête d'une armée formidable et **se** rendit maître
de tout le pays; Ethelred II fut réduit à se réfugier
chez le duc de Normandie, son beau-frère, et l'Angleterre put **se** croire à jamais perdue, quand elle vit le
fils de Suénon, Knut ou Canut le Grand, ajouter
encore à sa conquête le royaume de *Norwège,* et s'in-
tituler roi et empereur de tout le septentrion.

Cette puissance n'eut de durée que celle de la vie
du prince modéré et vertueux qui l'avait fondée. A
la mort de Canut (1036), la Norwège se détacha du
Danemark. En 1041, en Angleterre, un soulèvement
national des Saxons, conduits par le comte *Godwin,*
mit fin à la domination étrangère. Les Danois quittèrent cette île pour n'y plus revenir. Un fils d'Ethelred II, **Edouard III,** que sa piété a fait surnommer
le Confesseur, fut rappelé de Normandie, mais son
règne prépara la conquête définitive de l'Angleterre
par d'autres étrangers, les Normands de France et
leur duc Guillaume.

55. Edouard le Confesseur. — Fils d'une Normande, élevé depuis son enfance en Normandie,
Edouard attira près de lui beaucoup de ceux qu'il
avait connus au temps de ses malheurs, leur distri-
bua des terres et des évêchés, leur confia les plus

hautes dignités du royaume, et la langue normande remplaça, même à la cour, l'idiome national. De là naquit contre les favoris étrangers un parti hostile et populaire. Godwin y entra avec la même ardeur qu'il avait mise à combattre les Danois. Banni d'abord, il vit, par un retour de fortune, une loi d'exil frapper tous les Normands; mais, malgré la haine du peuple, malgré la sentence portée contre eux, Edouard permit à beaucoup de ces étrangers de rester dans le royaume et leur laissa les titres et les charges qu'il leur avait concédés.

56. **Guillaume le Conquérant.** — Quand Edouard le Confesseur mourut sans enfants (1065), deux prétendants se présentèrent pour lui succéder : *Harold,* fils de Godwin, et **Guillaume,** duc de Normandie, fils de Robert le Diable ou le Magnifique. Le premier, adoré de la nation, avait en outre pour lui d'avoir été choisi par le roi lui-même à son lit de mort; l'autre faisait valoir en sa faveur une promesse faite autrefois, disait-il, par le jeune Edouard, de le nommer son héritier s'il recouvrait un jour le trône de ses pères. De plus, il s'appuyait sur un serment arraché par la ruse au vaillant Harold qu'une tempête avait jeté un jour sur les côtes de Normandie.

Le fils de Godwin fut proclamé roi par la nation entière; *Guillaume,* de son côté, s'apprêta à revendiquer, les armes à la main, ce qu'il appelait son droit.

57. **Bataille d'Hastings.** — Au mois de septembre de l'année 1066, Guillaume partit de Saint-Valéry-sur-Somme avec une armée de 60,000 hommes, montée sur 1,400 vaisseaux. Harold venait de repous-

ser au nord une invasion des Norwégiens, excitée
par la jalousie et les prétentions de son frère Tostig,
lorsqu'il apprit le débarquement de la flotte normande à Pavensey (Sussex). Revenant en toute hâte
vers le sud, il alla camper en face de l'armée ennemie, sur une hauteur voisine d'**Hastings**.

La nuit qui précéda la bataille, tandis que les
Saxons passaient le temps à chanter et à boire, les
guerriers normands préparaient leurs armes et con-
sacraient à la prière les heures qui précédaient le
combat. Au matin, l'armée de Guillaume se mit en
marche, et, en approchant de l'ennemi, les archers
normands commencèrent à lancer leurs flèches. Le
haut parapet des redoutes saxonnes rendit cette ma-
nœuvre inutile; les cavaliers et les fantassins tentèrent à plusieurs reprises de forcer ces redoutes : ils
furent toujours repoussés par les grandes haches
saxonnes; il y eut même un moment de terreur parmi
eux, et la confusion se mit dans leurs rangs.

« Le duc s'avisa alors d'un stratagème pour faire
quitter aux Anglais leur position. Il donna l'ordre à
mille cavaliers de s'avancer et de fuir aussitôt. La
vue de cette déroute simulée fit perdre aux Saxons
leur sang-froid, et ils coururent tous à la poursuite
des Normands, la hache suspendue au cou. A une
certaine distance, un corps posté à dessein joignit
les fuyards, qui tournèrent bride, et les Anglais,
surpris dans leur désordre, furent assaillis de tous
côtés à coups de lances et d'épées. Guillaume eut son
cheval tué sous lui, Harold tomba mort au pied de
son étendard, et les débris de l'armée anglaise, sans
chef et sans drapeau, continuèrent la lutte jusqu'au

jour. Alors finit cette résistance désespérée ; les compagnons de Harold se dispersèrent, et beaucoup moururent sur les chemins, de leurs blessures et de

Statue de Guillaume le Conquérant (Falaise, 1851 ; auteur : M. Rochet).

la fatigue du combat. » (AUG. THIERRY.) Guillaume marcha aussitôt sur Londres, et le jour de Noël (1066) il fut couronné roi à *Westminster*.

58. **Partage de l'Angleterre par les Normands.** — Guillaume procéda alors au partage du

pays conquis. Les vaincus furent dépossédés, et leurs biens distribués aux Normands.

Guillaume fit dresser le cadastre de tous les fiefs du pays ou, comme on disait alors, le *terrier* de la conquête, et les vaincus appelèrent ce livre le *livre du dernier jugement* (**domesday-book**), parce qu'il contenait leur sentence de dépossession irrévocable.

59. **Résistance des Saxons.** — Cette expropria-tion, accompagnée de violence et d'outrages, ne s'accomplit pas sans résistance; mais les révoltes et les complots des Saxons n'amenèrent que de nouveaux massacres et un redoublement de vexations pour la race tout entière. Découragés, à la fin, de l'inutilité de leurs efforts, les derniers champions de l'indépendance nationale furent réduits à se réfugier dans les forêts. Là, ces glorieux bandits, mis hors la loi (*outlaws*) par une ordonnance de Guillaume, essayèrent encore de lutter individuellement contre l'oppression étrangère. Les poètes anglais ont chanté les exploits de ces brigands, « qui avaient, disaient-ils, pour trésor la bourse des comtes et pour troupeaux les daims du roi ».

60. **Mort de Guillaume le Conquérant.** — Une révolte sans résultat de *Robert Courte-Heuse* ou *Courtes-Bottes,* fils du Conquérant, un commencement de guerre contre le roi de France Philippe Ier qui avait détaché de la Normandie le comté de *Vexin,* situé entre l'Epte et l'Oise, sont bien peu de chose à côté de ce travail continu d'expropriation de la race anglaise. Ces faits mériteraient à peine d'être rappelés si Guillaume n'avait trouvé la mort au siège de Nantes, en 1087.

QUESTIONNAIRE. — 52. Racontez la première invasion danoise en Angleterre. — 53. Résumez, avec ses dates, le règne d'Alfred le Grand — 54. Seconde invasion danoise et règne de Kanut le Grand. — Quand et par qui les Danois furent-ils définitivement chassés de l'Angleterre? — 55. Comment le règne d'Edouard le Confesseur prépara-t-il l'invasion normande?— 56. Quels titres firent valoir les deux prétendants qui se disputèrent le trône après lui? — Lequel fut proclamé roi? — 57. Racontez, avec ses dates, la bataille d'Hastings et la conquête de l'Angleterre par les Normands. — 58. Donnez quelques détails sur le partage de la conquête et la spoliation des indigènes. —59. Dites quelques mots de la résistance des Saxons. — 60. Quelle fut la dernière expédition du Conquérant, et en quelle année mourut-il?

CHAPITRE VII

CONQUÊTES DES NORMANDS ET ÉTABLISSEMENT DE LA FÉODALITÉ DANS L'ITALIE MÉRIDIONALE (1025-1085). — FONDATION DU ROYAUME DES DEUX-SICILES (1130).

RÉSUMÉ. — Le sud de l'Italie était divisé en un grand nombre de petits Etats qui avaient peine à se défendre contre les Sarrasins.

Quelques pèlerins normands revenant de terre sainte prêtèrent aux Italiens le secours de leur épée. Puis ils s'établirent dans le pays, à Aversa.

Une nouvelle bande se mit au service des Grecs contre les Sarrasins en Sicile. Enfin ils conquirent pour leur propre compte la Pouille, dont le pape leur donna l'investiture.

Robert Guiscard, un de leurs chefs, conquit la Sicile et défendit le pape Grégoire VII contre l'empéreur Henri IV.

61. Etat de l'Italie au début du onzième siè-

cle. — Pendant que le duc Guillaume et ses barons s'emparaient de l'Angleterre, quelques aventuriers, partis comme eux des côtes de Normandie, établissaient la féodalité dans le sud de l'Italie, où leurs conquêtes devaient amener la fondation d'un royaume nouveau, le royaume des Deux-Siciles.

Au commencement du xi⁰ siècle, le midi de la péninsule était divisé en un grand nombre de petits États : les *Lombards* y avaient trois duchés distincts, *Bénévent, Capoue* et *Salerne;* les *Grecs* y conservaient, sous les noms de *Pouille* ou Apulie et de *Calabre,* les deux pointes méridionales de l'Italie ; quelques villes maritimes, *Naples, Gaète, Amalfi,* s'étaient rendues complètement indépendantes ; enfin les *Sarrasins,* maîtres de la *Sicile* depuis 827, possédaient en outre quelques forteresses au delà du détroit, et ils ne manquaient aucune occasion d'inquiéter et de rançonner les princes du continent et les républiques de la côte.

Cet état de morcellement et d'anarchie promettait aux étrangers de faciles victoires, et les exploits d'une quarantaine de pèlerins normands donnèrent bientôt le signal de la conquête (1006).

62. **Apparition des Normands en Italie.** — Ils venaient de visiter les lieux saints et, s'étant arrêtés à leur retour dans la ville de *Salerne,* près de Naples ; ils aidèrent les habitants de cette ville à repousser les Sarrasins. Comblés d'honneurs et de riches présents, ces valeureux pèlerins étalèrent aux yeux de leurs compatriotes tout ce qu'ils rapportaient du pays enchanteur que leur courage avait si bien protégé. Aussi bientôt deux cents autres vinrent

chercher fortune dans cette Italie où les succès étaient si faciles et le butin si précieux (1025).

D'abord mercenaires au service des diverses puissances qui se partageaient la péninsule, prenant tour à tour le parti du duc de Capoue contre les Grecs et des Grecs contre les Sarrasins, ils finirent par combattre pour leur propre compte, et, afin de se donner un point d'appui, au besoin un asile, ils se saisirent d'*Aversa*, près de Naples, et s'y établirent.

Reconnus bientôt par tous les princes du pays, ils virent, en 1028, l'empereur d'Allemagne lui-même donner à leur chef *Rainulfe* l'investiture avec le titre de comte.

63. Guerre des Normands contre les Sarrasins en Sicile. — Les Normands d'Aversa s'arrêtèrent à ce premier succès. Les grandes expéditions ne commencèrent qu'à l'arrivée d'une nouvelle bande, conduite par trois chefs entreprenants et audacieux, *Guillaume Bras de fer, Drogon* et *Humfroy,* tous trois fils d'un pauvre gentilhomme de Coutances, père de douze enfants, *Tancrède de Hauteville.* Après avoir prouvé leur valeur en soutenant le prince de *Salerne* contre *Amalfi,* ces nouveaux venus s'allièrent aux Grecs pour combattre les Sarrasins de la Sicile.

La Sicile tout entière aurait été soumise si l'empereur byzantin n'avait cherché à frustrer de leur part de butin les courageux auxiliaires à qui il devait la victoire.

64. Conquête de la Pouille par les Normands. — Rompant alors avec la cour de Constantinople, les fils de Tancrède repassèrent sur le continent. Avec le secours du prince de Bénévent et de leurs compatriotes d'Aversa, ils envahirent la Pouille et allèrent attaquer devant *Cannes* le patrice *Oakéan*.

Les Grecs furent défaits; les Normands, marchant de victoire en victoire, s'établirent dans presque toute la province. Au bout de trois ans, il n'y restait à l'empereur grec que les quatre places maritimes de *Bari, Brindes, Otrante* et *Tarente* (1040-1043).

65. Les Normands vassaux du pape. — Là comme en Angleterre, les Normands, à peine maîtres du pays, y établirent le système féodal, et les villes conquises furent partagées entre les douze principaux chefs de l'expédition. *Guillaume Bras de fer* eut le titre de *comte de Pouille* avec une sorte de suprématie sur tous les autres comtés, et, dès 1046, il eut l'adresse de se faire donner l'investiture de sa conquête par l'empereur d'Allemagne Henri III.

Enhardis par leurs succès, les Normands eurent le tort de traiter sans ménagements les indigènes. Les Grecs, profitant de leur conduite impolitique, les représentèrent comme un fléau qui menaçait l'Italie entière. Ils obtinrent, pour les combattre, l'alliance de l'empereur qui venait de les reconnaître, et celle du pape *Léon IX*. Le pontife vint lui-même, à la tête d'une armée d'Allemands mercenaires et d'Italiens, lutter contre ces nouveaux maîtres de l'Apulie.

Battu à *Civitella,* fugitif et sans asile, il tomba bientôt entre les mains de ses ennemis, mais il retira de sa défaite tous les avantages que lui aurait donnés le triomphe. Ses vainqueurs s'agenouillèrent devant lui. Léon IX, acceptant cet hommage, accorda à leur

1 duc Humfroy l'investiture non seulement de ce que les Normands possédaient déjà dans la péninsule, mais de tout ce qu'ils pourraient conquérir encore en *Calabre* ou au delà du détroit (1053). C'était les engager à s'emparer de la Sicile. Ils ne tardèrent pas en effet à se lancer dans de nouvelles expéditions.

66. Robert Guiscard. — Un quatrième fils de Tancrède de Hauteville, *Robert,* succéda à ses frères en 1057, et c'est à lui qu'il fut donné de réunir sous ses lois toute l'Italie du sud. C'était un homme brave et rusé tout ensemble, et on l'avait surnommé *Guiscard,* c'est-à-dire l'avisé. Il dirigea d'abord ses efforts contre la *Calabre,* et, d'accord avec son frère *Roger,* à qui il céda d'avance la moitié de cette province, il alla faire le siège de *Reggio,* s'empara de tout le pays, et se vit confirmer par les soldats enthousiastes le titre de duc qu'il avait pris de lui-même. Puis, à la vue des discordes qui divisaient toujours la Sicile, les deux frères résolurent d'en faire la conquête.

67. Conquête de la Sicile. — Appelé par l'un des émirs, Roger partit le premier et s'empara de *Messine.* En peu d'années, l'île entière fut soumise aux Normands; ils enlevèrent même aux Sarrasins le rocher de *Malte.* Robert ne se réserva que *Palerme* et *Messine;* Roger eut le reste comme un fief relevant du *duché de Pouille,* et reçut le titre de *grand comte;* mais, à part une vaine formalité d'hommage, il gouverna la Sicile en souverain absolu.

La domination normande avait continué, pendant cette conquête, de s'étendre sur le continent. Robert s'était emparé de quelques ports qui restaient encore aux Grecs, *Bari, Brindes, Otrante* et *Tarente;* il avait pris les duchés lombards de *Salerne* et de *Bénévent,* en laissant seulement la ville de Bénévent au saint-siège, qui l'avait reçue en 1052 de l'empereur Henri III. De son côté, le comte d'Aversa s'était rendu maître de *Capoue* (1062). Les Normands possédaient sans partage toute l'Italie du sud et la Sicile.

68. Les Normands défendent le pape contre l'empereur. — L'ambition de Robert croissant avec les succès, il conçut le hardi projet d'attaquer l'empire d'Orient. Après quelques exploits glorieux contre les Grecs, il fut rappelé en Italie par le pape *Grégoire VII,* qui réclamait contre l'empereur *Henri IV* le secours de son puissant vassal; il força les troupes allemandes à lever le siège de Rome, mais sans terminer la querelle entre l'empereur et le saint pontife, à qui il ouvrit un asile dans ses Etats. Il venait de reprendre ses projets contre la cour de Byzance, lorsque la mort le surprit à Céphalonie en 1085.

Après son fils *Roger Bursa* et son petit-fils *Guillaume,* qui régnèrent sans éclat de 1085 à 1127, l'héritage de Robert Guiscard revint à *Roger II,* fils du conquérant de la Sicile prit le titre de roi des Deux-Siciles en 1130.

la conquête du duché de Pouille. — Comment les Normands traitèrent-ils les indigènes, et quels ennemis cherchèrent à profiter du mécontentement soulevé contre eux? — Où et quand les Normands triomphèrent-ils? — 65. Comment le pape Léon IX les poussa-t-il à de nouvelles conquêtes? — 66. Qui devint comte de Pouille en 1057? — Portrait de Robert Guiscard. — Racontez, avec la date et quelques détails, la conquête de la Calabre. — Quel titre nouveau cette conquête donna-t-elle aux souverains normands? — 67. Résumez la conquête de la Sicile et de Malte sur les Sarrasins. — Montrez les progrès de la domination normande sur le continent. — 68. Indiquez les derniers événements du règne de Robert Guiscard et donnez la date de sa mort. — Quand et comment les possessions normandes d'Italie devinrent-elles le royaume des Deux-Siciles?

CHAPITRE VIII

DEMEMBREMENT DE L'EMPIRE DES ARABES

RÉSUMÉ. — **La rivalité des Ommiades et des Abbassides eut pour conséquence le démembrement de l'empire arabe.**

Les Abbassides, vainqueurs des Ommiades, massacrèrent leurs rivaux. Un seul s'échappa, le jeune Abdérame, qui fonda le califat de Cordoue.

Le plus illustre des Abbassides fut Haroun-al-Raschild, qui bâtit Bagdad et fut le protecteur des lettres et des sciences.

Les Fatimites fixèrent leur résidence au Caire. Les Turcs Seldjoucides s'emparèrent de presque tous les pays soumis aux Arabes.

Les chrétiens d'Espagne, réfugiés dans les Asturies avec Pélage, reconquirent peu à peu leur pays sur les musulmans.

La civilisation des Arabes fut très brillante. Ils cultivèrent les sciences et la philosophie, et traduisirent Aristote. C'est par leur intermédiaire que les chrétiens

connurent la boussole, le papier et la poudre à canon,
que les Chinois avaient découverts.

Ils imitèrent dans leur architecture les constructions des
Perses et des Byzantins, et ils décorèrent leurs édifices
avec un luxe inouï. C'est à eux qu'on doit l'invention
des dessins géométriques qu'on appelle arabesques.

69. Faiblesse de l'empire des Arabes.
— Dans l'espace d'un siècle (632-732), les *Arabes*
avaient conquis une grande partie de l'*Asie,* l'*Egypte,*
tout le littoral *nord de l'Afrique,* l'*Espagne,* et même,
au delà des Pyrénées, la *Septimanie.* Formée, comme
l'empire de Charlemagne, de peuples qui n'avaient ni
les mêmes mœurs ni la même langue, et que la force
seule avait réunis, cette immense domination devait
arriver bientôt au morcellement et à la ruine. Vingt-
quatre ans seulement après la fin des conquêtes, la
rivalité des Ommiades et des Abbassides détermina
en 736 le premier démembrement du califat.

70. Les Ommiades. — Les Ommiades n'étaient
arrivés au pouvoir (660) qu'en détrônant Ali, neveu
et gendre du prophète. Ils furent renversés à leur
tour, en 750, par la puissante maison des **Abbassides,**
qui tirait son origine d'Abbas, oncle de Mahomet.

D'horribles vengeances signalèrent le triomphe de
la nouvelle dynastie : quatre-vingt-dix membres de
la famille déchue furent égorgés dans un festin. Le
jeune *Abdérame* échappa seul à cet affreux massacre,
et, réfugié d'abord en Egypte, puis dans les vallées
de l'Atlas, il fut bientôt appelé en *Espagne,* où la maison d'Ommiah conservait de nombreux partisans.
Passant le détroit à la tête de mille cavaliers, il réunit
une armée nombreuse, vainquit l'émir abbasside à
Mousara et à *Almounécar,* et établit à **Cordoue** le siège

d'un second empire musulman, indépendant du califat d'Asie (756).

71. Haroun-al-Raschild. — Malgré la perte de l'Espagne, le califat des Abbassides fut pour l'Orient une période de prospérité et d'éclat. Ces princes, encore maîtres de l'Asie et de l'Afrique, élevèrent aux bords du Tigre une nouvelle capitale, **Bagdad,** et leur cour rivalisa de luxe et de magnificence avec celle des *grands rois* de l'antiquité.

Le célèbre **Haroun-al-Raschild** (786-809) leur donna aussi la gloire des armes. Il envahit l'Asie Mineure à la tête d'une armée de 100,000 hommes et imposa à la cour de Byzance un tribut annuel. Le plus grand mérite de ce prince, c'est d'avoir, comme Charlemagne, fondé des écoles, accueilli les savants, protégé et favorisé les sciences et les lettres. Il a noblement acquis les surnoms de *juste* et de *victorieux* que les Arabes ont décernés au plus populaire de leurs souverains.

72. Petites dynasties africaines. — Dès la fin de ce règne brillant, l'Afrique à son tour se sépara pourtant du califat de Bagdad. Des dynasties indépendantes y fondèrent, en quatre-vingts ans, trois États nouveaux (788-868) et dominèrent tout le bassin de la Méditerranée.

73. Les Fatimites. — Au xe siècle, les *Fatimites,* descendants réels ou supposés d'Ali et de Fatime, absorbèrent ces diverses principautés, établirent sur leurs ruines un troisième califat, et bâtirent, pour y fixer leur résidence, la ville du *Caire* en Egypte (*El kahira,* la victorieuse) (968).

Maîtresse de tout le littoral, de Gibraltar à Suez,

cette dynastie étendit en outre sa domination sur la
Syrie, sur *Bagdad* même un instant, et, malgré les
royaumes qui s'élevèrent encore en Afrique et dimi-
nuèrent son empire à l'ouest, malgré les conquêtes
des *Turcs Seldjoucides* qui lui enlevèrent les provinces de l'est, elle conserva le pouvoir jusqu'à la fin du
XIIe siècle.

74. Démembrement du califat de Bagdad.
— Le califat de Bagdad, réduit aux provinces d'Asie,
fut sans cesse déchiré par l'indiscipline d'une garde
turque, dont les Abbassides avaient fait leur milice
permanente, et qui remplaçait dans les armées d'O-
rient les Arabes amollis et dégénérés.

Profitant de cette anarchie, les gouverneurs, souvent tirés eux-mêmes de cette redoutable milice, se
changèrent partout en princes souverains; quelques
familles, les *Bouides,* les *Gaznévides,* dominèrent
successivement, avec la Perse pour centre, de la mer
Caspienne à la mer des Indes.

75. Les Turcs Seldjoucides. — Enfin, en 1058,
une nouvelle horde, venue du nord, les *Turcs Seldjoucides,* renversa tout ensemble l'empire des Gaznévides et l'ombre de pouvoir qui restait encore au
calife de Bagdad. Son chef *Togrul-Beg* reçut de celui-
ci le titre de gouverneur temporel et de chef suprême
de tous les pays de l'islam. Il ne restait plus au souverain de Bagdad que la suprématie spirituelle et le
vain titre de *commandeur des croyants* (1058).

**76. Décadence de la puissance arabe en
Espagne.** — Pendant que les Turcs Seldjoucides
s'emparaient de l'Asie, le califat de *Cordoue* tombait
aussi en poussière, après deux siècles de gloire et de

prospérité. Même au temps de sa splendeur, il cachait, sous un éclat apparent, des germes profonds de faiblesse et de décadence. Le morcellement de ce pays montagneux et la division du peuple conquérant, formé d'un grand nombre de tribus diverses, entravaient les rapports, encourageaient l'ambition des émirs, et rendaient inévitables, dans un avenir prochain, le démembrement du califat d'Espagne.

Deux ennemis naturels, les *Francs* au delà des Pyrénées et les descendants des *Wisigoths* réfugiés avec *Pélage* dans les *Asturies,* devaient chercher à profiter de ces causes de désunion et d'anarchie. Les premiers reprirent sous *Pépin le Bref* la province de *Septimanie,* que leur avaient jadis enlevée les musulmans (759). *Charlemagne,* appelé par quelques émirs révoltés, s'avança avec son armée jusqu'à l'*Ebre* (778) et fonda au nord de ce fleuve deux marches, dont l'une se transforma, au IXe siècle, en *comté* indépendant de *Barcelone* ou de *Catalogne,* et l'autre, au commencement du Xe (905), en *royaume de Pampelune* ou de *Navarre.*

77. Le royaume de Pélage. — En même temps les chrétiens des *Asturies* s'étendaient aussi aux dépens des Arabes : le royaume de **Pélage,** qui n'avait d'abord que neuf lieues de long sur quatre de large, s'était agrandi peu à peu. Changeant de capitale en reculant ses limites, il avait pris successivement les noms de royaume d'*Oviédo,* puis de royaume de *Léon.* A ces États s'ajoutèrent, sous la suzeraineté plus nominale que réelle des rois de Léon et de Navarre, les deux *comtés de Castille* et d'*Aragon,* avec *Burgos* et *Jacca* pour capitales. Tout le nord de la péninsule, jusqu'au delà du *Douro,* échappait à la domination musulmane.

En vain les Arabes essayèrent de résister aux progrès des chrétiens : après des succès qui ne servirent qu'à dépeupler le pays, un de leurs grands capitaines, le vizir *Almanzor,* fut vaincu dans les plaines de *Calatanazor* (sud-est de la Vieille-Castille) par les souverains réunis de Léon, de Navarre et de Castille (998). Cette victoire put faire espérer aux chrétiens que le temps approchait où ils redeviendraient les maîtres de la péninsule entière. Elle ébranla en effet dans ses fondements la puissance des califes de Cordoue. Tous les gouverneurs qui leur obéissaient voulurent s'affranchir : le califat fut bientôt démembré en une vingtaine de petits royaumes sans importance; enfin, en 1031, le dernier des Ommiades fut dépossédé, et le titre même de calife ne tarda pas à disparaître d'Espagne.

78. **La civilisation arabe.** — L'empire musulman s'écroulait de toutes parts. Divisé d'abord en trois califats, il était maintenant morcelé à l'infini; mais les Arabes, agriculteurs modèles, industriels et commerçants actifs, avaient de plus, dans les lettres, dans les sciences et dans les arts, devancé toutes les nations chrétiennes de l'Occident. Admirateurs passionnés d'Aristote, ils traduisirent et commentèrent ses ouvrages. C'est par leurs versions que l'Europe a d'abord connu le célèbre philosophe grec.

Nous leur devons la boussole, si nécessaire aux explorations des navigateurs; le papier de linge, qui rendit l'étude plus accessible en multipliant les manuscrits; la poudre à canon, appelée à transformer

'art de la guerre, et, outre ces inventions empruntées
.outes les trois à la Chine, l'introduction des chiffres
arabes, qui leur venaient des Indiens.

La cour des lions à l'Alhambra.

Dans les arts, ils ne cultivèrent que l'architecture,
et l'on peut citer parmi leurs monuments la vaste et
curieuse mosquée de Cordoue, que les chrétiens

transformèrent au xiii e siècle en cathédrale. Leur religion leur interdisant la reproduction de la forme humaine, ils suppléèrent par l'ornementation à l'absence de figures peintes ou sculptées, et créèrent ces combinaisons ingénieuses et variées de dessins géométriques, de fleurons, d'enroulements de toutes sortes, qu'on a appelées *arabesques*.

QUESTIONNAIRE. — 69. Indiquez la principale cause du démembrement de l'empire des Arabes. — 70. Quelles familles les Ommiades eurent-ils successivement à combattre, et par qui furent-ils renversés? — Quand et comment fondèrent-ils en Espagne un califat indépendant? — 71. Que devint le califat d'Orient sous les Abbassides? — Quelle grande ville fut fondée par eux? — Que savez-vous des succès d'Haroun-al-Raschild sur les Grecs? — Dites un mot de sa popularité et de la protection qu'il accorda aux sciences et aux lettres. — 72. Quand et comment l'Afrique se détacha-t-elle du califat de Bagdad? — 73. Quelle dynastie réunit sous ses lois, au x e siècle, toute la côte nord de l'Afrique? — Quelle fut sa capitale? — 74-75. Quand et comment le pouvoir des Abbassides, amoindri chaque jour, fut-il entièrement détruit? — 76. Indiquez les conquêtes des Francs sur les Arabes d'Espagne. — 77. Montrez les progrès des chrétiens des Asturies, et faites connaître, avec leurs capitales, les Etats fondés par eux. — Donnez la date précise de leur grande victoire sur les Arabes, à la fin du x e siècle. — Montrez le morcellement et la ruine complète du califat de Cordoue. — En quelle année fut dépossédé le dernier Ommiade? — 78. Donnez quelques détails sur la civilisation arabe.

CHAPITRE IX

LE MONDE MUSULMAN ET LE MONDE CHRÉTIEN VERS LA FIN DU ONZIEME SIÈCLE. — SCHISME DE L'ÉGLISE GRECQUE.

RÉSUMÉ. — Les musulmans, à la fin du onzième siècle, se partagèrent en plusieurs sectes. A la même époque les peuples du Nord : Danois, Norwégiens, Suédois, Slaves et Hongrois, se convertirent au christianisme.
Au neuvième siècle commença, avec Photius, le schisme grec, qui s'accomplit définitivement sous le patriarche de Constantinople Michel Cérulaire.
Les chrétiens construisirent de nombreuses églises dans le style appelé roman, qui se distingue par l'usage du plein cintre.
L'Eglise s'efforça de lutter contre les guerres et les brigandages par l'établissement de la trêve de Dieu. Elle institua la chevalerie, qui obligeait ceux qui en faisaient partie à respecter les lois de la justice et de l'honneur, et à protéger les faibles.

79. Divisions des musulmans. — A la fin du XIe siècle, comme au milieu du VIIIe, le monde musulman et le monde chrétien étaient en présence, et la lutte continuait aux deux points extrêmes du bassin de la Méditerranée, en Espagne d'une part, de l'autre en Asie Mineure et en Syrie. Les musulmans restaient dangereux, mais seulement en Asie, où les hordes sauvages et féroces des Turcs Seldjoucides avaient remplacé le califat de Bagdad (1058). En Afrique, on ne trouvait que division et impuissance; en Espagne enfin, les Arabes étaient refoulés chaque jour plus avant vers le sud de la péninsule.

A ce morcellement politique s'ajoutait l'anarchie religieuse. Les disciples de Mahomet, séparés en plusieurs sectes ennemies, voyaient les califes de Bagdad et du Caire jeter l'un contre l'autre l'excommunication et l'anathème.

80. Le monde chrétien. — Dans la société chrétienne, l'unité carlovingienne avait disparu; mais un lien plus puissant et plus efficace, la communauté de croyances, rattachait les uns aux autres tous les peuples de l'Europe occidentale.

La chrétienté s'était même agrandie depuis Charlemagne. Les Scandinaves, les Slaves, les Hongrois, avaient enfin renoncé à leurs migrations continuelles. Convertis au christianisme, ils participaient de loin au mouvement général et commençaient à prendre rang dans l'Europe.

81. Le schisme grec. — Tandis que la doctrine de l'Evangile était ainsi portée aux extrémités de l'Europe barbare, l'*empire grec* s'isolait dans le schisme par la révolte de *Photius* (867). Le patriarche *Ignace* venait d'être déposé et envoyé en exil pour ses vigoureuses remontrances à l'oncle de l'empereur Michel III, dont la conduite était un scandale, et le souverain avait nommé à sa place le savant et ambitieux Photius, quoiqu'il ne fût que simple laïque.

Le pape *Nicolas Ier* refusa de reconnaître Photius. Celui-ci alors, s'élevant contre les prétendues erreurs de la cour de Rome, fit déposer le pontife par une réunion de vingt et un évêques qu'il décora du titre de concile œcuménique, et, pour donner plus de poids à ce décret, il y ajouta près d'un millier de fausses signatures.

Sous Basile le Macédonien, Ignace fut rétabli sur le siège patriarcal. Rentré en faveur et redevenu patriarche, puis excommunié encore une fois par le pape *Etienne V,* Photius fut enfin exilé en 886 par l'empereur *Léon le Philosophe.*

Malheureusement, au milieu du xie siècle (1054), une autre révolte ouverte, celle du patriarche **Michel Cérulaire** contre le pape *Léon IX,* rendit le schisme définitif.

82. La trève de Dieu. — En Occident, l'Eglise luttait avec énergie contre le fléau des guerres et des brigandages. Elle institua la *trêve de Dieu* d'abord en France (1207), puis en Allemagne et en Angleterre. Les combats et les violences furent interdits, sous peine d'excommunication, pendant l'Avent et les fêtes de Noël, pendant le Carême et les fêtes de Pâques, et, chaque semaine, du mercredi soir au lundi matin, en souvenir des quatre jours sanctifiés par la dernière Cène, par la passion et par la résurrection du Sauveur.

De plus, la trêve de Dieu limita les malheurs de la guerre à ceux qui la faisaient, aux seigneurs et à leurs soldats ; elle garantit de leurs attaques les prêtres et les églises, les femmes et les enfants, les marchands et les laboureurs, avec leurs outils et leur bétail. Religieusement observée, elle n'aurait laissé à la guerre qu'une centaine de jours par an, et elle aurait permis aux travailleurs de vivre en repos au milieu même de la destruction et du carnage.

83. La chevalerie. — En associant la religion à l'antique coutume de la remise des armes à l'adolescent qui devenait homme, l'Eglise créa, vers le même temps, la grande institution de la **chevalerie.**

Le jeune noble, après avoir été page dans son enfance, puis écuyer jusqu'à l'âge de quinze ans, était à vingt et un ans armé chevalier par le suzerain : l'Eglise prit sa grande part dans cet acte solennel. On revêtait l'aspirant d'une tunique blanche, symbole de la pureté dans laquelle il promettait de vivre ; d'une robe rouge, symbole du sang qu'il était tenu de répandre pour Dieu et pour toutes les nobles causes. Après un jeûne rigoureux de vingt-quatre heures, après une nuit passée en prières avec deux chevaliers éprouvés, qui lui servaient de parrains, il se confessait, il communiait, et il jurait « de mourir plutôt de mille morts que de renoncer jamais au christianisme, de combattre valeureusement

L'armement du chevalier.

pour sa religion et pour sa patrie, de protéger les dames contre tout péril, de soutenir les veuves et les orphelins, de ne point chercher le gain et le profit, mais seulement la vertu et la gloire, d'être courtois, c'est-à-dire délicat et prévenant envers amis et ennemis, enfin de ne faillir jamais à sa parole, pour mal ou perte qui lui en pût advenir ». Après quoi on lui met-

tait le haubert ou cotte de mailles[1] et les autres pièces de l'armure, on lui ceignait l'épée, et le seigneur
lui donnait l'*accolade,* en le frappant trois fois du plat
de son arme sur l'épaule : « Au nom de Dieu, de saint
Michel et de saint Georges, je te fais chevalier, » lui
disait-il; et le jeune homme, se couvrant de son
heaume ou casque et s'élancant sur le cheval qui l'attendait, entrait, fier et hardi, dans la vie nouvelle
pour laquelle il venait de prendre tant de nobles
engagements.

QUESTIONNAIRE. — 79. Donnez une idée générale de la situation des Etats musulmans à la fin du xi° siècle. — 80.
Montrez les progrès du christianisme en Europe. — 81.
Quand et comment Photius sépara-t-il une première fois l'E-
glise grecque du saint-siège ? — Quand et par qui le schisme
de l'Eglise grecque fut-il renouvelé et devint-il définitif ? —
82. Comment l'Eglise, par la *trève de Dieu,* chercha-t-elle à
éteindre ou à diminuer les guerres? — 83. Quelle part eut
l'Eglise dans l'institution de la *chevalerie?* — Décrivez les
cérémonies de la réception des chevaliers et rappelez leurs
principaux engagements. — Donnez le sens des mots *haubert, cotte de mailles, hocqueton, heaume.*

1. Le *haubert* ou *cotte de mailles* était une tunique faite soit
d'anneaux de fer entrelacés, soit d'un tricot de fils d'acier qui
conservaient le jeu et presque la souplesse des fils de laine.
Elle était à l'épreuve de l'épée, et, pour repousser les attein-
tes de la lance, le chevalier portait sous le haubert une cami-
sole épaisse et fortement rembourrée, dite *gambeson* ou *hocqueton.* Une chaussure de mailles garantissait de même les
jambes.

DÉMEMBREMENT DE L'EMPIRE DES ARABES

L'empire arabe, fondé par les successeurs de Mahomet, de 632 à 732, comprit, sauf la péninsule d'Anatolie ou Asie Mineure, toute l'Asie occidentale, jusqu'aux grands fleuves de l'Indus ou Sind et de l'Iaxarte ou Sihoun ; l'Egypte et toute la côte nord de l'Afrique jusqu'au détroit de Gibraltar ; enfin l'Espagne et même un instant la province française de Septimanie (Narbonne). Mais il se partagea presque aussitôt (756) en deux califats :

Le *califat d'Orient* ou *de Bagdad,* qui s'étendait sur toutes les provinces d'Asie et d'Afrique.

Après quelques règnes brillants, dont le principal fut celui d'Haroun-al-Raschild, les souverains de Bagdad ne tardèrent pas à voir l'Egypte et l'Afrique se soustraire à leur obéissance. Ces pays, d'abord partagés en plusieurs Etats, formèrent au xe siècle, par leur réunion...

En Asie, l'ambition des émirs ou gouverneurs et la toute-puissance d'une milice d'esclaves, achetés dans le Turkestan, réduisirent de plus en plus l'autorité souveraine. Le calife finit en 1058 par n'être plus que le chef spirituel de l'islamisme ou le commandeur des croyants, et le califat d'Orient fut remplacé par l'empire des Turcs Seldjoucides.

Les Turcs Seldjoucides, dont les principaux chefs furent les sultans Noureddin et Saladin au temps de Philippe-Auguste, furent à leur tour remplacés au xiiie siècle par les Mongols de Gengis-Khan, dont la domination s'étendit même sur la Russie d'Europe actuelle.

Un troisième califat, le *califat du Caire.* L'autorité des califes du Caire fut de bonne heure amoindrie par l'élection de dynasties indépendantes sur les divers points de la côte d'Afrique, et, dans l'Egypte même, ils furent renversés, au temps de saint Louis, par la turbulente milice des mameluks.

Le *califat d'Occident* ou *de Cordoue,* borné à la péninsule espagnole. Contraints par les Espagnols de reculer jusqu'au Douro d'abord, puis jusqu'au Tage, les Maures ou Sarrasins d'Espagne se partagèrent, au début du xie siècle, en une vingtaine de petits royaumes, qui tous, sauf celui de Grenade, furent conquis à leur tour avant la fin du xiie siècle. Les Almoravides et les Almohades, venus du Maroc aux xie et xiie siècles, essayèrent en vain d'arrêter ces progrès des chrétiens dans la péninsule.

TROISIÈME PARTIE

De la querelle des investitures à la mort de saint Louis (1073-1270).

SAINT GRÉGOIRE VII ET LES CROISADES. — PROGRÈS DE
LA ROYAUTÉ ET DES VILLES

CHAPITRE PREMIER

QUERELLE DES INVESTITURES (1073-1122)

RÉSUMÉ. — Au onzième siècle, l'Europe souffrait de la
faiblesse de l'autorité royale, de l'asservissement des
classes inférieures et de l'usurpation des souverains
qui prétendaient disposer des dignités ecclésiastiques.
L'empereur Henri III alla jusqu'à nommer lui-même les
papes.
Hildebrand, qui fut pape sous le nom de Grégoire VII,
affranchit le saint-siège du joug impérial. Il excommunia l'empereur Henri IV qui s'obstinait à donner
l'investiture aux évêques et aux abbés allemands.
Henri IV fut obligé de venir à Canossa implorer le pardon du pape.
La querelle des investitures se termina sous l'empereur
Henri V par le concordat de Worms, en 1122. Le pape
seul devait donner la juridiction spirituelle, l'empereur
le fief temporel.

1. État de l'Europe au onzième siècle. —
Trois grands maux affligeaient la société dans la
triste époque du XIe siècle :

1° *L'impuissance de l'autorité royale* qui, annulée
par les pouvoirs locaux des seigneurs, ne pouvait
protéger, comme elle l'aurait dû, l'ordre et la paix
publique.

2° *L'asservissement des classes inférieures,* habitants des villes ou *serfs* des campagnes : le servage, bien que supérieur à l'esclavage, était encore une bien triste condition;

3° *Le droit que s'arrogeaient trop souvent les souverains, grands et petits, de disposer à leur gré des dignités ecclésiastiques* et des domaines qu'y avait joints la piété des rois et des fidèles.

Cet état social devait inévitablement rencontrer trois ennemis, *l'Église, les rois* et *les peuples,* et, depuis la fin du xe siècle jusqu'à la fin du xiiie, cette triple lutte remplit l'histoire de tous les États d'Occident, l'Allemagne, la France, l'Italie et l'Angleterre.

2. Intervention des empereurs dans l'élection des papes. — La papauté, envahie, achetée, disputée par les grandes familles romaines ou italiennes, semblait n'être plus qu'une sorte de patrimoine des *comtes de Tusculum.* Les scandaleux abus qui en résultaient étaient parvenus à leur comble à l'avènement de l'empereur *Henri III* au trône d'Allemagne (1039-1056).

Frappé de l'anarchie qui laissait l'Église sans gouvernement et sans direction, ou ne lui donnait que des chefs indignes, ce prince convoqua, pour y remédier, le *concile de Sutri* (1046), et fit déposer comme simoniaques ou usurpateurs les trois papes qui prétendaient ensemble à la tiare (*Grégoire VI* et les antipapes *Sylvestre III* et *Jean XX*). Les élections pontificales furent remplacées par le choix de l'empereur. C'était un mal substitué à un autre, car le pouvoir spirituel devenait ainsi entièrement dépendant du pouvoir temporel.

3. Grégoire VII. — Un moine se rencontra dont la haute intelligence et la persévérante énergie rendirent au saint-siège et au clergé leur indépendance. Fils d'un pauvre charpentier de Toscane, *Hildebrand* était né vers 1015 dans la ville de Soana ou Sovana, à seize lieues de Sienne. Après avoir commencé ses études dans un monastère de Rome, il les continua comme moine à l'abbaye de Cluny et fut ordonné prêtre.

De retour en Italie et nommé cardinal par *Léon IX*, en 1048, il exerça dès lors une immense influence, et il fut enfin lui-même, en 1073, élevé au saint-siège sous le nom de **Grégoire VII**.

4. Projets de Grégoire VII. — Pour que la papauté pût être vraiment et toujours la sauvegarde efficace et la garantie de la paix sociale et de la morale publique, Grégoire VII voulut faire de la chrétienté une grande famille de peuples frères, gouvernée par le pape, père commun, dont la parole eût imposé la modération aux princes, la soumission aux sujets, la paix et la concorde à tous.

5. Querelle des investitures. — Il y avait quelque chose de plus urgent que de transformer ainsi la constitution de l'Europe : c'était d'arracher les investitures religieuses aux princes, qui, en remplissant l'Eglise de pasteurs indignes, mettaient en péril la foi et les mœurs sur tant de points de la terre.

Les évêques et les abbés étaient à la fois ministres de Dieu et possesseurs de vastes domaines, provenant des dons faits à l'évêché ou au monastère. L'ambition et la cupidité avaient poussé les rois, les princes, les seigneurs, comme suzerains, à nommer eux-mêmes les nouveaux titulaires des dignités ecclésiastiques, comme ils nommaient ceux des autres fiefs. A la mort d'un prélat, ils envoyaient la crosse et l'anneau, double emblème de la juridiction religieuse, à celui qu'ils lui choisissaient pour successeur, et cet envoi seul tenait lieu d'élection. Nulle part le scandale n'avait été porté aussi loin qu'en Allemagne sous l'empereur *Henri IV* (1056-1106).

6. Lutte entre Grégoire VII et Henri IV. — Grégoire VII, renouvelant contre ces usurpations du pouvoir temporel, toutes les anciennes prohibitions, retrancha de l'Eglise les évêques et les prêtres simoniaques. Henri IV répondit à ces décrets en trafiquant plus ouvertement encore des dignités ecclésiastiques. Excommunié pour son mépris de l'autorité pontificale et ses débauches scandaleuses, il fit, par un incroyable abus de pouvoir, prononcer par les évêques allemands la déposition du pape. Celui-ci à son tour délia ses sujets du serment de fidélité.

7. Henri IV à Canossa. — L'empereur, sentant que la couronne allait lui échapper, aima mieux, quoi qu'il en coûtât à son orgueil, plier devant le pape que se résigner à ce sacrifice. Il prit donc la robe de bure des pénitents, et partit nu-pieds avec quelques compagnons pour aller au château de *Canossa* (au sud de Modène) implorer son pardon. L'empereur passa trois jours dans la première enceinte du château, exposé au froid et à la neige, avant d'avoir pu fléchir la juste sévérité du pontife.

L'intervention de la comtesse Mathilde de Toscane, alliée puissante et dévouée du saint-siège, obtint enfin pour lui l'audience qu'il avait vainement sollicitée, et il fut amené dans la salle pleurant et transi de froid. L'excommunication ne fut levée que sur l'engagement formel de l'empereur de se montrer à l'avenir plus soumis aux lois de l'Eglise (1077).

8. Mort de Grégoire VII. — A peine sorti de Canossa, Henri IV oublia les serments qu'il avait prêtés. Ses vassaux indignés lui opposèrent un compétiteur, le prince *Rodolphe de Souabe*. Tout cependant sembla d'abord réussir à l'empereur impie et parjure. Il triompha des seigneurs à Wolksheim en Thuringe (près de Mersebourg). Son rival perdit la vie dans cette journée, et son fils battit à Mantoue les troupes de la grande comtesse Mathilde. Henri IV, bientôt maître de Rome, y fit proclamer un antipape, Guibert de Ravenne, sous le nom de *Clément III*. Grégoire VII fut réduit à implorer le secours de *Robert Guiscard* et de ses Normands, fidèles soutiens de la papauté depuis Léon IX. Ils le conduisirent à *Salerne,* où le pontife exilé mourut en 1085, en répétant cette parole devenue célèbre : « J'ai aimé la justice et poursuivi l'iniquité, voilà pourquoi je meurs dans l'exil. »

9. Mort de Henri IV. — La fuite et la mort du pape purent faire croire à l'empereur que son triomphe était assuré. Mais les successeurs de Grégoire VII (*Victor III, Urbain II, Pascal II, Gélase II, Calixte II*) adoptèrent pleinement ses idées; les seigneurs, de leur côté, opposèrent successivement à Henri IV ses propres fils, *Conrad,* dont l'ambition dénaturée n'aboutit qu'à des revers et à la prison, et *Henri,* qui fit déposer le vieil empereur à la *diète de Mayence.* Abandonné de tous, le souverain détrôné alla mourir misérablement à *Liège,* réduit à solliciter, sans l'obtenir, une place de sous-chantre dans une église (1106).

10. Henri V. — Le concordat de Worms. — C'était par ambition que le jeune *Henri V* s'était montré le défenseur du pape; une fois empereur, il reprit par ambition la politique de son père. La discorde n'était donc pas apaisée, et la succession de la comtesse Mathilde (Toscane, Modène, Reggio, Mantoue, Ferrare et Crémone), dont Henri V s'empara, bien qu'elle eût légué par testament tous ses biens au saint-siège, vint encore envenimer la querelle. Cet héritage devait rester pendant un siècle un sujet de luttes nouvelles; mais du moins la grande question des investitures fut nettement résolue sous *Calixte II* par le **concordat de Worms** (1122), et ratifiée l'année suivante au *concile général de Latran* (1123). L'élection avec l'investiture religieuse appartint à l'Eglise, le prince conféra l'investiture temporelle. Mais, de peur qu'en se servant des anciens signes, la crosse et l'anneau, il ne parût encore donner le titre et la juridiction spirituelle, il les conféra désormais par le sceptre.

La liberté des élections ecclésiastiques avait été de même rétablie en Angleterre par Henri Ier, en 1107. En France, elle l'avait été par Hugues Capet dans le domaine royal, et le *concile de Reims,* que présidait Calixte II et auquel assistait Louis le Gros, l'avait décrétée solennellement avec l'investiture par le sceptre en 1119.

QUESTIONNAIRE. — 1. Quels étaient les grands maux de la

société au xi° siècle? — Les évêques et les abbés étaient-ils toujours, dans le monde féodal, nommés conformément aux lois disciplinaires de l'Eglise? — 2. Donnez une idée de la triste situation de la papauté à la fin du x° et au commencement du xi° siècle. — Quel remède y apporta l'empereur Henri III, et en quelle année? — Cette intervention de l'empereur ne remplaça-t-elle pas un mal par un autre mal? — 3. En quelle année, en quelle ville et dans quelle condition naquit le pape Grégoire VII? — Quand devint-il pape? — Qu'avait-il été, et quel nom avait-il porté jusque-là? — Faites un portrait de Grégoire VII, et dites à quelle tâche il consacra sa vie. — 4. Quelle constitution idéale Grégoire VII rêvait-il pour le monde chrétien? — 5. D'où venait l'usage irrégulier des investitures religieuses faites par des laïques, et quelles en étaient les conséquences? — Dans quel pays ce désordre était-il le plus frappant quand Grégoire VII arriva au saint-siège? — 6. Résumez l'histoire de la querelle des investitures jusqu'à l'entrevue de Canossa. — 7. Racontez cette entrevue, avec sa date. — Montrez comment l'empereur Henri IV, violateur de ses promesses, parut cependant d'abord triompher sur tous les points. — 8. En quel lieu et en quelle année mourut Grégoire VII ? — 9. Quels furent ses successeurs jusqu'à la fin de la querelle des investitures, et quelle position prirent-ils dans cette lutte? — Quels nouveaux ennemis rencontra Henri IV en Allemagne? — Rappelez avec la date sa fin malheureuse. — 10. Henri V, une fois empereur, resta-t-il d'accord avec le saint-siège? — Quand et comment obtint-il de Pascal II le concordat de Sutri? — Pourquoi ce concordat ne fut-il pas maintenu? — Quelle nouvelle cause de désaccord s'éleva entre l'empereur Henri V et le saint-siège?— Par quel acte, sous quel pape et en quelle année fut terminée la querelle des investitures ? — Par quel concile général le concordat de Worms fut-il ratifié? — Faites-en connaître les conditions. — Montrez comment la question des investitures se régla d'une façon analogue soit en Angleterre, soit en France.

CHAPITRE II

LA PREMIÈRE CROISADE (1095-1099)

RÉSUMÉ. — **Depuis la conquête de la Palestine par les mahométans, les chrétiens avaient à subir des vexations de toute nature.**
Pour délivrer la terre sainte, l'Europe entreprit une série d'expéditions appelées croisades.
La première croisade fut prêchée par Pierre l'Ermite et décidée au concile de Clermont, en Auvergne, à l'appel du pape Urbain II.
L'armée chrétienne, commandée par Godefroy de Bouillon, s'empara de Jérusalem le 15 juillet 1099. Le royaume de ce nom eut Godefroy pour premier souverain.

11. Causes des croisades. — Vingt ans après le glorieux pontificat de Grégoire VII, l'Europe montra quelle puissance avaient sur elle la foi chrétienne et la voix du saint-siège, quand, pour délivrer la terre sainte, elle se lança tout entière dans les lointaines expéditions des **croisades.**

Après Mahomet, les Arabes avaient étendu leurs conquêtes jusque sur l'Espagne et le midi de la Gaule, et ils n'avaient été arrêtés que par les Francs de Charles-Martel et leur victoire de Poitiers. A la fin du xɪᵉ siècle, une grande lutte s'engagea de nouveau entre l'Europe chrétienne et l'islamisme; mais, cette fois, les pays musulmans, l'Asie et l'Afrique, devinrent à leur tour le théâtre de la guerre, et ce furent les chrétiens qui l'entreprirent.

Les pèlerinages en terre sainte étaient nombreux à cette époque; mais Jérusalem avait été prise par les musulmans presque au lendemain de la mort de leur prophète. Les pèlerins, insultés, humiliés, rançonnés de toute manière, ne pouvaient visiter le saint sépulcre qu'après avoir subi mille outrages.

Un Français, *Gerbert* ou *Sylvestre II,* avait le premier, en 999, imploré le secours de la chrétienté entière au nom de Jérusalem dévastée.

Vers la fin du XIe siècle, la situation des chrétiens d'Orient empira encore. Le moment était donc venu, pour les peuples d'Occident, de délivrer la terre sainte et leurs frères d'Orient de ce joug odieux, et cet honneur fut donné à la France.

12. **Première croisade.** — Un ancien soldat, **Pierre l'Ermite,** dans un voyage qu'il fit en terre

Pierre l'Ermite (statue en bronze de M. Forseville, élevée à Amiens en 1853).

sainte, s'entretint avec le patriarche de Jérusalem, Siméon, de la triste condition des chrétiens. De retour en Europe, il remit au pape **Urbain II,** Français comme lui, des lettres du prélat, et il lui fit un récit ému des profanations et des barbaries dont il avait été le témoin.

Le pape le chargea de prêcher la guerre sainte en

tous lieux, et promit de lui venir en aide. Pierre alors parcourut les villes et les bourgs, tête nue, pieds nus, couvert d'une tunique grossière et d'un manteau de bure, le corps ceint d'une corde, un crucifix à la main. Après la prédication errante de Pierre l'Ermite se tint le **concile de Clermont** en Auvergne, réuni par *Urbain II* en 1095. Treize archevêques, douze cent cinquante-cinq évêques ou abbés, une innombrable quantité de seigneurs et une population considérable y étaient rassemblés. La dixième séance, tenue sur la grande place de Clermont, fut consacrée à la situation de l'Eglise d'Orient. Pierre l'Ermite y parla le premier ; sa voix, parfois étouffée par les sanglots, remua puissamment les cœurs. A son tour, Urbain II s'adressa à la multitude. Il rappela que la France avait jadis arrêté les musulmans aux champs de Poitiers ; il fit sentir à tous que si les armes de la chrétienté n'arrêtaient de nouveau ces Barbares d'Asie, l'Occident devait s'attendre à d'autres invasions plus terribles que la première.

Une clameur générale et prolongée — *Dieu le veut! Dieu le veut!* — répondit aux paroles du pape. Tous, grands et petits, barons et vilains, prêtres et laïques, jusqu'aux femmes et aux enfants, se placèrent à l'envi sur l'épaule droite ou sur le front du casque la croix de drap ou de soie rouge qui les désignait comme soldats de l'armée sainte. De là les noms de *croisade* et de *croisés*.

13. **La croisade populaire.** — L'enthousiasme religieux se propagea comme la flamme d'un incendie. Les paysans n'eurent pas la patience d'attendre jusqu'au jour fixé pour le départ. Avant même que

le printemps fût venu, dès le mois de mars 1096, ils se mirent en route, pêle-mêle, sans provisions, sans notion de la longueur du voyage, emmenant avec eux sur des chariots leurs femmes et leurs enfants, comme les Barbares au temps de l'invasion. « Ces petits enfants, dit un chroniqueur, aussitôt qu'ils apercevaient un château ou une ville, demandaient, dans leur simplicité, si ce n'était pas là Jérusalem. »

Ces malheureux furent presque tous exterminés dans la Hongrie et la Bulgarie. Très peu arrivèrent en terre sainte avec Pierre l'Ermite, qui avait en vain voulu arrêter les brigandages de ces bandes indisciplinées.

14. La croisade des seigneurs. — La croisade changea de caractère quand, l'année suivante, elle fut faite par les seigneurs. Deux grandes armées se formèrent dans la France du nord et dans la France du midi. La première avait pour chef **Godefroy de Bouillon**[1], duc de Basse-Lorraine et fils du comte de Boulogne, issu par conséquent d'une famille essentiellement française. Tous les croisés admiraient en lui une vigueur et une bravoure sans égales et, avec cette force et ce cœur de lion, la douceur et la pureté d'une jeune fille, la piété, l'humilité et la charité d'un saint.

1. Godefroy de Bouillon était tout à la fois seigneur de Bouillon, petite ville du Luxembourg belge qui touche à la frontière de France, et fils du comte de Boulogne (Pas-de-Calais). Il faut se garder de confondre ces deux villes, dont les noms ont quelque ressemblance. Il était né, suivant les uns, à Boulogne, dans le palais comtal qu'a remplacé l'hôtel de ville actuel ; suivant les autres, au village belge de Baisy, près de Nivelles (Brabant wallon), dans un château dont il reste encore des ruines.

L'armée du Midi obéissait au vieux *Raymond de Saint-Gilles,* comte de Toulouse, ardent comme un jeune homme malgré ses années. Une troisième armée, quoique levée en Italie, était encore à demi française, car ses chefs, l'ambitieux *Bohémond,* prince de Tarente, et le jeune Tancrède de Hauteville, le modèle des chevaliers, étaient fils et petit-fils du Normand de France Robert Guiscard, à qui son audace aventureuse venait de livrer Naples et la Sicile. Les croisés s'élevaient au nombre de trois cent mille suivant les uns, de six cent mille suivant les autres, et les Grecs virent avec effroi ces guerriers d'Occident arriver par diverses routes à Constantinople.

15. **Bataille d'Antioche.** — Les croisés passèrent le Bosphore sur leurs propres navires ou sur les vaisseaux de l'empereur Alexis, et ils entrèrent en Asie Mineure. Deux grandes victoires, celle de *Nicée,* au nord-ouest, et celle de *Dorilée,* vers le centre de la péninsule (mai et juillet 1097), leur ouvrirent tout le pays. Sous un soleil brûlant, à travers des campagnes désertes, où leurs chevaux, privés d'eau et de fourrage, mouraient par centaines, ils arrivèrent jusqu'aux monts *Taurus,* rempart et porte de la Syrie. **Antioche**, capitale de la province, était vigoureusement défendue par les Turcs, et elle fit une longue résistance ; une trahison livra la place à Bohémond, mais les croisés y furent aussitôt bloqués à leur tour ; une terrible famine leur coûta plus de cent mille hommes, et il fallut, pour sortir de cette situation désespérée, une troisième victoire sous les murs de la ville (juillet 1098). La bataille fut acharnée et des plus sanglantes ; les infidèles y laissèrent

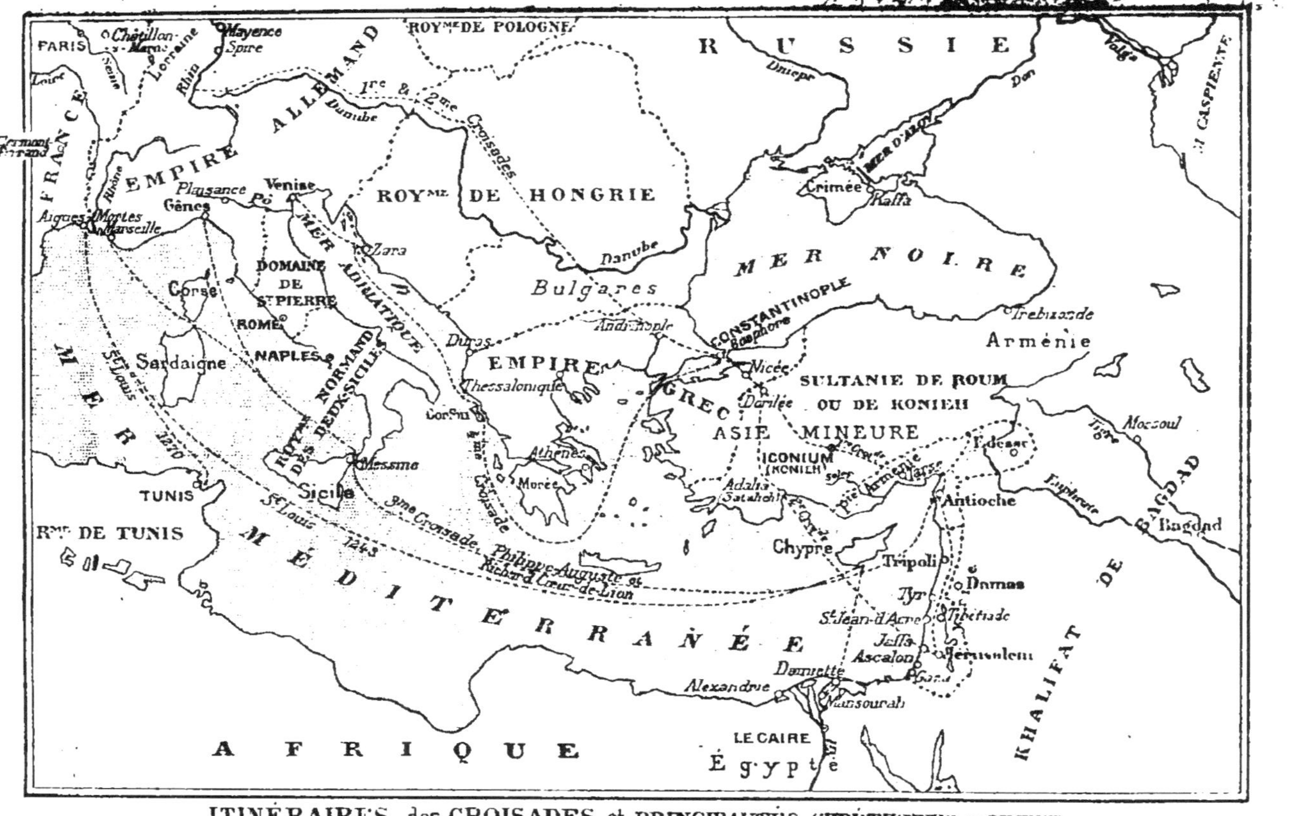

ITINÉRAIRES des CROISADES et PRINCIPAUTÉS CHRÉTIENNES en ORIENT

cent mille des leurs, quand les croisés ne perdaient
que quatre mille hommes.

Ce ne fut pourtant que onze mois plus tard que
les croisés se décidèrent à marcher vers la Palestine.
Le 10 juin 1099, l'armée eut sous ses yeux la ville
sainte. Elle venait d'être reprise par le calife du Caire.

16. **Prise de Jérusalem par les croisés.** —
Après un mois de préparatifs, un assaut général, où
l'héroïsme d'une foi ardente triompha du nombre,
livra Jérusalem aux chrétiens (15 juillet 1099).

Les croisés se regardaient comme les vengeurs de
leurs frères persécutés et de leur religion outragée,
et des massacres eurent lieu partout, sur les remparts,
dans les mosquées, dans les rues, dans les demeures.
Sans pouvoir empêcher le carnage, Godefroy de Bouillon s'était abstenu d'y prendre part : suivi de trois
serviteurs, il s'était rendu sans armes et les pieds nus
à l'église du Saint-Sépulcre, pendant que tant d'autres,
avides de représailles, répandaient le sang à flots.

17. **Le royaume de Jérusalem.** — Dix jours
après la prise de Jérusalem, les chefs croisés se
réunirent pour nommer un roi de la conquête ;
Godefroy réunit tous les suffrages, sans les avoir
recherchés. En acceptant la charge de roi de Jérusalem, il en repoussa les insignes. « Jamais, dit-il,
je ne porterai une couronne d'or là où le Sauveur
du monde a été couronné d'épines. » Tancrède,
300 chevaliers au plus et 2,000 hommes de pied
restèrent avec Godefroy ; tous les autres retournèrent en Europe, et l'apôtre de la croisade les suivit[1].

1. Pierre l'Ermite, revenu dans sa patrie, se retira tout à

Ainsi naquit le royaume chrétien d'Asie; le régime féodal de l'Occident y fut établi, et, par un mélange bizarre des titres du xi° siècle avec les noms des lieux consacrés par les souvenirs bibliques, on vit des *princes de Galilée* et *de Tibériade, des comtes de Jaffa,* des *marquis de Tyr* et des *barons de Sidon.* Les *Assises de Jérusalem* furent le code du nouvel Etat, et des ordres tout à la fois religieux et militaires, les *chevaliers de Saint-Jean de Jérusalem* ou Hospitaliers en 1096, les *Templiers* en 1118, et les *chevaliers teutoniques* créés par les Allemands en 1128, y furent bientôt fondés pour la défense de la terre sainte et le service des pèlerins.

QUESTIONNAIRE. — 11. Quel fut le théâtre de la grande lutte des chrétiens et des musulmans de la fin du xi° à la fin du xiii° siècle? — A quel souverain Jérusalem était-elle soumise? — Comment étaient traités les pèlerins qui visitaient la terre sainte? — Quel pape avait songé le premier à délivrer Jérusalem et le saint sépulcre? — Par qui furent appelés alors les chrétiens d'Occident? — 12. Faites connaître Pierre l'Ermite et racontez sa prédication pour la délivrance de la terre sainte. — Par quel pape fut convoqué et quand se réunit le concile de Clermont? — Que s'y passa-t-il dans la dixième séance? — D'où vinrent les noms de *croisés* et de *croisade?* — 13. Quel fut le sort des bandes populaires qui partirent pour la Palestine avant les seigneurs? — 14. Indiquez les armées et faites connaître les chefs de la première croisade, en insistant sur Godefroy de Bouillon. — Où ces armées se réunirent-elles? — 15. Racontez, avec les dates, la marche et les victoires des croisés en Asie Mineure et en Syrie. — Par quoi fut entravée l'expédition après la

fait du monde. Il fonda dans le pays de Liège, à Huy, sur la rive droite de la Meuse, un monastère en l'honneur du saint sépulcre de Jérusalem, et il y vécut encore seize ans, dans l'humilité et la pénitence.

victoire d'Antioche? — Que devint Jérusalem pendant ces
retards? — 16. Racontez, avec les dates de l'arrivée des croisés et de la prise de la ville, le siège de Jérusalem. — Comment les vainqueurs traitèrent-ils les musulmans? — Que
savez-vous de Godefroy de Bouillon au moment du triomphe? — 17. Quel roi et quel gouvernement les croisés éta-
blirent-ils dans la terre sainte? — Quel fut le code du nouvel Etat? — Combien de croisés restèrent et quels ordres
militaires furent fondés pour la défense du royaume?

CHAPITRE III

LES DERNIÈRES CROISADES (1147-1270). — RÉSULTATS DE CES EXPÉDITIONS

RÉSUMÉ. — **La seconde croisade fut prêchée par saint
Bernard, et entreprise par le roi de France Louis VII
et l'empereur Conrad III.**
**En 1187, le sultan Saladin s'empara de Jérusalem. Une
troisième croisade fut entreprise pour délivrer la ville
sainte. Elle eut à sa tête Frédéric Barberousse, Philippe-
Auguste et Richard Cœur de lion.**
**La quatrième croisade fut prêchée par Foulques, curé de
Neuilly-sur-Marne. Elle fut détournée de son but et
aboutit à la prise de Constantinople et à la fondation
de l'empire latin d'Orient (1204).**
**La cinquième et la sixième croisade se terminèrent par
des échecs.**
**Saint Louis se mit à la tête de la septième croisade, et dé-
barqua en Egypte. Après quelques succès, il fut obligé
de rendre Damiette, et fut réduit en captivité.**
**Quinze ans après son retour en France, il entreprit la
huitième croisade. La peste dévasta son armée, et lui-
même mourut devant Tunis.**
**Les croisades ne délivrèrent pas la terre sainte, mais
elles arrêtèrent la marche des Turcs sur l'Europe. Elles
contribuèrent à l'extension de l'influence française en
Orient et au développement du commerce européen.**

18. La seconde croisade. — Le royaume créé

en 1099 n'eut pas même un siècle de durée, et les sept croisades qui se firent après la première ne purent soutenir ni relever la domination chrétienne en Asie.

A part les ordres de chevalerie, formés de tout ce que la noblesse féodale comprenait alors de plus pieux et de plus vaillant, les successeurs de Godefroy de Bouillon n'eurent bientôt plus autour d'eux que les descendants des croisés établis en Palestine. Ce n'était pas assez pour triompher du fanatisme des musulmans et repousser les efforts renaissants de l'islamisme. Aussi les Turcs l'emportèrent-ils dans les luttes nouvelles qui ne tardèrent pas à s'engager. La nuit de Noël de l'année 1145 ils s'emparèrent de la ville d'*Edesse* en Mésopotamie et en massacrèrent tous les habitants. La nouvelle de ce désastre détermina la *seconde croisade,* et cette fois deux puissants souverains se mirent à la tête de l'expédition.

Dans une guerre du roi de France *Louis VII* avec le comte de Champagne, les troupes royales avaient mis le feu à la petite ville de Vitry (Marne), entièrement construite en bois; l'incendie avait gagné l'église, et 1,300 personnes qui s'y étaient réfugiées avaient péri dans les flammes. Le roi, saisi de repentir, crut ne pouvoir apaiser les reproches de sa conscience qu'en partant pour la terre sainte. Cette croisade fut prêchée par *saint Bernard,* qui, de son monastère de Clairvaux (Aube), exerçait, par son éloquence, son savoir et ses vertus, un ascendant irrésistible sur la chrétienté entière[1].

Louis VII et *Conrad III,* empereur d'Allemagne,

1. Saint Bernard (1091-1153) était né au village de Fontaine, près de Dijon, en Bourgogne.

conduisirent en Orient plus de 100,000 hommes; mais les deux armées, trahies par les Grecs et pourvues de mauvais guides, perdirent, malgré leur courage et une victoire des Français, les trois quarts de leurs soldats en Asie Mineure. Avec les débris de leurs troupes, les princes essayèrent en vain de prendre la ville syrienne de *Damas,* et ils revinrent en Europe, sans avoir pu aider en rien les chrétiens de la terre sainte (1147-1149).

19. Le sultan Saladin. — Prise de Jérusalem par les musulmans. — Quarante ans après, de nouveaux malheurs achevaient d'accabler la Palestine et amenaient une troisième croisade. En 1187, un héros musulman, **Saladin,** sultan d'Egypte et de Syrie, avait vaincu les chrétiens à *Tibériade,* et 20,000 d'entre eux avaient perdu la vie dans cette bataille. Deux mois après, un siège de quarante jours avait livré *Jérusalem* aux infidèles; ses habitants et ceux de quarante autres villes avaient été vendus comme esclaves ou chassés de leurs demeures, et il ne restait plus aux chrétiens que trois places de la côte : *Antioche, Tripoli* et *Tyr.*

20. La troisième croisade. — Le plus éloquent des prélats d'Orient, le meilleur historien des premières croisades, *Guillaume,* archevêque de Tyr, parcourut alors la France, l'Italie, l'Allemagne, appelant toute la chrétienté, peuples et rois, à la délivrance du saint tombeau. En 1189 et 1190, les trois grands souverains d'Europe, l'empereur *Frédéric Barberousse, Philippe-Auguste,* roi de France, et *Richard Cœur de lion,* roi d'Angleterre, conduisirent, l'un par terre, les deux derniers sur des vaisseaux de Gênes et de Marseille, cinq à six cent mille soldats en Asie.

Cette formidable expédition ne fut guère plus heureuse que celle de Louis VII et de Conrad III. Le vieux Barberousse se noya dans une rivière de l'ancienne Cilicie, après avoir franchi les premiers défilés des monts Taurus; ses troupes, privées de chef et débandées, périrent de la peste ou furent réduites en esclavage. Quelques milliers d'Allemands seulement arrivèrent en Palestine, harassés de fatigue et à demi nus. Philippe et Richard perdirent six mois en Sicile, où ils se brouillèrent; puis, une fois en Asie, au lieu de marcher droit à Jérusalem, ils se bornèrent à faire avec son dernier roi, *Guy de Lusignan,* le siège de Ptolémaïs ou *Saint-Jean-d'Acre,* qu'ils ne reprirent qu'après une résistance énergique et acharnée. La croisade n'aboutit qu'à ce maigre résultat.

En voyant le temps et le sang que ce modeste triomphe avait coûtés, Philippe, d'ailleurs malade, ne crut pas sage de poursuivre une lutte dont le succès lui paraissait impossible; il retourna en France (1191). Richard resta quinze mois en Palestine, sans que sa bravoure chevaleresque améliorât la situation des chrétiens d'Orient. Il partit quand il n'eut plus ni hommes ni argent. Au retour, le duc d'Autriche et l'empereur *Henri VI,* ses ennemis, le retinrent captif en Allemagne deux années; il ne rentra dans ses Etats qu'en 1194.

21. La quatrième croisade. — A la mort de Saladin (1103), ses Etats furent partagés entre ses dix-sept fils, et l'on put croire que ce démembrement allait servir la cause chrétienne en Asie. Mais *Malck-Adhel,* frère de Saladin, profita des querelles qui divisaient ses neveux pour s'élever sur leurs ruines ; le pape *Innocent III* tenta de renouveler le grand élan des croisades par la parole éloquente de *Foulques,* curé de Neuilly-sur-Marne.

S'il parvint à son but, il put se convaincre néanmoins que l'enthousiasme pour les guerres saintes s'était bien refroidi depuis un siècle, car les rois et le peuple laissèrent la chevalerie s'enrôler seule sous l'étendard de la croix. *Baudouin IX,* comte de Flandre, et *Boniface,* marquis de Montferrat (nord de l'Italie, chef-lieu Casal), se mirent à la tête de cette expédition, dont un autre croisé, *Villehardouin,* maréchal de Champagne, nous a lui-même retracé l'histoire (*quatrième croisade*).

On avait reconnu l'avantage de la route de mer, et une ambassade fut envoyée à la république commerçante de Venise pour lui demander des vaisseaux. Le vieux doge *Henri Dandolo* prit lui-même la croix, malgré ses quatre-vingt-douze ans et sa cécité. Mais c'était au prix d'une somme énorme, représentant quatre à cinq millions de notre monnaie, que la république marchande prêta ses vaisseaux.

22. **Prise de Zara.** — Les croisés ne pouvant complètement s'acquitter sur l'heure, les Vénitiens leur proposèrent, pour achever le payement de la dette, d'aller reprendre pour Venise, sur le roi de Hongrie, la ville de *Zara* en Dalmatie. Malgré les protestations du pape, l'offre fut acceptée ; Zara fut reprise (1202), et les croisés se détournèrent ensuite bien plus encore de leur véritable voie.

23. L'empire latin de Constantinople. — Entraînés par les prières d'un empereur grec détrôné et de son fils, *Isaac* et *Alexis l'Ange,* les croisés se décidèrent à marcher sur **Constantinople** et à renverser l'usurpateur. Cette fois encore les reproches du pape furent inutiles; Constantinople, disait-on, n'était-elle pas la route ordinaire et naturelle des croisades? Outre la promesse de replacer l'Eglise grecque sous l'autorité du pape, Isaac ne promettait-il pas de contribuer ensuite pour sa part à l'expédition? Les Vénitiens, de leur côté, voyaient dans cette entreprise un moyen d'étendre leur commerce et d'augmenter leurs possessions en Orient.

Tous, Français et Italiens, partirent donc pour la vieille Byzance, et il leur fut facile de la prendre d'assaut et de rendre la couronne au souverain détrôné (1203). D'auxiliaires qu'ils étaient, ils ne tardèrent pas à devenir conquérants. Pour satisfaire les exigences de ses libérateurs, Isaac fut réduit à écraser son peuple d'impôts. Une nouvelle révolution lui enleva le trône et la vie, et les croisés, résolus cette fois à conserver pour eux-mêmes la capitale et l'empire, attaquèrent Constantinople et y entrèrent en vainqueurs, après trois jours de combat (1204).

Baudouin IX fut nommé *empereur* de cette conquête, et la féodalité s'établit dans l'empire grec, devenu empire latin, comme elle s'était établie dans la terre sainte. *Boniface* devint *roi de Macédoine,* et le doge Henri Dandolo, maître d'un quartier de Constantinople, des côtes du Bosphore et de la Propontide et de la plupart des îles de l'Archipel, prit le titre bizarre de *souverain d'un quart et demi de l'empire grec*.

Cet *empire français d'Orient* n'eut qu'un demi-siècle d'existence (1204-1261). Outre que le schisme religieux séparait, depuis plusieurs siècles, les Grecs de l'Eglise romaine, la domination des conquérants était détestée, comme toute domination étrangère, et le pillage de Constantinople ne pouvait s'effacer du souvenir de ses habitants. De plus, les croisés s'étaient dispersés çà et là dans les seigneuries qu'ils s'étaient créées sur tous les points de l'empire. C'était une mauvaise condition pour la défense, dans un pays de montagnes surtout, où la nature rendait déjà les communications difficiles.

Quelques princes grecs étaient restés indépendants en Asie Mineure, les *Lascaris* à *Nicée,* les *Comnène* à *Trébizonde,* etc., et, en 1261, *Michel Paléologue,* qui avait substitué sa famille à celle des Lascaris, rentra à Constantinople avec l'aide des Génois, et renversa l'empire latin d'Orient.

24. La cinquième croisade. — Cependant les chrétiens de la Palestine ne cessaient d'invoquer les secours de l'Europe ; une *cinquième croisade* fut organisée en 1217. La France se tint cette fois à l'écart ; *Jean sans Terre,* roi d'Angleterre, et le jeune empereur d'Allemagne, *Frédéric II,* prirent la croix : cependant, malgré leur serment, ils ne partirent point pour la Palestine. *André II,* roi de Hongrie, *Hugues de Lusignan.* roi du petit Etat de Chypre que Richard Cœur de lion avait fondé aux dépens des Grecs, et *Jean de Brienne,* roi nominal de Jérusalem, parvinrent à rassembler contre les musulmans des troupes nombreuses.

Mais, une fois en Syrie, la discorde se mit entre eux : le premier quitta les croisés, le second mourut. Jean de Brienne n'en conçut pas moins le projet de reconquérir sa capitale, en attaquant dans l'Egypte le successeur de Saladin et de son frère Malek-Adhel. Le sultan effrayé offrit de rendre Jérusalem et tout le royaume, à l'exception de deux forteresses pour lesquelles il consentait à payer tribut; de remettre aux chrétiens 200,000 *dinars* ou deniers d'or pour la reconstruction des murs de la ville sainte, enfin de renvoyer libres tous les chrétiens pris depuis la mort de Saladin.

Ces propositions furent rejetées; *Damiette* fut prise (1219), et les Turcs firent de nouveau les mêmes offres aux vainqueurs. L'obstination du légat *Pélage* à rejeter tout traité, même avantageux, rendit les premiers succès inutiles ; au lieu de prendre *le Caire* et de conquérir toute l'Egypte, comme Pélage l'avait rêvé, l'armée, enveloppée par les eaux du Nil qui inondèrent bientôt tous les chemins, fut réduite à implorer la pitié des musulmans et à leur rendre la ville qu'on leur avait prise au début de l'expédition (1221).

25. **La sixième croisade.** — La *sixième croisade* (1228-1229), entreprise par l'empereur d'Allemagne *Frédéric II,* qui avait épousé la fille de Jean de Brienne, ne releva que pour quelque temps la cause chrétienne en Orient. C'était un singulier croisé que ce Frédéric II, excommunié par le saint-siège et auteur d'un livre *Des trois imposteurs,* qui n'étaient autres que Moïse, Jésus-Christ et Mahomet; un étrange ennemi de l'islamisme que ce souverain qu'on eût

pris, à voir sa garde sarrasine et ses mœurs licencieuses, pour un musulman plutôt que pour un chrétien.

Il n'amenait avec lui à *Ptolémaïs* que 20 vaisseaux et 600 chevaliers. Cependant le sultan, menacé à la fois par les chrétiens et par les hordes tartares parties des bords de la mer Caspienne et de la mer d'Aral, lui accorda, pour obtenir de lui une trêve de dix ans, la restitution de *Jérusalem,* avec *Bethléem, Nazareth* et *Sidon.* Frédéric prit solennellement la couronne de Jérusalem et retourna aussitôt en Europe. Quinze ans après son départ, en 1224, la ville sainte fut reprise et en grande partie détruite par les musulmans, dont les ravages firent de la Palestine une sorte de désert.

26. La septième croisade. — Alors que l'esprit des croisades semblait éteint, les souffrances du christianisme en Orient excitaient encore une douleur profonde dans l'âme du roi de France **saint Louis.** A la suite d'une grande maladie, en 1244, ce prince tomba dans un tel état qu'on le crut mort. Il revint à lui cependant. Dès qu'il eut recouvré l'usage de ses sens : « Dieu m'a visité et m'a rappelé d'entre les morts, » dit-il d'une voix sourde. Malgré les prières de sa mère, *Blanche de Castille,* et de sa femme, *Marguerite de Provence,* il fit appeler l'évêque de Paris, et le pria de lui mettre sur l'épaule la croix du voyage de terre sainte (*septième croisade,* 1248-1254).

Plus de trois ans se passèrent avant l'exécution. Enfin, en juin 1248, Louis, laissant la régence à sa mère, partit du port d'*Aigues-Mortes*[1] avec sa femme,

1. Aigues-Mortes (c'est-à-dire eaux mortes ou stagnantes), ainsi nommée à cause des marais salants qui l'avoisinent, fai-

ses enfants, ses frères et une armée de 40,000 fantassins et de 20,000 cavaliers.

La flotte, composée de vaisseaux génois, cingla vers l'île de Chypre, où l'on passa tout l'hiver. Ce ne fut qu'en mai 1249 qu'on se dirigea vers l'Egypte. Là résidaient les sultans maîtres de Jérusalem, et l'on croyait bon de les attaquer au centre même de leur puissance. On arriva devant *Damiette,* principale forteresse et clef du pays; les chevaliers débarquèrent en présence d'une armée de Sarrasins qui couvrait le rivage, et ce débarquement se fit avec tant d'impétuosité que les troupes ennemies, saisies d'épouvante, se retirèrent. Les habitants de Damiette, partageant leur terreur, les suivirent, et la ville, devenue déserte, resta ouverte aux croisés.

C'était la saison d'été, où, chaque année, le Nil couvre les campagnes de ses eaux fertilisantes; le fleuve commençait à déborder. On n'osa pénétrer au cœur du pays avant la fin de l'inondation, et l'on attendit cinq grands mois, à Damiette, que les eaux se fussent retirées. Ce retard permit aux Sarrasins, revenus de leur effroi, de préparer sur tous les points une résistance vigoureuse, et cette longue oisiveté introduisit la débauche et l'esprit d'indiscipline dans l'armée chrétienne.

27. Bataille de la Mansourah. — On se mit en marche à la fin, et, en février 1250, une bataille s'en-

sait partie de la sénéchaussée de Beaucaire, acquise au domaine royal sous Louis VIII. Elle est comprise aujourd'hui dans le département du Gard. De 1245 à 1248, saint Louis y avait fait creuser un port à l'extrémité de l'antique canal qui réunit la ville à la mer, éloignée de près de trois quarts de lieue. Dès le XIIIᵉ siècle, le canal et le port s'emplissaient déjà de sables.

gagea à vingt lieues de Damiette, à **la Mansourah,**
sur la rive droite du Nil. La fougue insensée de *Ro-*
bert d'Artois, frère du roi, amena alors de grands
malheurs. L'action dura un jour et une nuit, et les
croisés restèrent maîtres du champ de bataille ; mais
ils avaient perdu beaucoup de monde, et, depuis lors,
ils n'eurent plus que des revers.

**28. Reddition de Damiette. — Captivité de
saint Louis.** — Des nuées de Sarrasins harcelèrent
chaque jour l'armée ; la famine et la contagion s'ajoutèrent à cette lutte inégale. Saint Louis se fit le visi-
teur, l'infirmier, le consolateur de tous. Il fallut revenir vers Damiette, et dès le début, le roi, ses deux
frères *Charles d'Anjou* et *Alphonse de Poitiers,* et toute
l'armée avec eux, tombèrent aux mains des infidèles.
Les Sarrasins, embarrassés de leurs captifs et craignant la contagion de la peste, en tuèrent un grand
nombre ; 10,000 prisonniers survécurent seuls des
60,000 croisés partis d'Aigues-Mortes dix-huit mois
plus tôt.

Des négociations s'ouvrirent après ce massacre ;
le roi convint de la reddition de Damiette pour sa délivrance, et du payement de 500,000 livres (environ
dix millions de francs d'aujourd'hui) pour la rançon
des autres captifs. Cependant les dangers n'étaient
pas finis : une révolution de palais éclata parmi les
Sarrasins, la cavalerie des *mameluks* tua le sultan, et
les prisonniers chrétiens furent à la merci de cette
milice indisciplinée. Les mameluks, frappés de la fermeté calme et indomptable du roi, confirmèrent le
traité. Saint Louis, sa femme, ses frères et ses barons
purent quitter l'Egypte.

29. Retour de saint Louis en France. — Une partie de la flotte prit la route de France ; l'autre, qui portait le roi, se dirigea vers *Saint-Jean-d'A-cre*. Saint Louis ne voulait pas quitter l'Orient avant d'avoir délivré tous les prisonniers d'Egypte. D'ailleurs, il avait fait le vœu de défendre la terre sainte, et il ne croyait pas l'avoir accompli. Il passa quatre ans en Palestine, relevant les remparts des quelques places que les chrétiens conservaient sur la côte, *Saint-Jean-d'Acre, Jaffa, Sidon,* et organisant de son mieux la défense pour l'avenir. La mort de sa mère (novembre 1252) le fit enfin songer à rentrer dans son royaume, et il y revint en septembre 1254.

30. Huitième croisade. — Il y avait quinze ans que saint Louis était rentré en France et qu'il travaillait au bonheur de ses sujets, quand, malade et affaibli, au point de ne pouvoir supporter ni le cheval ni même la voiture, il se sentit un désir extrême d'aller encore combattre sous l'étendard de la croix. En 1267, il fit serment de partir, et, en juillet 1270, il s'embarqua de nouveau à Aigues-Mortes (*huitième croisade*) avec trois de ses fils, son frère Alphonse de Poitiers, Jeanne de Toulouse, femme d'Alphonse, et de nombreux vassaux.

Il fit voile cette fois pour *Tunis*. On ne sait quels motifs poussèrent saint Louis dans cette direction nouvelle. Le roi de Tunis avait, depuis quelque temps, dit-on, parlé du désir de se faire chrétien, et Louis avait accueilli avec transport l'espoir d'être « le parrain d'un si grand filleul ». Son frère Charles d'Anjou, qui, sur l'appel du pape, s'était emparé du royaume de Naples et de la Sicile depuis quatre ans, convoitait cette ancienne côte de Carthage ; peut-être avait-il fait entrevoir à saint Louis, dans cette première conquête, une facilité pour celle de l'Egypte et de la terre sainte.

Mais le soleil d'Afrique, le vent du désert et le manque d'eau amenèrent, dès le débarquement, les maladies et la peste dans le camp des chrétiens ; le saint roi en fut atteint, avec la plus grande partie de l'armée. « Jérusalem ! Jérusalem ! s'écriait de temps en temps le noble malade, nous irons à Jérusalem ! » Ce fut dans la Jérusalem céleste que Dieu l'appela.

31. Résultats des croisades. — Ainsi se terminèrent les croisades. Elles n'atteignirent point le but direct qu'elles se proposaient : l'expulsion des musulmans de la terre sainte ; mais elles en atteignirent un autre, plus grand que le premier, et que le pape Urbain II, au concile de Clermont, n'avait pas laissé dans l'ombre. En occupant les Turcs chez eux, elles protégèrent contre ces nouveaux Barbares la chrétienté tout entière ; elles les détournèrent d'envahir l'Europe, qu'ils semblaient déjà menacer, dans un temps où l'Europe, encore morcelée à l'infini, était peut-être incapable de leur opposer une résistance efficace.

Un autre résultat important fut que ces lointaines expéditions avaient grandi le nom et répandu l'idiome de la France chez les peuples étrangers. C'était en France, par le peuple et sous des chefs français, qu'avaient commencé les croisades ; trois de ses rois y avaient pris part. Les peuples d'Orient furent amenés à ne voir que des *Francs* ou Français dans tous les Occidentaux, et se servirent, depuis lors, de ce terme pour les désigner.

A ces grands résultats sociaux s'ajoutèrent le développement du commerce et les progrès de l'agriculture. Les croisades augmentèrent, par des rapports plus fréquents avec l'Orient, la prospérité des villes maritimes du bassin de la Méditerranée, *Venise, Génes, Pise, Marseille, Barcelone,* etc. Elles introduisirent en Europe de nouvelles cultures, le mûrier, le maïs, la canne à sucre. Enfin elles contribuèrent à l'affaiblissement de la féodalité. Un grand nombre de seigneurs avaient été réduits, pour faire le voyage, à vendre leurs fiefs au roi, ou à concéder aux villes de leurs domaines des chartes et des privilèges.

QUESTIONNAIRE. — 18. Résumez, avec ses causes et ses dates, l'histoire de la deuxième croisade. — 19-20. Racontez la troisième croisade. — 21. Quand et par qui fut prêchée la quatrième croisade ? — De quelle classe sortirent alors les croisés et quels furent leurs principaux chefs ? — Quels alliés et quel chef nouveau trouvèrent-ils ensuite ? — Pour quelle cause, en quel temps et par quelle expédition la croisade fut-elle une première fois détournée de son but ? — 22. Quelle entreprise nouvelle fut résolue à Zara, et comment le pape apprécia-t-il ce projet ? — 23. Quels motifs poussèrent, malgré le pape, les croisés à Constantinople ? — Racontez, avec sa date, cette expédition, et indiquez-en les résultats. — Comment les croisés se partagèrent-ils leur conquête ? — Faites connaître la courte durée de l'empire latin et les causes de sa chute. — 24. Racontez, avec ses dates, la cinquième croisade. — 25. Résumez rapidement la sixième croisade de Frédéric II. — 26. Quand et dans quelles circonstances saint Louis fit-il vœu d'entreprendre une croisade ? — En quel temps, de quel point, par quelle voie et pour quel pays partirent les croisés ? — Racontez, avec ses dates, l'expédition, depuis l'arrivée en Egypte jusqu'à la bataille de la Mansourah. — 27. Enumérez les malheurs des croisés depuis la bataille de la Mansourah jusqu'à la captivité du roi. — 28. A quelles conditions saint Louis conclut-il sa délivrance et celle des autres captifs ? — Quels événements mirent encore saint Louis et son armée en danger après le traité conclu avec le sultan ? — 29. Où se rendirent saint Louis et les croisés en quittant l'Egypte ? — Combien de temps saint Louis passa-t-il encore en Palestine ? — 30. Racontez, avec sa date, la seconde croisade de saint Louis. — 31. Quel grand service les croisades, sans succès durable dans la terre sainte, ont-elles rendu à la chrétienté ? — Indiquez les autres résultats de ces expéditions.

CHAPITRE IV

LES CHRÉTIENS ET LES MUSULMANS D'ESPAGNE DANS LES QUATRE DERNIERS SIÈCLES DU MOYEN AGE.

RÉSUMÉ. — **Les Espagnols commencèrent en 711 contre les musulmans une guerre qui dura huit siècles.**

Au onzième siècle, ils avaient déjà fondé les royaumes chrétiens de Castille, d'Aragon, de Navarre et de Léon.

Un des héros espagnols est devenu populaire dans toute l'Europe sous le nom de « Cid ».

Le royaume de Portugal fut fondé en 1094 par Henri de Bourgogne.

Une seconde invasion musulmane, venue du Maroc, eut lieu en 1195. Les envahisseurs appartenaient à la secte des Almohades ou unitaires.

La victoire de las Navas de Tolosa sauva l'Espagne chrétienne. Le royaume de Valence fut enlevé aux mahométans, à qui il ne resta plus que celui de Grenade.

Une troisième invasion, celle des Mérinides, qui avaient supplanté les Almohades au Maroc, fut repoussée à la bataille de Tarifa.

En Espagne, l'autorité royale fut limitée par les assemblées qui prirent plus tard le nom de cortès et par les chartes ou fueros des villes.

32. Luttes des Espagnols contre les musulmans. — Les Almoravides. — De la prédication de Pierre l'Ermite à la mort de saint Louis (1095-1270), tous les peuples de l'Europe avaient guerroyé en Orient pour délivrer la terre sainte du joug des infidèles. L'Espagne seule était restée en dehors de ce grand mouvement ; mais, sans quitter la péninsule, elle faisait, elle aussi, une terrible guerre à l'islamisme.

Dans la première partie du xie siècle, tandis que le califat de Cordoue se démembrait en une vingtaine de petites principautés sans importance, l'Espagne chrétienne, déjà maîtresse de tout le nord de la péninsule, gagnait chaque jour en force et en étendue. En 1034, les *comtés de Castille* et *d'Aragon* étaient érigés en royaumes pour deux fils de *Sanche le Grand* de Navarre ; l'acquisition du *royaume de Léon* livra bientôt à cette puissante famille quatre des cinq Etats chrétiens.

La prise de *Tolède* (1085) refoula les musulmans au delà du Tage, et ils n'eurent d'autre ressource que d'appeler à leur aide les fanatiques *Almoravides,* qui venaient de fonder de l'autre côté du détroit la ville et l'empire de *Maroc* (1042-1055). Aussi dangereux pour l'Espagne arabe que pour l'Espagne chrétienne, ces farouches nomades de l'Afrique, vainqueurs à *Zélaka* (près de Badajoz sur la Guadiana) (1086), parurent, au premier moment, capables d'asservir la péninsule tout entière.

33. Le Cid. — Les Espagnols surent pourtant se défendre, et un de leurs guerriers, *Rodrigue de Bivar,* connu sous le nom du **Cid**[1], est devenu populaire dans

____

1. Le surnom de Cid vient du mot arabe *seid*, seigneur, que lui donnèrent cinq petits chefs musulmans qu'il avait vaincus.

toute l'Europe, comme le type de la bravoure et de la loyauté. De même que l'islamisme battu en Espagne s'était appuyé sur l'islamisme triomphant en Afrique, les chrétiens invoquèrent le secours de l'Europe et trouvèrent des auxiliaires sur le continent. *Chimène,* la veuve du Cid, ne put cependant conserver, après la mort du héros, le petit Etat de *Valence* qu'il venait d'enlever aux Maures[1] (1094). Les Castillans furent défaits à *Uclès,* près de Tolède (1108), mais deux princes français, *Henri de Bourgogne,* arrière-petit-fils de Robert roi de France, et son fils *Alphonse el Conquistador* fondèrent un nouvel Etat, le royaume de Portugal (1095-1139).

34. Fondation du royaume de Portugal. — Pour prix de ses exploits contre les Maures, Henri de Bourgogne avait obtenu d'*Alphonse VI de Castille,* avec la main de sa fille Thérèse, le comté qui tirait son nom de la ville de *Porto (Portus Calle),* à l'embouchure du Douro. Ce pays, situé entre le Minho et le Tage, était sans cesse attaqué par les musulmans; il fallait le conquérir.

Maître des possessions de son père, *Alphonse el Conquistador* les étendit dans l'*Estramadure* et l'*Alentejo,* et au moment de livrer la bataille d'*Ourique,* où il allait vaincre cinq chefs musulmans (1139), il reçut de son armée le titre de roi, qui lui fut confirmé en 1143 par l'assemblée nationale de *Lamego,* et en 1169 par le pape Alexandre III.

----

1. Le nom de Maures est donné, comme celui de Sarrasins, aux Arabes d'Espagne, et il s'applique particulièrement aux nouveaux envahisseurs de la péninsule, les Almoravides, les Almohades et les Mérinides.

En même temps, un mariage faisait passer le *royaume de Castille et Léon* à une autre branche de la même famille (1126), et le *trône d'Aragon* arrivait à la maison française de *Barcelone* (1137). Quand, un siècle plus tard (1234), les comtes de Champagne furent devenus rois de Navarre, il n'y eut plus dans l'Espagne chrétienne que des dynasties d'origine française, qui continuèrent heureusement l'œuvre de délivrance qu'avaient commencée les dynasties indigènes.

La première invasion musulmane s'était étendue dans le sud de la Gaule ; celle des Almoravides, victorieusement repoussée en Aragon, ne put dépasser Tolède.

35. Les Almohades. — Bataille de las Navas de Tolosa. — Une nouvelle secte, les *Almohades* ou unitaires, les avait renversés et remplacés dans le Maroc ; elle voulut, comme eux, dominer l'Espagne. Elle soumit facilement les provinces musulmanes ; les chrétiens furent de plus redoutables adversaires ; la victoire de *Santarem* sauva le Portugal. Cependant les Maures, vainqueurs à *Alarcos* (1195) (Nouvelle-Castille), poussèrent un instant leurs courses jusque dans les montagnes des Asturies, et il fallut encore une fois réclamer contre eux l'appui de la chrétienté.

Le pape *Innocent III* appela les chrétiens aux armes pour défendre le pays qui depuis tant de siècles arrêtait le flot de l'invasion musulmane. En 1212, soixante mille croisés de France, d'Allemagne et d'Italie passèrent les Pyrénées. Ils se contentèrent, il est vrai, d'enlever aux Sarrasins la ville de *Cala-*

trava, sur la *Guadiana ;* mais leur départ, après ce succès, n'empêcha pas l'Espagne d'écarter, par une victoire à jamais mémorable, le danger qui la menaçait.

Les Sarrasins gardaient tous les défilés de la *Sierra Morena ;* guidée par un berger, l'armée chrétienne parvint sur le plateau et s'élança de là dans la plaine ; trois rois la commandaient : *Sanche VII* de Navarre, *Pierre II* d'Aragon et *Alphonse VII* de Castille. Après une lutte terrible, les Africains furent complètement défaits. Exterminés ou poursuivis sans relâche, ils couvrirent de leur sang un espace de quatre lieues. Cent quatre-vingt-cinq mille des leurs avaient péri, quand les rois chrétiens firent cesser le carnage ; ce fut la grande bataille de *las Navas de Tolosa* (près de Jaen) (1212).

36. **Les royaumes chrétiens d'Espagne.** — Les chrétiens, après cette victoire, s'avancèrent rapidement sur tous les points dans les terres musulmanes. A l'est, *Jayme Ier* le Conquérant, roi d'Aragon, prit aux Maures les *Baléares* et le *royaume de Valence* (1212 à 1235, 1238). Au centre, *Ferdinand III* de Castille, cousin germain de saint Louis, se rendit maître de tout le bassin du *Guadalquivir* (*Cordoue, Murcie, Jaen, Séville*). A l'ouest enfin, *Alphonse III* de Portugal acquit les *Algarves* et donna ainsi à son royaume les limites qu'il n'a jamais dépassées depuis. En 1284, il y avait donc en Espagne quatre royaumes chrétiens *: Portugal, Léon et Castille, Navarre, Aragon* avec le *comté de Barcelone,* et il ne restait plus qu'un royaume maure, celui de *Grenade.*

37. **Les Mérinides.** — A la fin du XIIIe et au

commencement du xiv° siècle, une troisième invasion
africaine, celle des *Mérinides* de Fez, successeurs
des Almohades dans le Maroc, vint encore (1275),
pendant plus de soixante ans, inquiéter l'Espagne.

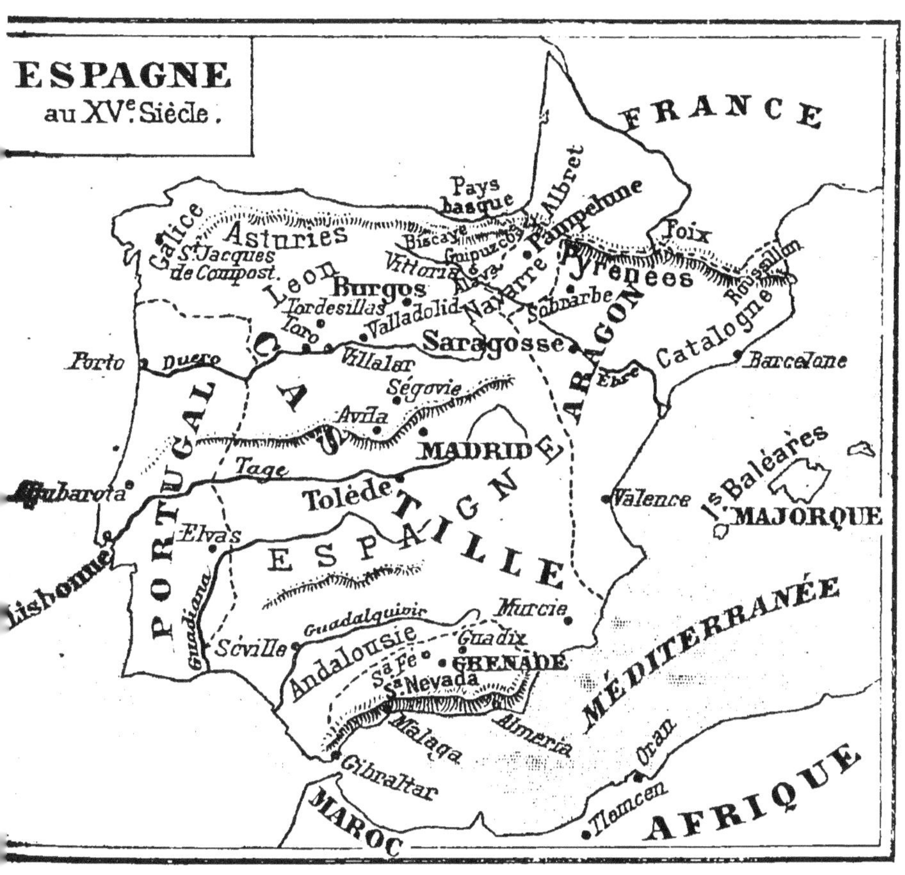

Elle fut repoussée en 1340, à la bataille de *Tarifa*
(Andalousie), sur les bords du *Rio Salado*.

Les Arabes gardèrent encore Grenade un siècle et
demi après la défaite des Mérinides.

38. Institutions de l'Espagne. — En même
temps que l'Espagne chrétienne s'agrandissait de

jour en jour, son gouvernement se constituait. Depuis la conversion du roi Récarède au catholicisme (587), les conciles de Tolède, où, à côté du clergé, siégeaient un petit nombre de seigneurs laïques, avaient remplacé pour les Wisigoths les anciennes réunions d'hommes libres, abandonnées de bonne heure chez eux. Après la conquête arabe, les divers États chrétiens de la péninsule eurent des assemblées mixtes qui conservèrent le nom de conciles. Celui de *cortès* (cours) ne parut, à ce qu'il semble, qu'au xII^e siècle, lorsque les députés des villes figurèrent dans ces réunions, avec les deux ordres privilégiés. Ces assemblées furent longtemps très puissantes, et l'autorité royale était encore restreinte en Espagne par les chartes ou *fueros* des villes, et par l'influence des ordres religieux et militaires d'*Alcantara,* de *Calatrava,* de *Saint-Jacques* et d'*Avis,* fondés au xII^e siècle à l'imitation de ceux d'Orient.

QUESTIONNAIRE. — 32-33. Rappelez à quelle époque avait commencé la lutte des chrétiens d'Espagne contre l'islamisme, et dites en quel temps elle devait se terminer. — Montrez les progrès des chrétiens d'Espagne au xi° siècle. — Quels alliés les musulmans appelèrent-ils à leur aide? — Racontez, avec sa date, l'invasion des Almoravides. — Où les chrétiens trouvèrent-ils un appui contre ces nouveaux ennemis? — Montrez par quelques faits combien cet appui était nécessaire. — 34. Racontez, avec sa date, la fondation du royaume de Portugal. — Comment tous les États chrétiens d'Espagne obéirent-ils vers ce temps à des princes d'origine française? — Quelle circonstance vint en aide aux chrétiens d'Espagne contre les Almoravides? — 35. Jusqu'où s'avancèrent les Almohades? — Par quelle grande victoire furent-ils repoussés, et en quelle année? — 36. Parlez des nouveaux progrès des chrétiens jusqu'à la fin du xiii° siècle. — Esquissez rapidement la situation de l'Espagne à cette époque. — 37. Combien de temps le royaume de Grenade devait-il encore rester aux musulmans ? — 38. Dites un mot du gouvernement dans les divers Etats de la péninsule.

CHAPITRE V

PROGRÈS DE LA ROYAUTÉ ET DES VILLES EN FRANCE.

I. — Louis VI et Philippe-Auguste.

RÉSUMÉ. — Les seigneurs féodaux, sous les premiers Capétiens, ravageaient souvent la France, sans que les rois pussent réprimer leurs brigandages.

Louis VI, le Gros, commença à faire la police du royaume. Sur le conseil de Suger, il se déclara le patron des ligues de la paix, et ces milices lui assurèrent une force capable de faire respecter les droits des faibles.

Le roi sauva la France d'une invasion combinée entre Henri Iᵉʳ, roi d'Angleterre, et l'empereur Henri V.

Sous son règne commença l'affranchissement des communes et leur organisation.

Le divorce de Louis VII et de sa femme, Eléonore de Guyenne, fut un grand malheur pour notre pays. Eléonore, en épousant Henri Plantagenet, qui devint roi d'Angleterre, lui apporta en dot une grande partie du territoire de la France.

Philippe-Auguste, fils de Louis VII, fut un des plus grands rois de la dynastie capétienne. Il accrut le domaine royal et lutta victorieusement contre Jean sans Terre.

A la bataille de Bouvines, en 1214, il repoussa les armées coalisées de l'empereur Othon IV et du comte de Flandre. Philippe-Auguste organisa l'administration royale, divisa la France en prévôtés, et embellit Paris.

39. La France au douzième siècle. — D'abord presque annulée par la féodalité, la royauté française parvint, aux XIIᵉ et XIIIᵉ siècles, à dominer

les seigneurs. Elle trouva dans cette lutte l'appui
des villes qu'elle défendait contre l'oppression, et
qui s'affranchirent alors en grand nombre.

Malgré leur titre, les rois capétiens du xie siècle
n'obtenaient ni l'obéissance des grands vassaux ni
même celle des petits barons du duché de France,
dont la cupidité et les violences rendaient périlleux
et presque impossible le voyage de Paris aux villes
voisines.

40. Louis VI. — Les choses changèrent quand
Louis VI, qui reçut de bonne heure le surnom de
Gros, mais qu'on nommait d'abord *l'Eveillé* et *le Ba-
tailleur,* fut associé, dès 1101, au trône de son père
Philippe Ier, auquel il succéda en 1108. Fort et alerte,
actif et résolu, il se mit, avec cinq cents hommes
d'armes et quelques milices paroissiales, à faire pendant quinze ans la chasse aux pillards et la police
des routes. Toujours à cheval et le casque en tête,
infatigable justicier, sentinelle avancée et vigilante
de l'ordre public, il alla de forteresse en forteresse,
prenant les unes d'assaut, mettant le feu aux autres.
A la fin, les seigneurs domptés se soumirent au régime nouveau que la royauté leur imposait.

De 1115 à la fin de son règne (1137), Louis VI
étendit à tout le royaume la révolution qu'il avait d'a-
bord accomplie dans son domaine propre. Il se fit
« le grand juge de paix de la France ». Il intervenait
dans les querelles des vassaux, les appelait à vider
leurs contestations dans ses cours de justice; il fit
ainsi reconnaître son pouvoir dans les provinces du
Nord et dans celles du Centre. « On sait que les rois
« ont les mains longues, » put dire alors avec satis-

faction l'abbé **Suger**, ami et conseiller dévoué de Louis VI[1].

41. Guerre contre l'Angleterre. — En 1125, une double invasion menaça la France. En lutte avec Louis VI au sujet des limites du duché de Normandie, le roi d'Angleterre *Henri Ier* envahit le *Vexin français* (pays de Pontoise). Son gendre *Henri V*, empereur d'Allemagne, d'accord avec lui, pénétra en *Champagne* et marcha sur *Reims* avec 200,000 Bavarois, Souabes et Saxons. La popularité de Louis VI et l'élan national écartèrent le danger, sans qu'il fût besoin de livrer bataille. Le roi appela à la défense du pays les grands vassaux et les milices; barons et peuples accoururent au nombre de quatre cent mille. Henri V, n'osant affronter cette armée, rentra sans coup férir en Allemagne, tandis que, sur la frontière de l'ouest, d'autres troupes royales repoussaient les *Anglais* dans leur *Normandie*.

42. Les communes. — Pendant que Louis VI triomphait des barons voisins de Paris et posait hardiment la royauté, quoique faible encore, en directrice souveraine, un grand nombre de villes du nord et du centre de la France s'affranchissaient de l'oppression féodale.

A la tyrannie qui pesait sur les serfs des campagnes se joignait en effet, dans la plupart des villes et des bourgs, un régime de vexations et de rapines

---

1. Suger était, suivant les uns, du territoire de Saint-Omer (Pas-de-Calais); suivant les autres, du pays de Chartres (Eure-et-Loir), ou de Saint-Denis même, dont l'abbaye le reçut dès l'âge de dix ans. Tous s'accordent à reconnaître que c'était un enfant du peuple, né dans la pauvreté.

qui ne valait guère mieux. Leurs habitants, emprisonnés sans cause, condamnés sans jugement, dépouillés de leurs épargnes par des impôts sans nombre et sans règle, ne supportaient qu'avec une sourde colère cette administration avide et despotique, où ni leur personne ni leur avoir ne trouvaient de garanties.

A la fin du XIe et au commencement du XIIe siècle, les habitants de chaque ville, de chaque bourg, eurent l'idée de s'associer **en communes** pour réclamer, acheter, ou, s'il le fallait, exiger par force de leurs seigneurs une administration meilleure et plus juste. Ce mouvement gagna même les villages. Certains seigneurs, en partant pour la guerre sainte, accédèrent volontiers à ces demandes pour attirer la bénédiction du Ciel sur leur voyage et sur leurs armes. D'autres se firent largement payer, et trouvèrent dans la vente des **chartes** de commune des ressources pour cette lointaine expédition et cette longue absence [1].

Ailleurs enfin les communes ne s'établirent que par de sanglantes révoltes et des guerres acharnées. On apprenait le refus du seigneur, et aussitôt l'insurrection s'organisait. Dans l'église ou sur la place du marché, les bourgeois prêtaient sur la croix, sur l'Evangile, sur les reliques des saints, le serment de se soutenir les uns les autres et de défendre résolument et fidèlement la cité. Ils s'appelaient, après ce serment commun ou conjuration, *jurés* ou *communiers,* se choisissaient des magistrats, nommés d'ordinaire *maire* et *échevins,* s'organisaient en milice,

---

1. Les chartes prenaient leur nom de la feuille de parchemin (en latin *charta*) sur laquelle elles étaient écrites.

se chargeaient de la garde des murs et des portes de la ville, tendaient des chaînes dans les rues pour en fermer l'entrée à la cavalerie, enfin s'engageaient à se rendre en armes sur la place dès que le signal du *beffroi*[1] les appelle- rait.

De ces insurrections naquirent quantité de petites guerres, qui se terminèrent, la plu- part du temps, par la concession d'une charte. Les chartes va- riaient d'une ville à l'autre; mais en géné- ral elles garantissaient aux habitants, avec la liberté personnelle, celle de se réunir pour la défense de leurs droits, de prendre les armes pour repousser toute attaque contre la cité, de nommer leurs magistrats et leurs juges et de ne payer que les impôts réglés par l'usage et la tradition. Parmi les villes qui durent ainsi leur affranchissement à la ré- volte, il faut surtout citer *le Mans* en 1070, *Cambrai*

La commune jurée.

1. Les beffrois étaient de hautes tours au sommet desquelles veillaient des *guetteurs*, toujours prêts à donner l'alarme par le son de la cloche, en cas d'incendie ou d'attaque imprévue. Le terme de beffroi paraît venir de deux mots de l'ancien alle- mand, signifiant *tour de défense* (*berc*, tour, et *writ*, conserver).

en 1076, *Beauvais* en 1089, *Saint-Quentin, Noyon, Laon, Amiens, Soissons,* dans les seize premières années du XII⁰ siècle. Louis VI confirma du sceau royal les chartes de huit communes insurgées.

43. Divorce de Louis VII. — Après le règne de Louis VI vinrent deux règnes de même durée, mais bien différents l'un de l'autre : ceux de son fils, *Louis VII* dit *le Jeune,* et de son petit-fils *Philippe II,* honoré par ses contemporains du surnom d'*Auguste,* que la postérité lui a laissé. Ils conservèrent la couronne chacun pendant quarante-trois ans (1137-1180 ; 1180-1223).

Du premier de ces règnes, l'histoire ne cite que deux grands faits, qui amenèrent de funestes résultats l'un et l'autre : la *deuxième croisade* et le *divorce de Louis VII.*

Par suite de ce divorce, la France perdit les belles provinces que la reine Eléonore avait apportées en dot, c'est-à-dire le *duché d'Aquitaine* avec tout ce qui s'y rattachait : *Saintonge* et *Poitou, Périgord* et *Limousin, Gascogne* et *pays basque.* C'était tout le sud-ouest du royaume, depuis la basse Loire jusqu'à la frontière d'Espagne.

Au bout de deux mois, la reine Eléonore donnait, avec sa main, ce riche héritage à *Henri Plantagenet*[1], *comte d'Anjou, du Maine* et de *Touraine* du chef de son père, et *duc de Normandie* du chef de sa mère Mathilde, petite-fille de Guillaume le Conquérant. Les

---

1. Le comte Geoffroy, son père, avait reçu le nom de *Plantegenet,* à cause de l'habitude qu'il avait de mettre, en guise de plume, une branche de genêt fleuri à son chaperon. Ce nom de *Plantagenet* est resté à la famille.

Etats de ce puissant vassal se trouvèrent ainsi deux fois plus étendus que ceux du roi Louis VII, son suzerain. Ce ne fut pas tout : en 1154, il hérita du trône d'Angleterre, sous le nom de Henri II ; en 1168, il se fit céder, moitié de bon gré, moitié par force, par le comte Conan la péninsule de *Bretagne,* seule province qui lui manquât pour avoir en main toute la France occidentale de la Somme aux Pyrénées ; enfin, de 1170 à 1172, il ravit à l'île d'*Irlande* son antique indépendance. Il était réservé à **Philippe-Auguste** de porter de grands coups à cette puissance des rois d'Angleterre.

44. Philippe-Auguste. — A part deux années d'expédition en terre sainte, ce prince consacra tout son règne à reconstruire le royaume de France, dont l'Angleterre avait la moitié, et les seigneurs presque tout le reste. Il apporta dans cette œuvre difficile un esprit vigoureux et décidé, mais, en même temps, prudent, patient et persévérant. C'était surtout sur les possessions des Anglais en France qu'il jetait un regard d'envie, et, sous chacun des rois d'Angleterre qui vécurent de son temps, *Henri II, Richard Cœur de lion* et *Jean sans Terre*[1], il détacha de ces provinces quelques notables portions.

45. Guerres de Philippe-Auguste contre l'Angleterre. — Les luttes continuelles de Henri II contre ses fils révoltés rendirent plus faciles les conquêtes de son rival. Philippe profita de ses embarras

---

1. Jean avait été surnommé *sans Terre,* parce que, mineur à la mort de son père Henri II, il n'avait pu, pour le moment, posséder en son nom aucune part de l'héritage, bien qu'il fût souverain désigné d'Irlande.

et de ses chagrins pour lui enlever, en 1189, presque toutes les villes du *Maine* et de la *Touraine,* y compris les deux capitales, *le Mans* et *Tours.*

Sous Richard Cœur de lion, le caractère passionné et irréfléchi du roi anglais, sa dédaigneuse insouciance pour tout ce qui n'était pas coups d'épée, enfin sa longue absence lors de la troisième croisade, donnèrent encore plus beau jeu au roi de France. Philippe-Auguste mit son éloignement à profit pour soutenir *Jean sans Terre,* frère de Richard, qui songeait plus à prendre le trône d'Angleterre pour lui-même qu'à défendre les possessions anglaises du continent. Quand le héros de la croisade reparut, Philippe venait de conquérir et de se faire céder par Jean la *Normandie orientale* jusqu'à la Seine, à l'exception de *Rouen* et de sa banlieue. Les petites guerres de Richard dans les années qui suivirent ne changèrent point la situation.

46. Jean sans Terre. — Après la mort du bouillant Richard, tué dans une expédition contre le *vicomte de Limoges,* un de ses vassaux (1199), le trône d'Angleterre échut à Jean sans Terre, insolent despote et lâche intrigant tout ensemble, débauché sans frein et ambitieux sans conscience, à qui tous les moyens étaient bons pour arriver à ses fins, l'assassinat comme la perfidie. Un crime abominable fournit contre lui à Philippe-Auguste un motif légitime d'accusation et de guerre.

Désigné pour successeur par Richard, et élu par les barons et les évêques d'Angleterre[1], le roi Jean

---

1. D'après les règles de succession suivies de nos jours, le

n'en regardait pas moins comme un rival son neveu *Arthur de Bretagne*. Il s'en débarrassa par un meurtre. Les Bretons demandèrent justice au roi de France, et Philippe-Auguste somma celui qu'accusait la voix publique de se justifier devant le tribunal de ses

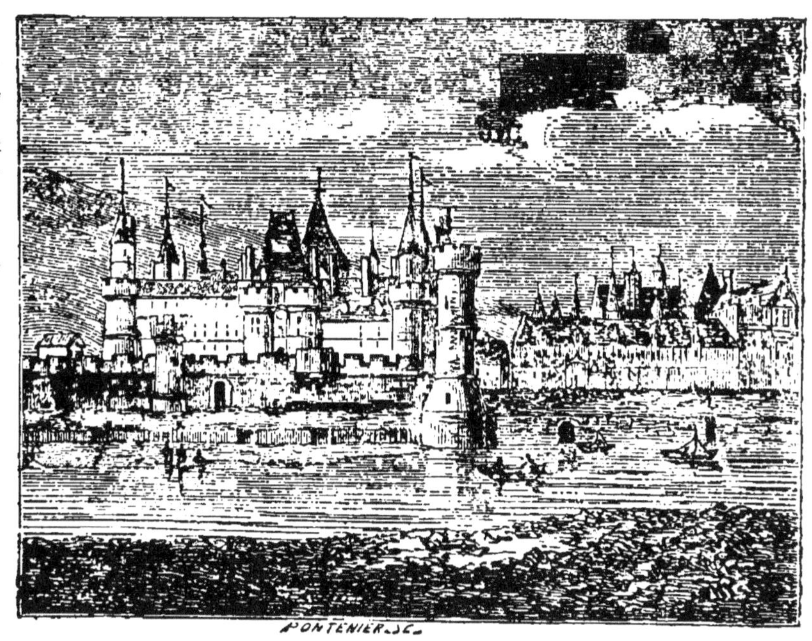
Le Louvre sous Charles V.

pairs. Le jugement de chacun par ses pairs, c'est-à-dire par un certain nombre de ses égaux, réunis sous la présidence du suzerain, était en effet la règle générale de l'époque. Les pairs de Jean, duc de Nor-

fils tient lieu et place du père et représente tous ses droits. Arthur de Bretagne, né d'un frère aîné de Jean, eût donc été l'héritier du trône. Mais, à cette époque, ce droit n'était pas nettement établi comme aujourd'hui, et l'usage de l'Angleterre permettait de choisir, pour la transmission du sceptre, parmi les membres de la famille régnante.

mandie et d'Aquitaine, étaient les grands vassaux relevant directement du roi, c'est-à-dire le *duc de Bourgogne* et les *comtes de Flandre*, de *Champagne* et de *Toulouse*, auxquels on trouve adjoints six pairs ecclésiastiques, à savoir l'*archevêque de Reims* et les *évêques de Laon*, de *Langres*, de *Beauvais*, de *Châlons* et de *Noyon*.

Jean, craignant d'être retenu, n'osa comparaître. Les pairs n'en prononcèrent pas moins contre lui un arrêt de mort et de dégradation pour forfaiture. Philippe se hâta de mettre à profit cette condamnation. De 1203 à 1206, il lui prit, l'une après l'autre, toutes ses possessions continentales, à l'exception de l'*Aquitaine*, qui resta aux Anglais, et de la *Bretagne*, qui passa à la sœur d'Arthur.

47. Invasion anglo-allemande en France. — Outre les provinces confisquées à l'Angleterre, Philippe-Auguste avait acquis l'*Artois* par son mariage avec *Isabelle de Hainaut*, et l'*Amiénois* et le *Vermandois*, qui, faute d'héritiers, firent retour à la couronne. L'accroissement de son domaine et de sa puissance alarma l'aristocratie féodale; Jean sans Terre, qui ne renonçait pas à l'espoir de recouvrer ses provinces perdues, trouva facilement des alliés parmi les seigneurs mécontents.

En 1214, une coalition redoutable mit en péril la royauté capétienne et ses acquisitions nouvelles. Jean était en relation intime avec l'empereur d'Allemagne, *Othon IV*, son neveu. Ils préparèrent de concert une grande attaque contre le roi de France, et attirèrent à leur cause un certain nombre de ses vassaux : *Ferrand, comte de Flandre*, le *comte de Boulogne* et bien d'autres encore. Ils ne se proposaient rien moins que de démembrer la France et de prendre chacun un lambeau de cette belle proie. Les barons du Nord, avec Othon IV, attaquèrent Philippe-Auguste par la *Flandre;* ceux de l'Ouest, et notamment les barons poitevins, commandés par Jean sans Terre, s'avancèrent du côté de la *Loire.* Le prince Louis, fils du roi, repoussa complètement ces derniers; au nord, Philippe-Auguste déjoua d'une terrible façon les espérances et les convoitises des agresseurs par l'éclatante victoire qu'il remporta à **Bouvines,** près de Lille (Nord).

QUESTIONNAIRE. — 39. En quel temps la royauté capétienne commença-t-elle à grandir, et sur qui s'appuya-t-elle pour combattre la féodalité? — 40. Quels surnoms ont été successivement donnés au roi Louis VI, et en quelle année son père l'associa-t-il à la couronne? — Quelle fut sa vie habituelle dans la première partie de son règne? — Comment se montrèrent, dans la seconde, son activité et sa puissance naissante? — Nommez, avec son lieu de naissance et sa condition première, le ministre du roi Louis VI. — 41. Racontez, avec sa date, la double invasion qui menaça la France sous Louis VI. — Comment et pourquoi resta-t-elle sans résultat? — 42. Comment les villes en général étaient-elles administrées par les seigneurs féodaux? — Quand se formèrent, contre l'oppression féodale, les associations d'habitants d'une même ville appelées *communes?* — Comment les demandes des communes furent-elles accueillies par les seigneurs? — Donnez une idée des insurrections communales. — Quelles garanties les bourgeois des villes trouvaient-ils en général dans les chartes des communes? — Indiquez les principales communes insurgées. — Quelle part eut Louis VI dans les chartes des communes? — 43. Nommez, avec la durée et les dates de leurs règnes, les deux successeurs de Louis VI. — Indiquez les principaux faits du règne de Louis VII. — Racontez l'histoire de son divorce et montrez-

en les funestes conséquences. — Que comprirent en France
et hors de France les Etats de Henri II Plantagenet? — D'où
venait le nom de cette famille? — 44. Quels sentiments et
quelles qualités apporta Philippe-Auguste dans le gouvernement, et quel but poursuivit-il? — 45. Que prit-il aux
Anglais, sous Henri II et sous Richard Cœur de lion? — Donnez la date de ces acquisitions, et dites quelles circonstances lui vinrent en aide dans les deux règnes. — 46. Faites
le portrait de Jean sans Terre, et racontez, avec la date, le
crime qui amena sa déchéance comme grand feudataire français. — Quel était le grand principe de législation à cette
époque, et devant quel tribunal Jean sans Terre fut-il cité?
— Comment se composait la cour ou tribunal des pairs de
France? — A quelles peines fut condamné Jean sans Terre,
et dans quelles limites le jugement reçut-il exécution? —
Quelle province conserva-t-il en France? — 47. Quand et
par quel moyen Jean sans Terre essaya-t-il de recouvrer ses
provinces perdues? — Où et quand fut-il défait par Philippe-Auguste?

CHAPITRE VI

PROGRÈS DE LA ROYAUTÉ ET DES VILLES EN FRANCE

II. — Guerre des albigeois. — Saint Louis.

RÉSUMÉ. — La France était divisée en deux parties distinctes par la langue et par le caractère. Au Nord, on
parlait la langue d'oïl ; au Sud, la langue d'oc.
Le Sud était infecté par des doctrines malsaines dont les
sectateurs sont désignés sous le nom d'albigeois.
L'Eglise essaya en vain de combattre l'hérésie albigeoise par ses missionnaires. Le légat Pierre de Castelnau fut assassiné par ordre du comte de Toulouse.
Les seigneurs du Nord s'armèrent alors, sous la conduite de Simon de Montfort, et la répression fut cruelle.
La ville de Béziers fut saccagée, et Raymond VI de Toulouse fut forcé d'abdiquer.
La révolte de Raymond VII amena la destruction du

comté de Toulouse et la réunion du pays au domaine royal.

Pendant la minorité de Louis IX, la France fut gouvernée par sa mère Blanche de Castille. La régente, habile et énergique, défendit avec succès le pouvoir royal contre Henri III d'Angleterre et contre les grands vassaux.

Le roi, dès sa majorité, unit à la sagesse et à la vigueur d'un grand politique les vertus d'un saint. Il repoussa les Anglais à Saintes et à Taillebourg et fit régner la justice la plus parfaite dans son royaume.

Il institua la quarantaine-le-roi et abolit le duel judiciaire.

48. Division de la France en deux langues. — En tout temps la France méridionale a différé de la France du Nord et du Centre par son climat plus doux, son soleil plus brillant, sa population aux allures plus vives. Il y avait encore, au XIIe siècle, d'autres notables différences.

La langue n'était point la même. Depuis le IXe siècle, le latin corrompu et à demi barbare qu'on parlait en France s'était peu à peu partagé en deux idiomes bien distincts, quoique sortis de la même souche : au Sud la *langue d'oc*, avec ses finales sonores (*or, a, o,* etc.) et ses formes harmonieuses; au Nord la *langue d'oïl* (dont nous avons fait *oui*), dans laquelle prédominaient les sons durs, les syllabes sourdes et nasales (*an, in, en,* etc.[1]). Les deux régions avaient donné naissance à des poètes, appelés d'un nom qui désignait leur imagination créatrice et féconde :

---

1. On désignait alors les langues par les mots dont elles se servaient pour énoncer l'affirmation. Au lieu de dire *oïl* (oui), comme faisaient les Français du Nord, on disait, dans le Midi. *oc*. L'italien s'appelait la langue de *si*, l'allemand la langue d'*ia*.

trouvères, c'est-à-dire trouveurs, inventeurs, dans la France septentrionale; *troubadours,* qui avait le même sens, dans la France méridionale.

On donne ordinairement la Loire comme limite de la langue d'oïl et de la langue d'oc; chacune d'ailleurs comprenait un certain nombre de dialectes. Il faudrait, pour être plus exact, placer cette limite un peu plus au sud : elle pourrait être assez bien représentée par une ligne tracée de la Rochelle dans l'Aunis à Grenoble dans le Dauphiné.

49. État religieux du Nord et du Midi. — Au point de vue religieux, la différence n'était pas moins profonde. L'Église de France avait d'abord souffert de l'envahissement des dignités et des domaines ecclésiastiques par les seigneurs; mais, dans les divers pays de la langue d'oïl, elle s'était relevée austère et pure depuis le pontificat de Grégoire VII. Dans le Midi, au contraire, l'hérésie des albigeois attaquait violemment le christianisme et devenait une menace pour l'ordre social.

50. Les albigeois. — Le Languedoc tout entier et d'autres points de la France méridionale étaient infectés des doctrines bizarres et malsaines dont *Albi* et *Toulouse* étaient devenues le centre. Comme le Perse Zoroastre dans l'antiquité, comme l'hérésiarque *Manès* à la fin du IIIe siècle, les albigeois admettaient deux principes éternels, égaux en puissance, *le bon* ou Dieu, créateur des âmes ou du monde invisible, et *le mauvais* ou le démon, auteur des corps ou de l'univers matériel. Les âmes, suivant eux, étaient des anges déchus, appelés à se purifier en habitant successivement divers corps terrestres. A ces erreurs fondamentales du dualisme et de la métempsycose s'ajoutaient l'abandon presque entier des dogmes chrétiens, la négation des sacrements, la haine de l'Eglise, de ses prescriptions et de ses ministres. Les albigeois incendiaient et saccageaient les églises, dépouillaient les prêtres de leurs biens et parfois les égorgeaient.

51. Causes de la croisade contre les albigeois. — Au commencement du XIII° siècle (1203), le pape *Innocent III* chargea des légats du saint-siège de combattre, par leurs prédications, les erreurs de la France méridionale. Après cinq ans d'efforts, l'un d'eux, *Pierre de Castelnau,* fut assassiné par un chevalier du comte de Toulouse, *Raymond VI,* patron déclaré de l'hérésie albigeoise. De plus, les albigeois avaient de longue date, par leurs violences, provoqué la répression et le châtiment, et la société chrétienne se croyait vis-à-vis d'eux en droit de légitime défense.

52. Simon de Montfort. — Innocent III appela le nord de la France à une croisade contre le comte de Toulouse et contre les hérétiques du Midi, « plus dangereux, disait le pape, que les Sarrasins eux-mêmes ». L'armée des croisés compta bientôt cinquante mille hommes ; d'autres vinrent les rejoindre pendant le cours de l'expédition. Elle fut placée sous la direction d'*Arnaud,* abbé de Cîteaux, dont l'âme avait malheureusement moins de miséricorde et de charité que de foi et d'énergie. Entre les barons, le plus illustre était un seigneur des environs de Paris, **Simon de Montfort,** pieux et vaillant chevalier, mais d'une dureté implacable et d'une ambition sans mesure.

Innocent III n'avait assigné d'autre but à la croisade que le triomphe de la foi chrétienne, et il eût voulu y arriver sans y mêler aucune injustice ou dureté. Malheureusement, les cruautés de l'armée catholique et les convoitises de son principal chef donnèrent à la lutte un tout autre caractère.

53. Sac de Béziers. — Bataille de Muret. — Le neveu du comte de Toulouse, *Raymond-Roger,* vicomte de *Béziers* et de *Carcassonne,* fut le premier attaqué. A la prise de *Béziers,* vingt mille victimes, hommes, femmes, vieillards, enfants, furent massacrées sans pitié; la ville fut pillée et incendiée, et la vicomté tout entière passa à Simon de Montfort (1209).

Quelques années après, Raymond VI fut dépouillé à son tour. En vain le *roi d'Aragon, Pierre II,* son beau-frère, vint-il le secourir avec une nombreuse infanterie et quelques corps de cavalerie légère. Quand les deux armées se trouvèrent en présence, à *Muret* près de Toulouse, Montfort tomba tout à coup sur l'ennemi de tout le poids de ses escadrons; il lui tua, dit-on, plus de quinze mille hommes, parmi lesquels le roi espagnol. Cette victoire lui livra tout le Midi et le fit *comte de Toulouse* et *duc de Narbonne* (1213).

54. Révolte de Raymond VII, comte de Toulouse. — Les haines étaient trop vives entre les spoliés et les spoliateurs, entre les hommes du Midi et ceux du Nord, pour que cette puissance de Montfort pût se maintenir. Dès 1216, *Raymond VII,* fils du comte dépossédé, reparut dans le Languedoc, vit tout le pays se ranger sous sa bannière, et rentra bientôt après dans Toulouse. Montfort, faute de troupes suffisantes pour l'assaut, cernait la ville, lorsque, le huitième mois du blocus, une pierre, lancée du haut des murailles, le frappa d'un coup mortel (1218). Cette mort fut pour les Français du Nord le signal d'une déroute générale ; *Amaury de Montfort*, fils de Simon, ne conserva que deux villes, *Narbonne* et *Agde*. En 1223, lassé d'une lutte inutile, il les céda, avec tous ses droits, au prix du titre de connétable [1], au roi *Louis VIII,* qui venait de succéder à son père Philippe-Auguste.

55. Louis VIII. — Malgré sa faible constitution et sa petite taille, *Louis VIII* était ardent et belliqueux. Dans un règne bien court, qu'une fièvre termina au bout de trois ans, il fit deux conquêtes importantes : 1º celle du nord de l'*Aquitaine,* entre la Sèvre Niortaise et la Gironde, et notamment de *la Rochelle,* la grande place d'armes des Anglais sur le continent ; 2º celle du *Languedoc,* qu'il prit tout entier à Raymond VII, à l'exception de *Toulouse.* La saison avancée le força de remettre à l'année suivante le siège de cette capitale, et une mort imprévue vint alors le frapper (1226).

56. Fin de la guerre des albigeois. — Le sort du Midi ne tarda point à être réglé. En vain Raymond VII essaya-t-il de profiter de la minorité du nouveau roi *Louis IX* et de la régence de sa mère Blanche de Castille. Après d'héroïques efforts, il renonça à lutter davantage, et le *traité de Meaux* termina, en 1229, cette guerre de vingt ans. Le marqui-

1. Le connétable était le premier officier de la couronne, chef suprême des armées en l'absence du roi.

sat de Provence ou *comtat Venaissin* fut abandonné au saint-siège[1]. Le *Languedoc oriental,* du Rhône à Narbonne, fut immédiatement réuni à la couronne de France, qui en fit les deux sénéchaussées de *Beaucaire* et de *Carcassonne.* Le Languedoc occidental, avec sa capitale *Toulouse,* resta à Raymond VII, à titre viager, et il fut convenu qu'après sa mort le comté deviendrait la dot de sa fille Jeanne, déjà fiancée, bien qu'elle n'eût que neuf ans, au prince Alphonse, frère du roi.

57. Saint Louis. — Régence de Blanche de Castille. — *Louis IX* n'avait que onze ans quand il arriva au trône, et, comme aucune loi ne réglait encore l'époque de la majorité royale, il resta mineur jusqu'à l'âge de vingt et un ans, en 1236. Sans prendre le titre de régente, et seulement comme tutrice du jeune Louis, sa mère, *Blanche de Castille,* gouverna la France pendant ces dix années, avec habileté et énergie.

Les seigneurs féodaux crurent qu'ils pourraient, pendant ce gouvernement d'un roi mineur et d'une femme étrangère, relever leur puissance. Tantôt réunis, tantôt séparés, soutenus parfois par Henri III, roi d'Angleterre, ils suscitèrent à la régente embarras sur embarras. Par l'adresse de ses négociations, la vigueur de ses attaques et l'appui des communes, *Blanche* déjoua toutes leurs tentatives. Après que le roi, déclaré majeur, eut pris le gouvernement en main, les insurrections féodales continuèrent encore

---

1. C'était à peu près le pays qu'on appelait, avant la Révolution française, comtat Venaissin.

pendant six années. Louis, à son tour, lutta avec vigueur contre la turbulence de ses vassaux.

58. Guerre de saint Louis contre les Anglais. — Avec 20,000 hommes de pied et 4,000 chevaux, il leur livra deux batailles en deux jours sur les bords de la Charente : l'une près du pont de *Taille-*

Saint Louis sur le champ de bataille.

bourg, l'autre au milieu des vignes qui entouraient *Saintes* (21 et 22 juillet 1242).

Les guerres féodales furent ainsi terminées pour toute la durée du règne.

59. Vertus de saint Louis. — En combattant les Anglais et l'aristocratie féodale, Louis IX et Blanche de Castille avaient poursuivi le même but que Louis le Gros et Philippe-Auguste. Ce qui, dès l'époque de Taillebourg, donna au règne nouveau une physionomie toute particulière, ce furent les vertus du roi que l'Eglise a appelé *saint Louis*. Les leçons d'une mère vigilante et sa droiture naturelle lui avaient de bonne heure inspiré la piété et l'horreur du mal.

L'âge avait encore fortifié les heureuses dispositions de l'enfant; le cœur de saint Louis se partageait entre sa famille et le peuple que Dieu lui avait confié en le faisant roi. Comme Charlemagne, et plus encore, il aimait ses sujets et se préoccupait de leur bonheur.

Ce caractère noble et élevé lui donnait un ascendant irrésistible. Tous, grands et petits, rois et sujets, en France et hors de France, accueillaient sa parole avec respect et vénération. La septième croisade retint sept ans saint Louis hors de son royaume (1248-1254), mais à son retour il ne s'occupa plus qu'à garantir le bonheur de ses peuples, en leur assurant paix et bonne justice.

60. Gouvernement de saint Louis. — Il voulut tout ensemble écarter le danger des guerres anglaises et empêcher à l'avenir les luttes, jusque-là si fréquentes, des seigneurs entre eux. En rendant au roi d'Angleterre, par le *traité d'Abbeville* (1259), les conquêtes de Louis VIII, il le décida à renoncer formellement à tout droit sur celles de Philippe-Auguste, c'est-à-dire sur la *Normandie,* le *Maine,* l'*Anjou,* la *Touraine* et le *Poitou,* et il espéra par là maintenir une paix durable et solide.

61. La quarantaine-le-roi. — Pour abolir le droit féodal des guerres privées, il exigea, par la *quarantaine-le-roi*[1], que les seigneurs qui auraient

---

1. Certains témoignages attribuent à Philippe-Auguste la première publication de cette ordonnance, que saint Louis n'aurait fait que renouveler.

des contestations entraînant des hostilités armées de-
meurassent quarante jours sans les commencer. Tout
fait de guerre pendant ce laps de temps devait être
considéré comme une trahison et puni de mort. Le
plus faible pouvait, pendant ces quarante jours, prendre un *assurement* devant la justice royale, c'est-à-dire
réclamer son intervention et lui remettre la décision
de la querelle. La guerre se changeait ainsi en procès.

62. **Réformes judiciaires.** — Depuis l'invasion
des Barbares, le *duel judiciaire* était le grand moyen
de décider de la culpabilité ou de l'innocence des accusés. Saint Louis repoussa des tribunaux royaux
cette procédure sauvage, où la force tenait la place
du droit; sa réforme fut adoptée plus tard par les
tribunaux des barons. A cet usage barbare il substi-
tua, en 1260, la *recherche des faits* et le *rapproche-
ment des témoignages,* c'est-à-dire la justice raison-
nable dont il trouvait les règles et les modèles dans
les grands monuments du droit romain.

A côté des prélats et des grands vassaux du duché
de France, qui, jusqu'alors, avaient à eux seuls composé la *cour de justice* ou le parlement du souverain,
siégèrent, depuis ce moment, des *légistes* gradés dans
les universités, des *docteurs* ou *maîtres en droit,* seuls
capables de diriger les interrogatoires et les confron-
tations de témoins de la nouvelle procédure. Saint
Louis permit, en cas de *mal-jugé,* d'en appeler des
tribunaux des seigneurs, soit à cette cour suprême,
soit aux autres *cours royales* instituées sur divers
points pour recevoir les *appels.*

Cette paix maintenue, cette justice bien rendue,
eurent pour effet de donner à la France une prospé-

rité sans exemple. « Le royaume se multiplia telle-
ment, dit l'historien Joinville, par la bonne droiture
qu'on y voyait régner, que le domaine, rente et revenu du roi, croissait de moitié chaque année. »

QUESTIONNAIRE. — 48. Comment, au XIII° siècle, la France du
Nord et la France du Midi différaient-elles par les mœurs
et par la langue aussi bien que par le climat? — Comment
se désignait la langue, quel nom portaient les poètes, dans
chacune des deux régions? — Donnez la limite approxima-
tive des pays de langue *d'oïl* et de ceux de langue *d'oc*. —
49-50. Quelles erreurs s'étaient, au XII° siècle, répandues
dans le midi de la France? — Donnez une idée de l'hérésie
des albigeois, et indiquez dans quels pays elle s'était surtout propagée. — De quelles violences se rendaient coupa-
bles ces sectaires? — 51. Quels motifs poussèrent le pape
Innocent III à provoquer une croisade contre les albigeois,
et en quelle année le fit-il? — 52. Indiquez le nombre des
croisés et faites connaître leurs principaux chefs. — 53.
Racontez, avec la date, la guerre faite au vicomte de Béziers
et de Carcassonne. — Que devinrent ses Etats? — Racontez, avec ses dates et ses résultats, la guerre faite par les
croisés à Raymond VI. — 54. Quand le fils de ce prince
revint-il dans le comté de Toulouse, et qu'advint-il de Simon
de Montfort et de son fils? — 55. Racontez, avec les dates :
1° la guerre de Louis VIII contre les Anglais; 2° son expédition dans les provinces du Midi. — 56. Quand et comment
se termina la guerre contre Raymond VII? — Combien de
temps avait duré en tout la croisade des albigeois? — 57.
En quelle année et à quel âge saint Louis devint-il roi? —
Quand se termina sa minorité? — Qui gouverna la France
pendant ces dix années? — De quelles difficultés eut à triompher Blanche de Castille? — Quel appui trouva-t-elle contre
les seigneurs? — 58. Les révoltes féodales cessèrent-elles
avec la minorité du roi? — Indiquez, avec leurs dates et
leurs résultats, les victoires de saint Louis sur les seigneurs
et sur leur allié le roi d'Angleterre. — 59. Faites le portrait
de saint Louis. — Que savez-vous de son éducation chrétienne? — Parlez de son amour pour son peuple, de l'as-

cendant que ses vertus lui donnaient. — Qu'était et à quel
pays appartenait le sire de Joinville? — Quel événement
retint sept ans saint Louis hors de son royaume? — 60. En
quel temps, par quel traité et dans quel but saint Louis
rendit-il à l'Angleterre les conquêtes de Louis VIII? —
Comment mit-il fin aux guerres privées des seigneurs? —
61. Comment, avant saint Louis, les tribunaux décidaient-
ils de la culpabilité ou de l'innocence des accusés? — 62.
Par quel mode de procédure remplaça-t-il le duel judiciaire?
— Quel changement l'abolition du duel judiciaire amena-t-il
dans le parlement ou cour de justice du roi? — A quel con-
trôle les justices seigneuriales furent-elles soumises depuis
saint Louis? — Que dit Joinville des résultats de son administration?

CHAPITRE VII

LES RÉPUBLIQUES ITALIENNES ET LEUR LUTTE CONTRE LA MAISON DE SOUABE. — AFFERMISSEMENT DE LA FÉODALITÉ EN ALLEMAGNE (XII° ET XIII° SIÈCLES).

RÉSUMÉ. — Pendant les douzième et tr izième siècles,
  les républiques italiennes, unies au pape, défendirent
  leur indépendance contre les empereurs d'Allemagne.
Les partisans de l'empire formaient le parti des gibelins;
  les défenseurs de l'indépendance italienne étaient les
  guelfes.
Arnaud de Brescia établit un moment la république à
  Rome.
L'expédition de Frédéric Barberousse en Italie fut repoussée par la première ligue lombarde, à la tête de
  laquelle se mit le pape Alexandre III.
Othon IV et Frédéric II entreprirent à leur tour de soumettre les Italiens. Une seconde ligue lombarde se
  forma contre eux. Le pape Innocent IV sauva de nouveau l'Italie.

63. **Les républiques italiennes.** — La féodalité avait trouvé en France deux ennemis, la royauté

et les villes, qui avaient fait cause commune contre
elle et l'avaient écrasée à deux reprises, sous Philippe-Auguste et sous saint Louis. La royauté française, soutenue par les milices communales, était
devenue un pouvoir fort, redresseur résolu des torts
et protecteur respecté de l'ordre.

Dans l'Italie, où le nom de roi n'était qu'un vain
titre, les villes furent seules à lutter contre la tyrannie
des seigneurs. Elles le firent avec énergie et succès,
se constituèrent de toute part en républiques et se rendirent maîtresses et souveraines de tout le pays. D'accord avec la papauté, elles eurent deux fois la gloire,
au XIIe et au XIIIe siècle, de sauver la péninsule de la
domination allemande. Cette lutte héroïque s'appelle
dans l'histoire la guerre des *guelfes* et des *gibelins*.

64. Les guelfes et les gibelins. — La que-
relle des **guelfes** et des **gibelins** avait été à l'origine
purement allemande ; elle était née de la rivalité de
deux puissantes familles. Celle des *Hohenstaufen*,
maîtresse de la Souabe et de la Franconie et ennemie de l'empereur *Lothaire II* de Saxe (1125-1137),
avait été investie de la couronne après Lothaire, avec
Conrad III (1137-1152). Celle de *Bavière*, représentée par les Welf, *Henri le Superbe* et *Henri le Lion,* son
fils, soutenait le pouvoir de Lothaire II, et avait reçu
de ce prince, avec le duché allemand de *Saxe,* le pays
italien de *Toscane,* héritage jusque-là disputé de la
grande comtesse Mathilde. Le cri de guerre des deux
maisons, *Welf, Wiblingen*[1], désignait les deux partis.

65. Frédéric Barberousse. — La lutte devint

___

1. Wiblingen en Souabe, chef-lieu des domaines patrimoniaux des Hohenstaufen.

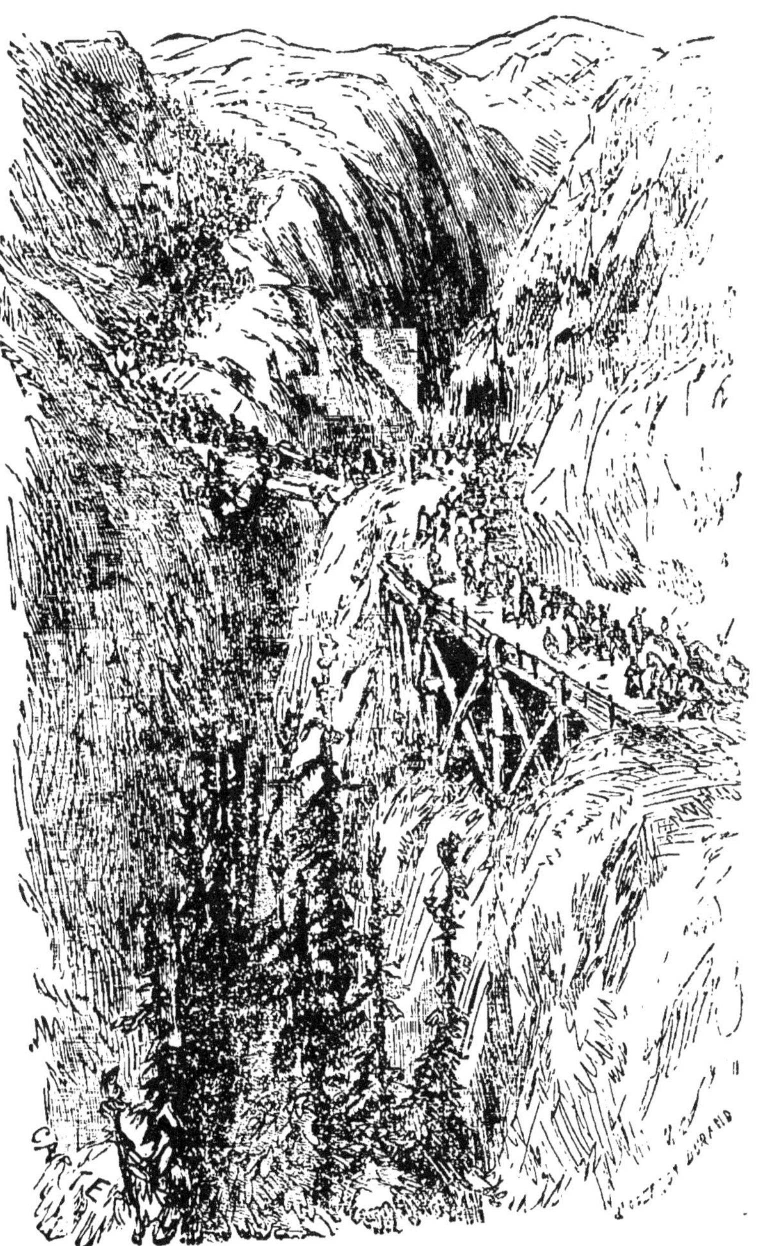

Passage des Alpes.

italienne lorsque *Frédéric Barberousse*, fils et successeur de Conrad III (1152-1190), voulut faire valoir dans la péninsule les prétentions que lui donnait son titre d'empereur. Depuis la décadence des Carlovingiens, les villes du nord de l'Italie et une partie de celles du centre s'étaient rendues indépendantes et avaient formé autant de petites républiques.

66. Arnaud de Brescia. — En même temps que ces villes s'affranchissaient, elles se donnaient une constitution toute démocratique. Ce mouvement républicain s'était même étendu jusqu'à *Rome,* où *Arnaud de Brescia,* renversant le pouvoir temporel du saint-siège, rétablit pour un moment la république et le sénat (1144).

Parmi les villes lombardes, les unes, Pavie à leur tête, se montraient disposées à accepter la domination impériale; les autres voulaient l'indépendance de l'Italie : la principale était *Milan.* De là un nouveau sens des mots *guelfe* et *gibelin :* les Italiens qui soutenaient l'autorité impériale des Hohenstaufen s'appelèrent, comme en Allemagne, les *gibelins;* les ennemis de cette autorité s'appelèrent les *guelfes.*

67. Expéditions de Frédéric Barberousse en Italie. — Frédéric réussit d'abord dans ses expéditions en Italie. Dans la première (1154-1155), les environs de Milan furent dévastés; dans la seconde, l'empereur s'empara de *Brescia,* de *Milan* même après un long siège, et fit passer sous le joug les habitants de cette dernière ville (1158); dans la troisième, après la prise et la ruine de *Créme,* toutes les villes guelfes furent soumises.

68. La ligue lombarde. — Là s'arrêtèrent les

succès de l'Allemagne. Le patriotisme des Italiens rendit bientôt à la péninsule l'indépendance qu'elle venait de perdre. Les Milanais, dispersés dans toutes les villes, les excitaient à la vengeance, et, après le départ de l'empereur, toutes les républiques, dont la division avait fait la faiblesse, s'unirent pour la défense de leurs droits et de leurs libertés. Elles formèrent la **ligue lombarde**, sous l'impulsion et le patronage du pape *Alexandre III* (1167). Barberousse avait opposé au pape légitime un antipape, Octavien, auquel deux autres allaient succéder; Alexandre était donc l'allié naturel des villes lombardes, le *propugnateur de la liberté italienne,* comme il se proclamait lui-même hautement.

Plus d'une fois forcé de quitter Rome, il vit pourtant à la fin triompher partout la cause des guelfes. La ligue, s'étendant chaque jour, ne laissa bientôt plus à l'empereur dans le nord de l'Italie que deux alliés, *Pavie* et le marquis de *Montferrat.* Pour couper les communications entre leurs territoires, les Lombards bâtirent en l'honneur du pape la ville d'*Alexandrie,* ironiquement appelée par les Allemands Alexandrie-la-Paille. Ces remparts élevés à la hâte furent pourtant assez forts pour braver les attaques de l'armée impériale. Frédéric, forcé de lever le siège de la ville en 1175, fut, l'année suivante, honteusement battu à *Lignano,* près de Milan (1176).

L'Italie resta maîtresse d'elle-même : la trêve de Venise et la *paix de Constance* (1177-1183), tout en laissant quelques privilèges et la haute suzeraineté à l'empereur, reconnurent l'indépendance des villes lombardes.

69. Henri VI. — La lutte n'était que suspendue. Sous le règne de *Henri VI,* fils et successeur de Barberousse (1190-1197), les agrandissements de la maison de Hohenstaufen mirent de nouveau les partis en présence. Ce prince s'empara du royaume des *Deux-Siciles,* au nom de sa femme *Constance;* il donna à son frère, *Philippe de Souabe,* la *Toscane*, récemment enlevée à Henri le Lion, et domina ainsi le sud de l'Italie et une partie de l'Italie du Nord.

70. Othon IV. — A sa mort, tandis que les gibelins, écartant son fils *Frédéric II* encore enfant, reconnaissaient Philippe de Souabe, les guelfes, inquiets de la puissance croissante et de l'ambition des Hohenstaufen, élevaient au trône le fils de Henri le Lion, sous le nom d'*Othon IV*. Ce dernier fut soutenu par un grand nombre de seigneurs et par le pape Innocent III.

Une fois couronné, le nouvel empereur devint l'ennemi le plus acharné du saint-siège, qui lui opposa *Frédéric II;* le courage de ce jeune prince et la défaite d'Othon IV à *Bouvines* (1214) livrèrent l'empire au protégé d'*Innocent III*. Mais ce bel esprit sanguinaire, chrétien seulement de nom, oublia bientôt à son tour la promesse qu'il avait faite de respecter l'indépendance de l'Italie (*constitution d'Œgra,* en Bohême, 1213). Il prétendit comme son aïeul à la domination de la péninsule, et, pour l'exécution de ses projets, il alla jusqu'à prendre à sa solde vingt mille Sarrasins.

71. Frédéric II et Grégoire IX. — Lorsque, en 1226, les Italiens le virent amener contre eux une armée sous prétexte de leur imposer sa médiation, une *ligue lombarde* se reforma aussitôt entre les villes du nord de la péninsule. Malgré ses quatre-vingt-cinq ans, le pape *Grégoire IX* se mit à leur tête (1227), et il retrouva, pour repousser les prétentions renaissantes de la maison de Souabe, une vigueur toute juvénile et une indomptable énergie. A part quelques villes gibelines (*Parme, Modène, Pise,* etc.), Frédéric ne trouva devant lui que des ennemis résolus; il lui fallut, pour cette fois du moins, renoncer à ses espérances. Ses troupes retournèrent avec lui dans la Pouille sans même avoir combattu. Au bout de neuf ans, Frédéric II reparut en Lombardie. Il sembla, cette fois, assuré du triomphe. Il battit les Milanais à *Corte-Nuova,* près de Brescia (1237), et la confédération, dissoute par la peur, fut bientôt réduite à quatre villes.

L'ardeur de Grégoire IX, alors presque centenaire, ranima le parti guelfe, qui triompha à son tour à *Trévise* et à *Ravenne. Après lui, *Innocent IV* (1243-1254) marcha d'un pas résolu dans la voie que ses prédécesseurs lui avaient tracée. Il retrouva le bonheur d'Alexandre III contre la maison de Souabe : Frédéric, vaincu à *Parme* par les guelfes (1248), tandis que son fils Conrad l'était en Allemagne, n'eut bientôt plus en Italie que les Deux-Siciles. Il se retira découragé dans le pays de Naples, où il mourut en 1250. Sa mort amena la ruine de son parti et la chute de sa dynastie.

72. **Le grand interrègne.** — Après Frédéric II commence en Allemagne la période du *grand interrègne,* ainsi nommée à cause de l'extrême faiblesse du pouvoir impérial à cette époque. Pendant ces

vingt-trois années (1250-1273), les empereurs furent des étrangers, qui se disputèrent un vain titre. Le triomphe n'avait été ni pour la maison de Welf ni pour celle de Hohenstaufen, mais pour l'aristocratie féodale, devenue maîtresse souveraine de l'Allemagne, partagée entre trois à quatre cents États.

QUESTIONNAIRE. — 63. Quels ennemis la féodalité avait-elle trouvés en France? — Par qui fut-elle combattue en Italie? — Indiquez en quelques mots le rôle des villes italiennes aux XII° et XIII° siècles. — Quel nom a-t-on donné à la lutte des villes italiennes contre l'ambition allemande? — 64. Quels avaient été le théâtre et le caractère originel de la querelle des guelfes et des gibelins? — A quelle époque la lutte devint-elle italienne? — Décrivez brièvement la situation des villes italiennes du nord et du centre depuis la décadence carlovingienne. — 65-66. Quel fut, aux XII° et XIII° siècles, le nouveau sens des mots *guelfe* et *gibelin?* — 67. Indiquez, avec leurs dates et leurs résultats, les trois expéditions de Frédéric Barberousse en Italie. — 68. Comment la résistance italienne acquit-elle une nouvelle force? — Sous quelle impulsion la ligue lombarde fut-elle formée? — Pourquoi le pape Alexandre III était-il l'allié naturel des villes lombardes? — Parlez des premiers succès de la ligue. — Par quelle bataille et en quel temps triompha-t-elle de l'armée impériale? — Conséquences de cette victoire pour l'Allemagne et pour l'Italie. — 69. Qui succéda sur le trône d'Allemagne à Frédéric Barberousse? — Donnez les dates du règne de Henri VI. — Comment, sous ce règne, la puissance des Hohenstaufen grandit-elle encore? — 70. Quel prince les guelfes opposèrent-ils à Frédéric II, fils de Henri VI? — Par qui Othon IV était-il soutenu? — Lequel des deux rivaux l'emporta? — L'empereur Frédéric II tint-il les promesses qu'il avait faites au saint-siège? — 71. Cause, date et résultat de la seconde ligue lombarde. — Quand Frédéric reparut-il en Lombardie? — Où et quand défit-il les Milanais? — Quelles furent les conséquences de sa victoire? — Sous quelle influence le parti guelfe se releva-t-il par de nouveaux succès? — Quelles défaites réduisirent Frédéric II à abandonner ses projets sur l'Italie? — Où se retira-t-il et quand mourut-il? — 72. Que devint l'Allemagne après Frédéric II? — Qu'est-ce que le *grand interrègne?* — A qui avait profité en Allemagne la lutte des guelfes et des gibelins ?

CHAPITRE VIII

L'ANGLETERRE DE 1087 A 1272. — ÉTABLISSE-MENT DU GOUVERNEMENT PARLEMENTAIRE

RÉSUMÉ. — Du onzième au treizième siècle s'organisa en Angleterre le gouvernement parlementaire.
Henri II essaya de soumettre l'Eglise à la domination royale. Il échoua devant la résistance de saint Thomas Becket, qui mourut martyr de son dévouement à la liberté de l'Eglise.
En 1215, les prélats et les barons obligèrent Jean sans Terre à signer la grande charte, base des libertés anglaises.
En 1258, Henri III confirma la grande charte par les statuts d'Oxford.

73. **La constitution anglaise.** — Pendant que la royauté grandissait en France avec l'appui des villes, que l'Allemagne restait purement féodale, et qu'une organisation municipale s'affermissait en Italie, un gouvernement mixte, une constitution où le roi, l'aristocratie et les villes avaient une part, s'établissait en Angleterre dès le XIIIe siècle : c'est le gouvernement parlementaire.

74. **Henri II.** — A la mort de Henri Ier, second successeur de Guillaume le Conquérant, l'héritage de la monarchie anglo-normande donna lieu à de vives contestations entre sa fille *Mathilde,* femme de

Geoffroy Plantagenet, comte d'Anjou, du Maine et de
Touraine, et son neveu *Etienne de Blois,* petit-fils du
Conquérant par sa mère. Quand il eut perdu son fils,
Etienne se décida à traiter : il fut convenu qu'il con-
serverait la couronne jusqu'à sa mort, et qu'il aurait
pour successeur le fils de Mathilde, qui *monta en*
effet sur le trône sous le nom de *Henri II,* en 1154.
Du chef de sa mère, il réunissait à l'héritage des
Plantagenets le duché de Normandie. Enfin, par mariage ou par conquête, nous l'avons vu, il ajouta
encore à ces possessions l'*Aquitaine* avec toutes ses
dépendances, la *Bretagne* et l'*Irlande.*

Pour avoir une armée en proportion avec ses vastes Etats, il avait pris à sa solde des mercenaires
brabançons, et il les payait avec les revenus des
églises, qu'il laissait longtemps sans pasteurs chaque fois qu'une charge ecclésiastique devenait va-
cante. Il voulut de plus enlever au clergé d'Angleterre l'antique immunité qui réservait à des tribunaux
ecclésiastiques le jugement des clercs. Il était urgent
que le prince, avec de pareils desseins, eût pour lui
le primat d'Angleterre, l'archevêque de Cantorbéry.
Henri II crut écarter toute idée de résistance en donnant la mitre à son chancelier *Thomas Becket* (1162).

75. Saint Thomas Becket. — Thomas était le
fils d'un bourgeois de Londres, Saxon d'origine. Sa
jeunesse s'était passée dans de longues et fortes études aux universités d'Oxford, de Paris et de Bologne. L'archevêque de Cantorbéry l'avait nommé son
archidiacre, lui avait confié d'importantes missions,
avait souvent reçu de lui d'utiles conseils, et, à la
recommandation de ce prélat, la faveur royale avait

élevé Thomas Becket à la dignité de *chancelier d'An-gleterre*. Henri II espérait faire de son protégé l'instrument docile de ses projets; mais le nouvel archevêque, rejetant le fastueux appareil dont il s'était entouré jusqu'alors, et quittant les palais pour se livrer, dans la cellule d'un monastère, à l'étude et à la méditation des livres saints, ne songea plus qu'à défendre les libertés de l'Eglise.

76. Les statuts de Clarendon. — La lutte éclata en 1164. Henri II, après avoir obtenu, par surprise, des prélats anglais la promesse d'obéir aux coutumes royales, leur présenta le lendemain, comme coutumes royales, les **statuts de Clarendon**[1], qui enlevaient au clergé la liberté de ses élections et qui supprimaient à peu près de fait la juridiction ecclésiastique. Non seulement l'archevêque refusa de signer la charte royale, mais il se conduisit en tout, dans son diocèse, comme si ces règlements qu'on voulait imposer à l'Eglise n'eussent point existé.

Persécuté par Henri II, qui s'irritait de voir l'audacieuse désobéissance du prélat le rendre plus populaire encore, accablé de vexations de toute nature et sentant sa vie même en danger, Thomas partit en secret pendant la nuit et erra plusieurs jours à travers l'Angleterre, exténué de fatigue et manquant de tout. Une barque de pêcheur le conduisit en France. De l'aveu du pape Alexandre III, il lança aussitôt l'anathème contre les prétendues coutumes royales qui ravissaient à l'Eglise d'Angleterre ses antiques

---

1. Château royal, voisin de Salisbury, à 38 lieues au sud-ouest de Londres.

franchises, et contre ceux qui les soutenaient ou les acceptaient. En apprenant cette fuite inattendue, Henri II, plus acharné que jamais, confisqua les biens du primat, puis dépouilla et chassa d'Angleterre ses parents et amis, au nombre de plus de quatre cents.

77. Assassinat de saint Thomas Becket. — Louis VII accueillit l'archevêque avec honneur et ne négligea rien pour mettre un terme à ces tristes dissentiments; il ne parvint, au bout de sept ans, qu'à amener entre le roi et Thomas Becket une réconciliation apparente (1170). Bien qu'assailli de sinistres avis et de sombres prévisions, le primat crut de son devoir de repartir aussitôt pour l'Angleterre. Son retour à Cantorbéry fut une sorte de marche triomphale; mais Henri n'avait rien oublié de ses vieilles haines, et la lutte ne tarda pas à renaître plus vive que jamais. « Maudits soient, dit-il un jour, ceux que je nourris de mes bienfaits, s'ils ne peuvent me venger et délivrer mon royaume de ce prêtre turbulent! »

Cette parole d'un roi ne pouvait manquer d'être recueillie. Peu de jours après, quatre chevaliers assassinèrent lâchement le primat d'Angleterre au pied des autels. Au lieu d'affermir le pouvoir de Henri II, ce crime ébranla son autorité, et le pape Alexandre III fut sur le point de l'excommunier. Il n'obtint son pardon qu'en abolissant les statuts de Clarendon, et en allant, à plusieurs reprises, en pèlerinage au tombeau de sa victime, honorée dès lors par l'Angleterre et par toute la chrétienté, et canonisée par l'Eglise, en 1173.

78. Richard Cœur de lion et Jean sans Terre. — Henri passa la fin de son règne à réprimer les révoltes de ses fils, souvent soutenus par le roi de France. Il mourut de douleur à *Chinon,* en laissant la couronne à *Richard Cœur de lion* (1189-99), dont la valeur chevaleresque a fait oublier les exactions et les violences.

Sous le lâche et ambitieux *Jean sans Terre,* second successeur de Henri II (1199-1216), la royauté anglaise eut à lutter tout ensemble contre l'Eglise et contre l'aristocratie féodale. Devenu odieux par ses crimes et par ses défaites, ce prince persistait à agir en despote : les exactions se multipliaient, des spadassins soldés marchaient partout à sa suite, et il les chargeait au besoin de décider, par de prétendus combats judiciaires, les procès de la couronne avec ses vassaux. Il voulut, comme son père, dominer en maître le clergé, et augmenta ainsi le nombre de ses ennemis.

79. **La grande charte.** — Une double résistance fut le résultat de cette tyrannie, qui l'avait déjà fait excommunier par le pape Innocent III : les prélats et les barons s'unirent pour la défense de leurs intérêts communs, et, en 1215, Jean fut contraint de signer la **grande charte,** qui confirmait toutes les immunités et franchises de l'Eglise, et interdisait au roi de lever aucun impôt ou escuage sans le consentement du *commun conseil* des barons. Telle fut l'origine du parlement anglais.

Pour lutter contre la puissance de la royauté les seigneurs sentirent le besoin de s'appuyer sur les classes inférieures. En même temps qu'ils faisaient reconnaître leurs droits, ils reconnaissaient eux-mêmes ceux des hommes libres, leurs vassaux, dont la personne était protégée par la *défense d'arrêter*

ou d'emprisonner aucun d'eux *sans jugement,* et dont
les biens étaient sauvegardés par l'interdiction des
aides, sauf en certains cas bien déterminés. L'atte-
lage et les instruments de labour des vilains et des
serfs, leur gagne-pain ou *gagnage,* étaient de même
déclarés à l'abri de toute saisie. Enfin la liberté du
commerce était garantie.

La violation de ces engagements faillit renverser
Jean du trône, et les barons indignés appelèrent
contre lui le prince *Louis,* fils de Philippe-Auguste.
Mais la mort de Jean sans Terre, en 1216, changea
complètement la situation : l'héritier de la couronne
était innocent des fautes de son père ; les Anglais le
reconnurent sous le nom de Henri III, et Louis quitta
l'Angleterre après quelques efforts inutiles.

80. **Henri III.** — Un demi-siècle après, un élé-
ment nouveau fut introduit dans le parlement avec
les députés des villes. La tentative de *Henri III* d'a-
bolir la grande charte, en 1227 ; plus tard, la mise en
oubli continuelle de cet acte fondamental et des *statuts d'Oxford* par lesquels il l'avait confirmé (1258),
avaient amené entre la royauté et l'aristocratie une
scission de plus en plus profonde.

La bataille de *Lewes* (comté de Sussex) (1264) livra
l'autorité et la personne du roi au mari de sa sœur,
Simon de Montfort, chef des barons soulevés : c'était
le second fils de l'ennemi des albigeois, et il devait
à sa mère le titre de *comte de Leicester.* Abandonné
bientôt d'un grand nombre de seigneurs que son ambition effrayait, Montfort, pour avoir contre eux un
appui, fit admettre pour la première fois au parlement les représentants des principales villes de l'An-

gleterre. L'année suivante, il fut battu et tué par le prince royal, *Edouard,* à *Evesham* (comté de Worcester); mais les concessions qu'il avait arrachées ne furent pas perdues pour la nation. Les députés des villes et des bourgs, un instant écartés, reparurent dans le parlement à la fin du règne de Henri III. Sous les trois *Edouard,* ses successeurs, leur représentation devait devenir de plus en plus importante, et dans la première partie du xive siècle, sans qu'on sache précisément à quelle époque, les *communes* formaient une Chambre particulière.

Ainsi s'établit en Angleterre le grand principe de la nécessité du consentement en matière d'impôt. Peu à peu devait s'y joindre celui du concours du parlement pour le vote des lois.

Questionnaire. — 73. Quel fut, dès le xiiie siècle, le gouvernement de l'Angleterre? — Indiquez les causes de division qui existaient entre la royauté, le clergé et les seigneurs. — A quelle époque éclatèrent les luttes entre ces trois puissances rivales? — 74. Dates du règne de Henri II. — Enumérez les possessions de la dynastie des Plantagenets. — Que fit Henri II pour avoir une armée nombreuse, et comment payat-il ses mercenaires? — De quel privilège chercha-t-il ensuite à dépouiller l'Eglise d'Angleterre, et qui voulut-il associer à l'exécution de ses desseins? — 75. Racontez la vie de Thomas Becket avant son élévation au siège primatial de Cantorbéry. — Quand éclatèrent les dissentiments entre Henri II et Thomas Becket? — 76. Qu'étaient les statuts de Clarendon, et en quoi portaient-ils atteinte aux libertés de l'Eglise d'Angleterre? — Racontez la lutte de Henri II et de Thomas Becket jusqu'à la fuite du primat en France. — 77. Combien d'années Thomas Becket passa-t-il en France? — Donnez, avec la date, quelques détails sur son retour en Angleterre et sur son assassinat. — Ce crime affermit-il le pouvoir du roi anglais? — 78. Rappelez brièvement les derniers événeménts du règne de Henri II. — Faites connaître, avec ses dates, le caractère du règne de Richard Cœur de lion. — Dates du règne de Jean sans Terre. — Contre quels pouvoirs eut-il à lutter? — Dites quelques mots des violences et de la tyrannie de ce prince. — 79. Quel fut le résultat de son despotisme? — Rappelez, avec la date, les points fondamentaux de la *grande charte?* — Que savez-vous des dernières années de Jean sans Terre? — 80. Quand et comment les députés des villes furent-ils introduits dans le parlement? — A quelle époque les communes formèrent-elles une Chambre particulière?

CHAPITRE IX

ÉTAT DU MONDE A LA FIN DU TREIZIÈME SIÈCLE

RÉSUMÉ. — **Au treizième siècle, l'Asie fut envahie par les Mongols. Gengis-Khan, leur chef, s'empara de presque toute l'Asie. Ses fils envahirent la Russie, la Pologne, la Silésie et la Hongrie.**
En Europe, les langues modernes se formaient peu à peu.
La France marchait à la tête de la science par ses universités, surtout par l'université de Paris. La langue française était partout répandue, et les écrivains étrangers s'en servaient pour rédiger leurs ouvrages.
En Italie, Dante Alighieri composait la « Divine Comédie ».
L'architecture ogivale remplaça l'architecture romane. Les plus belles cathédrales de l'Europe furent construites à cette époque.
Cimabué et Giotto créèrent une école nouvelle de peinture.

81. Gengis-Khan. — Depuis le mouvement d'invasion qui, au IXe siècle, avait amené les Hongrois en Europe, l'Asie avait cessé de jeter sur l'Occident ses hordes barbares. Vers l'année 1206, toutes les tribus

mongoles du nord et du centre de l'Asie furent réunies sous une même domination. Conduites par leur khan *Témoudgyn,* surnommé **Gengis-Khan,** c'est-à-dire chef des chefs, elles se lancèrent à la conquête du monde, portant partout l'effroi et la terreur, et surpassant même les Huns d'Attila en ruse et en férocité. Elles s'emparèrent de la *Tartarie* et de la *Chine,* ravagèrent l'*Inde,* la *Perse,* le *Turkestan,* et bouleversèrent toute l'Asie depuis le Grand Océan jusqu'à la mer Caspienne.

Après la mort de Gengis-Khan (1227), ses fils, poursuivant ses victoires, soumirent le nord-ouest de l'Asie, passèrent en Europe et y firent la conquête de la *Russie* presque entière. Puis ils dévastèrent la *Pologne,* la *Silésie,* la *Moravie,* et s'avancèrent jusqu'à la *Hongrie,* massacrant les populations et détruisant

Guerrier mongol.

les villes sur leur passage. Cette formidable invasion fut enfin arrêtée sur les bords du *Danube,* par les deux fils de l'empereur Frédéric II, *Conrad* et *Henri* (1241). Dans l'Europe orientale, la Russie seule, encore inculte et barbare, resta asservie. D'abord idolâtres, les Mongols embrassèrent l'islamisme en 1267.

82. Etat de l'Europe. — Les quatre grands pays de l'Europe proprement dite avaient chacun sa physionomie particulière. La constitution, féodale en Allemagne, municipale en Italie, monarchique en France, offrait, en Angleterre, le mélange et l'accord de l'autorité royale, du pouvoir des seigneurs et des libertés des villes.

83. Formation des langues modernes. — En même temps que les divers gouvernements s'organisaient, les langues modernes naissaient ou se développaient. Celle de l'Allemagne, encore dans l'enfance, n'avait guère produit, après les antiques chants nationaux réunis au XIIIe siècle sous le nom de *Niebelungen* (enfants du nuage), que les trouvères allemands ou *minnesingers*.

En Angleterre, où la famille royale et tous les seigneurs féodaux étaient d'origine française, la langue se formait du mélange de l'idiome germanique des Saxons et du dialecte des Normands de la conquête. Dans les deux grands pays d'études, la France et l'Italie, l'idiome national était devenu déjà une langue littéraire.

84. Les universités. — Aux yeux de la chrétienté entière, la France était le centre des hautes études, et l'*université de Paris,* fondée par Philippe-Auguste en 1200, était la première école de l'Europe. C'était par milliers que les étudiants se pressaient aux leçons de ses maîtres. On y accourait d'Angleterre, d'Espagne, d'Allemagne et d'Italie, même après avoir étudié dans les écoles les plus renommées de ces pays, à *Oxford,* à *Cambrigde,* à *Salamanque,* à *Bologne,* à *Naples* ou *Rome.* Le savant moine anglais *Roger Bacon,* à qui l'on attribue la découverte de la poudre à canon, fut élève de l'université de Paris; *Albert le Grand,* né en Allemagne en 1213, y professa la philosophie et les sciences naturelles; enfin son célèbre disciple, l'Italien saint **Thomas d'Aquin**[1], y prit ses grades en 1256.

Saint Thomas d'Aquin est le plus grand philosophe et le plus grand théologien du moyen âge par l'œuvre de science et de génie qui a pour titre la *Somme.*

85. Diffusion de la langue française. — A côté du latin, qui restait la langue de l'Eglise et des études, l'idiome moderne, le français des trouvères, de *Villehardouin* et de *Joinville,* était la langue la plus goûtée et la plus parlée de l'Europe. L'Italien *Brunetto Latini* écrivait en français la compilation qu'il a intitulée *Trésor,* et la raison qu'il en donnait, c'est que cette langue était la plus agréable et la plus répandue, ou, pour prendre sa phrase même, « pour ce que la parleure en est plus délitable et plus commune à toutes gens ».

86. La poésie italienne. — Le Dante. — La poésie espagnole. — A l'imitation des troubadours provençaux, quelques poètes italiens avaient essayé de chanter dans l'idiome national leurs brillantes improvisations. Dès le XIIIe siècle, la langue et la poésie italiennes atteignaient la suprême perfection avec le Florentin **Dante Alighieri** et son immortel poème de la *Divine Comédie*[2], mystérieux

---

1. Aquin ou Aquino est une petite ville située entre Rome et Naples, à égale distance de l'une et de l'autre.

2. On donnait alors le nom de *tragédie* à tout ce qui finissait tristement, de *comédie* à toute œuvre dont la conclusion était

voyage du poète dans l'enfer, le purgatoire et le
paradis, que doivent, suivant leurs mérites, habiter
les âmes après la mort. C'était la première fois que
la langue vulgaire de l'Italie, sortie comme la nôtre
du latin, était employée à une œuvre de haute portée.
Dans ce langage né de la veille, la poésie de Dante,
grande comme son sujet et cependant toujours simple, austère et sombre, ou délicate et gracieuse, suivant les tableaux qu'elle trace, avait su réunir toutes
les perfections.

L'Espagne, restée en dehors du mouvement européen et toujours absorbée par sa lutte contre les
Maures, n'avait encore d'autre monument littéraire
que les chants populaires ou *romances* sur la vie et
les exploits du Cid; et ces chants étaient remarquables par leur caractère de mâle énergie.

87. L'architecture ogivale. — Bien que les
deux plus grands génies du moyen âge, Dante et
saint Thomas d'Aquin, appartinssent à l'Italie, c'était
de la France qu'était partie l'impulsion littéraire qui
se propageait dans toute l'Europe. C'était en France
aussi qu'était née, au milieu du XIIe siècle, la merveilleuse architecture des cathédrales improprement
appelées gothiques. Elle ne venait ni des Goths, ni
des Arabes, ni des bords du Rhin, comme on l'a dit
parfois. Son berceau fut le bassin de la Seine, c'est-
à-dire le cœur même de la nationalité française; et
c'est de la France, par des artistes français, ou sur
le modèle d'églises françaises antérieures, qu'elle

heureuse. Dante choisit ce dernier nom, si bizarre pour nous
en pareil sujet, parce que le séjour des élus est le terme de
son poème.

s'est étendue en Allemagne, en Angleterre, en Espa-

Notre-Dame de Paris.

gne et même en Italie, où elle se combine souvent
avec le style byzantin et le style roman.

Bien que le nom d'*architecture gothique* lui soit encore donné, on l'appelle plutôt de nos jours *architecture ogivale*. Ce nom lui vient de ce qu'au lieu des plafonds des temples grecs, au lieu des voûtes et des arcades demi-circulaires des églises romanes, elle a pour marque originelle et pour signe distinctif les voûtes et les arcades en ogive, c'est-à-dire en pointe, formées par deux courbes qui se croisent au sommet.

Parmi les monuments religieux de cette époque il faut citer : en France, *Notre-Dame de Paris,* terminée par Philippe-Auguste; la *sainte Chapelle,* érigée par saint Louis; la *basilique de Saint-Denis,* construite sous l'abbé Suger; les *cathédrales d'Amiens, de Reims, de Chartres, de Rouen, de Beauvais, de Laon, de Noyon, de Sens,* etc.; en Allemagne, les cathédrales de *Cologne,* de *Fribourg,* de *Vienne;* en Angleterrre, celles de *Cantorbéry* et de *Westminster*[1]; en Espagne, celle de *Burgos.*

L'art chrétien arrivait, dans cette nouvelle période, à une perfection vraiment idéale. Jamais la maison de Dieu n'avait eu cette grandeur majestueuse; jamais la maison de la prière n'avait si puissamment porté l'âme à se recueillir. Ces tours colossales, ces flèches aériennes, ces nefs d'une hauteur à donner le vertige, ces voûtes si audacieuses dans leur élancement, tout, dans ces immenses basiliques, semble aspirer vers le ciel, et l'âme s'y élève d'elle-même vers Dieu. Les vitraux y retiennent à demi la lumière,

---

1. C'est dans cette église de Westminster que sont couronnés les rois d'Angleterre.

et cette mystérieuse obscurité aide encore le fidèle à se détacher pour un moment des choses de ce monde. « Il n'y a plus rien là de la demeure humaine, a-t-on dit; tout y est oublié de notre existence chétive et misérable. C'est comme une patrie nouvelle qui nous

Abbaye de Westminster à Londres.

reçoit, et il n'est d'âme si revêche qui ne se sente en y entrant touchée de respect. »

88. **La peinture.** — Une ère nouvelle s'ouvrait en même temps pour la peinture. A la place des figures raides et sans vie et des types conventionnels des maîtres byzantins, qui ne conservaient de l'art antique que la finesse du coloris et la noblesse des poses, le Florentin *Cimabué* (1240-1302) donna à ses personnages l'expression et la physionomie. Son

chef-d'œuvre, la madone qui se voit encore dans l'église Santa-Maria-Novella à Florence, y fut, dit-on, porté processionnellement par la foule, et la joie du peuple à la vue de ce tableau fut si grande, que le quartier où était situé l'atelier du peintre reçut de cet événement le nom de *Borgo Allegro* (le joyeux bourg).

Un jour que Cimabué se trouvait dans la campagne, il remarqua un petit pâtre qui s'amusait à dessiner sur un rocher les brebis qu'il gardait. Le peintre emmena l'enfant, qui devint son élève de prédilection et qui fut plus tard le célèbre *Giotto* (1276-1336), heureux continuateur de la réforme entreprise. Giotto, le premier entre les artistes des temps modernes, osa entreprendre et sut réussir des portraits, et c'est à lui que nous devons de connaître les traits de Dante, son ami. La plus célèbre de ses œuvres est la suite des peintures à fresque où il a représenté l'histoire de Job, sur les murs du *campo-santo de Pise*[1].

QUESTIONNAIRE. — 81. Indiquez les conquêtes des Mongols sous Gengis-Khan et ses fils. — Où, quand et par qui cette invasion fut-elle arrêtée? — Quelle partie de l'Europe resta asservie aux Mongols? — 82. Rappelez brièvement la forme de gouvernement dans les quatre grands Etats de l'Europe occidentale. — 83. Dites quelques mots de la formation et des premiers temps des langues modernes en Allemagne et en Angleterre. — 84. Qu'était la France du xiiie siècle comme centre d'études? — Citez les noms de quelques étrangers célèbres qui ont pris leurs grades à Paris au xiiie siècle. —

---

1. On donne en Italie le nom de *campo-santo* (champ saint) à tout cimetière servant de sépulture à des hommes distingués, et entouré d'un portique fermé à l'extérieur, mais ouvert à l'intérieur par des arcades.

Que savez-vous de saint Thomas d'Aquin? — Indiquez les premiers monuments de l'idiome national en France. — 85. La langue française était-elle très répandue? — 86. Parlez des commencements de la langue et de la poésie italiennes. — Quand et avec qui atteignirent-elles la perfection? — D'où vient le nom de *Divine Comédie?* — Dites un mot des débuts de la littérature espagnole. — 87. Où est née l'architecture dite gothique? — Quel nom lui donne-t-on de préférence aujourd'hui, et pourquoi? — Citez les principales églises ogivales des XIIᵉ et XIIIᵉ siècles, en France, en Allemagne, en Angleterre et en Espagne. — Les grandes cathédrales de ce temps ne disposent-elles pas, mieux que toute autre église, aux sentiments religieux? — 88. Parlez des progrès de la peinture au XIIIᵉ siècle.

CROISADES

Causes. — L'ardeur de la foi, la haine et la crainte des musulmans, violateurs des lieux saints et de nouveau dangereux pour l'Europe ; peut-être enfin le besoin de mouvement et d'aventures, reste de l'esprit qui avait animé les Barbares lors de l'invasion.

DATES ET THÉATRE	PRÉDICATEURS DES CROISADES	PRINCIPAUX CHEFS	RÉSULTATS
Première (1095-1099). En terre sainte.	Prêchée par le pape Urbain II au concile de Clermont (1095) et par Pierre l'Ermite.	Godefroy de Bouillon, duc de Basse-Lorraine ; Raymond de Saint-Gilles, comte de Toulouse ; Bohémond, prince de Tarente ; Tancrède de Hauteville ; Robert Courte-Heuse, duc de Normandie ; Hugues de Vermandois, frère du roi de France ; Adhémar de Monteil, évêque du Puy et chef spirituel de la guerre sainte.	La fondation d'un royaume chrétien de Jérusalem, qui est donné à Godefroy de Bouillon, et dont les *Assises de Jérusalem* sont la constitution et le code.
Deuxième (1147-1149). Dans la terre sainte, où les musulmans avaient repris Edesse aux chrétiens.	Prêchée par saint Bernard.	Louis VII, roi de France, et Conrad, empereur d'Allemagne.	Aucun résultat.
Troisième (1189-1192). Daus la terre sainte, où Saladin, vainqueur des chrétiens à Tibériade, venait de reprendre Jérusalem en 1187.	Prêchée par Guillaume, archevêque de Tyr.	Philippe-Auguste, roi de France ; Richard Cœur de lion, roi d'Angleterre ; Frédéric Barberousse, empereur d'Allemagne.	Point d'autre résultat que la prise de Ptolémaïs ou Saint-Jean-d'Acre.
Quatrième (1202-1204). Détournée de son véritable but, elle a pour théâtre Constantinople.	Prêchée sur l'ordre d'Innocent III, par Foulques, curé de Neuilly-sur-Marne.	Baudouin, comte de Flandre : Boniface, marquis de Montferrat : Henri Dandolo, doge de Venise.	La conquête de Constantinople et de l'empire grec, que les croisés se partagent sous la suzeraineté de Baudouin, nommé empereur. Cette do-

			...mination des Latins ou Occidentaux ne dure que 57 ans, jusqu'en 1261.
Cinquième (1217-1221). En Égypte, contre les sultans ayoubites, maîtres de Jérusalem.	Prêchée sous Innocent III, elle ne s'accomplit que sous Honorius III, qui lui succède en 1216.	André II, roi de Hongrie; Hugues de Lusignan, roi de Chypre; et surtout Jean de Brienne, roi nominal de Jérusalem.	Point d'autre résultat que l'occupation temporaire de Damiette.
Sixième (1228-1229). En terre sainte, où la crainte des hordes tartares, venues des bords de la mer Caspienne et du lac d'Aral, facilite le succès passager des chrétiens.	»	L'empereur Frédéric II.	La cession des villes saintes, où Frédéric II prend la couronne de Jérusalem, comme gendre de Jean de Brienne; mais la Judée retombe peu d'années après au pouvoir des musulmans.
Septième (1248-1254). En Égypte.	»	Saint Louis.	Sans autre résultat que l'occupation temporaire de Damiette. Forcé de payer sa rançon et celle des chrétiens et de quitter l'Égypte (1250), saint Louis passe ensuite quatre ans en Palestine, où il fortifie les quelques villes de la côte qui restaient aux chrétiens.
Huitième (1270). A Tunis.	»	Saint Louis.	Sans résultat. Saint Louis meurt de la peste presque en arrivant.

De 1262 à 1291, les mameluks d'Égypte enlèvent aux chrétiens leurs dernières possessions en Palestine et en Syrie.

RÉSULTATS GÉNÉRAUX. — Les croisades n'atteignent point le but direct qu'elles se proposaient, l'expulsion des musulmans de la terre sainte; mais, en occupant les Turcs chez eux, elles protègent contre ces nouveaux Barbares la chrétienté tout entière. — Elles apportent à l'Occident de nouvelles cultures (mûrier, canne à sucre), et elles donnent un puissant essor au commerce des grandes villes maritimes de la Méditerranée. Enfin, en obligeant souvent les seigneurs à vendre des terres aux rois ou des chartes aux villes de leurs domaines, elles contribuent à l'établissement des libertés communales et aux progrès de l'autorité royale.

LA FÉODALITÉ DANS LES QUATRE GRANDS PAYS DE L'EUROPE

La féodalité, qui d'abord annulait presque l'autorité royale, et tenait dans un pénible servage les artisans des villes et les laboureurs des campagnes,

Est amoindrie, *en France,* par les rois Louis VI (1108-1137), Philippe-Auguste (1180-1223) et saint Louis (1226-1270), soutenus au besoin par les villes, qui, sous le nom de communes, s'affranchissent en grand nombre à la fin du XIᵉ et au XIIᵉ siècle.

Est écrasée, *en Italie,* par les villes, qui, de 1100 à 1150, s'érigent de toutes parts en républiques indépendantes, dominent à leur tour les seigneurs et défendent héroïquement leur liberté contre les empereurs d'Allemagne Frédéric Barberousse au XIIᵉ siècle, et Frédéric II au XIIIᵉ.

Se maintient toute-puissante *en Allemagne,* où les empereurs, détournés de leurs vrais intérêts par une funeste ambition, dissipent inutilement leurs forces dans de longues luttes contre l'Italie et le saint-siège (renouvellement de l'empire et conquête de l'Italie sous la maison de Saxe ; querelle des investitures sous la maison de Franconie ; guerres des guelfes et des gibelins sous la maison de Souabe).

En Angleterre, la *grande charte,* imposée au roi Jean sans Terre, en 1215, partage le gouvernement entre l'autorité royale et celle des seigneurs, réunis en parlement. Les députés des villes à leur tour prennent part au pouvoir en 1264, et forment une Chambre particulière dans la première partie du XIVᵉ siècle. C'est le gouvernement mixte ou parlementaire qui existe encore de nos jours en ce pays (royauté héréditaire, Chambre des lords, Chambre des communes).

QUATRIÈME PARTIE

De la mort de saint Louis à la prise de Constantinople par les Turcs (1270-1453).

LE GRAND SCHISME D'OCCIDENT. — LA GUERRE DE CENT ANS. — LES TURCS OTTOMANS EN EUROPE. — L'IMPRIMERIE ET LA BOUSSOLE.

CHAPITRE PREMIER

PHILIPPE LE BEL ET BONIFACE VIII. — LES PAPES D'AVIGNON (1309-1377). — LE GRAND SCHISME D'OCCIDENT (1378-1449).

RÉSUMÉ. — Les exactions de Philippe le Bel amenèrent entre ce roi et le pape Boniface VIII une lutte regrettable. Le roi fit envahir les Etats pontificaux, et le pape mourut à la suite des mauvais traitements qui lui furent infligés.

Clément V, son successeur, s'établit à Avignon. Sous son pontificat, l'ordre des Templiers fut aboli.

Le séjour des papes à Avignon eut pour conséquence des désordres à Rome, puis le grand schisme, pendant lequel on vit deux ou trois papes se partager l'obéissance des peuples chrétiens.

Les conciles de Pise et de Constance essayèrent de porter remède aux maux dont souffrait la chrétienté.

Le concile de Bâle, transporté ensuite à Florence, mit fin au grand schisme.

1. Lutte entre Philippe le Bel et Boniface VIII. — De Grégoire VII à la fin du XIIIe siècle, l'influence du saint-siège avait dominé toute l'Europe. Dans le XIVe et la première partie du XVe, sa translation à *Avignon* et les scandales du *grand schisme* enlevèrent à la papauté beaucoup de sa puissance morale et de son action sur la chrétienté.

Avant même que le saint-siège fût transféré à Avignon, une lutte regrettable s'était engagée entre le pape **Boniface VIII** et le roi de France **Philippe le Bel**, petit-fils et second successeur de saint Louis. Quoique la terre sainte fût abandonnée et que les biens de l'Eglise, comme ceux des seigneurs, fussent exempts de toute contribution, Philippe continuait à percevoir sur le clergé les dîmes de la croisade et le soumettait à d'autres impôts. Boniface VIII, défenseur inflexible des droits de la papauté et des immunités cléricales, excommunia tout prélat qui payerait et tout prince qui recevrait des aides d'argent non autorisées par le saint-siège (1296).

Ce premier conflit fut apaisé; mais, quelques années plus tard, un légat du pape, *Bernard de Saisset,* évêque de *Pamiers* en Languedoc, irrita le roi par la hauteur de son langage. Philippe le fit emprisonner comme criminel d'Etat. Boniface annonça la résolution de juger à Rome la conduite du légat, et d'apprécier en même temps les griefs de l'Eglise et les réclamations du peuple contre les fréquentes altérations des monnaies. Le roi, de son côté, fit soutenir l'indépendance de sa couronne contre les prétentions du pape par une assemblée où siégèrent pour la première fois, à côté des prélats et des seigneurs, les députés des villes (1302); ce fut la première des réunions appelées *états généraux*[1].

—————

1. On donnait le nom d'*états* aux deux ordres du clergé et de la noblesse, qui jusqu'alors avaient seuls paru dans les

2. Mort de Boniface VIII. — L'année suivante, Philippe en appela du *soi-disant pape* au futur concile, et il envoya en Italie, avec quelques troupes, pour enlever le pontife, *Guillaume de Nogaret,* l'un de ses légistes les plus violents. Boniface était à *Anagni,* sa ville natale; cette bande envahit le palais sous la conduite du Romain *Sciarra Colonna,* ennemi personnel du pontife. Suivant certains témoignages, heureusement contredits par d'autres, Colonna aurait frappé de son gantelet de fer la joue du pontife octogénaire, et Nogaret seul aurait protégé contre ces violences sacrilèges la vie du vieillard.

Le peuple d'Anagni, au bout de trois jours, s'ameuta contre les étrangers, délivra le pape et le reconduisit à Rome; mais le coup était porté, et Boniface mourut un mois après, de l'ébranlement qu'avaient amené en lui, à quatre-vingt-six ans, ces traitements indignes.

3. Clément V. — Les papes d'Avignon. — Philippe le Bel, qui avait lutté sans succès contre l'inébranlable fermeté de Boniface, chercha à faire nommer un pape qui fût disposé à accepter son influence. En 1305, il réussit à diriger le vote des cardinaux sur un homme de son choix, le Gascon *Bertrand de Got,* archevêque de Bordeaux, qui prit le nom de *Clément V.*

Clément V renonça au séjour de Rome, dont les troubles continuels ne laissaient au pape aucune sûreté, et, en 1309, il se fixa à *Avignon,* voisine du

assemblées politiques. Le nom de *tiers état,* c'est-à-dire de *troisième état,* fut donné aux députés des villes et devint courant, pour les désigner, à partir du xv° siècle.

comtal Venaissin, que le *traité de Meaux* avait donné
au *saint-siège* en 1229. Cette ville dépendait alors
des rois de Naples. Trente-neuf ans plus tard, en 1348,
un autre pape, Clément VI, l'acheta de la reine
Jeanne Ire, et Avignon resta pendant soixante-huit
ans (1309-1377) la résidence du saint-siège.

4. Concile de Vienne. — Abolition des Templiers. — Le premier pape d'Avignon, *Clément V,*
réunit à *Vienne,* en 1311-1312, un concile général, où
fut prononcée l'abolition de l'ordre des *Templiers.*
Après avoir valeureusement défendu la terre sainte,
ils avaient pour la plupart quitté l'Orient depuis que
la Palestine était perdue. Ils étaient venus par milliers
jouir dans les divers pays d'Europe des immenses
richesses que les donations des chrétiens leur avaient
partout créées. Dans cette vie d'oisiveté et de luxe, la
débauche et l'arrogance avaient souvent remplacé
chez eux la pureté et l'humilité chrétiennes.

En supprimant un ordre religieux désormais inutile et déchu de ses vertus primitives, le concile ne
s'associait pour cela ni aux accusations de toute nature dont on accablait les chevaliers du Temple, ni
aux cruelles exécutions dont ils avaient déjà été victimes. On les accusait de crimes étranges et d'impié-
tés sans nom : de renier la foi chrétienne dans les
cérémonies mystérieuses de leur réception, de cra-
cher sur la croix, d'adopter de grossières erreurs
de l'ancien Orient, d'adorer une idole à longue barbe
et de lui sacrifier des femmes et des enfants. Tandis
qu'en Italie, en Allemagne et en Espagne l'enquête
ordonnée en 1307 par Clément V les avait renvoyés
absous, en France, les tribunaux de Philippe le Bel

recueillaient avec empressement les aveux que leur arrachait la torture.

5. Supplice de Jacques de Molay. — Beaucoup de chevaliers se rétractaient ensuite, et Philippe, sans autre examen, les faisait condamner au feu et brûler le jour même, comme hérétiques relaps, c'est-à-dire retombés dans leurs erreurs. Déjà soixante-trois avaient ainsi péri avant le concile de Vienne, et le grand maître, *Jacques de Molay,* allait avoir bientôt le même sort; les biens des Templiers de France avaient été confisqués, en grande partie du moins, au profit du trésor royal.

6. Désordres à Rome. — Rienzi. — Le règne des sept papes d'Avignon, tous Français et qui ne nommèrent presque toujours que des cardinaux français (91 sur 103), a été appelé par les historiens de l'Eglise *la captivité de Babylone.*

Pendant l'absence des papes, Rome fut en proie à la turbulence des nobles et aux révoltes des factieux. En 1347, *Rienzi* y organisa un gouvernement populaire à l'imitation de l'ancienne république. Cédant enfin aux désirs des Italiens et aux vœux de toute la chrétienté, *Grégoire IX* revint à Rome en 1377.

7. Urbain VI. — Le grand schisme. — Après Grégoire XI (1378), les seize cardinaux présents à Rome, Français pour la plupart, ne pouvant s'entendre pour l'élection d'un nouveau pontife de leur nation, choisirent le Napolitain *Urbain VI,* archevêque de Bari. Ce choix, loin d'être, comme on l'a dit, imposé par les violences populaires, fut fait, au contraire, malgré des menaces de mort si le conclave n'élisait un pape non seulement italien, mais né dans Rome même.

Pendant plusieurs mois, Urbain fut reconnu comme pontife légitime et librement élu. Mais sa ferme résolution de rester en Italie mécontenta les prélats qui regrettaient Avignon; sa sévérité prématurée et imprudente changea les murmures en haine. Quinze cardinaux quittèrent Rome, présentèrent comme une cause de nullité les violences qui, loin d'amener l'élection d'Urbain, avaient eu pour but de l'empêcher, nommèrent l'antipape Robert de Genève sous le nom de *Clément VII,* et jetèrent ainsi la chrétienté dans un schisme qui la désola pendant quarante ans. C'est le **grand schisme d'Occident** (1378-1417).

8. **Benoît XIII.** — A la mort d'Urbain VI et de Clément VII, on leur nomma de part et d'autre des successeurs. L'*université de Paris* essaya en vain de terminer ce scandale, en proposant l'abdication des deux papes comme la voie la plus simple et la plus sûre pour parvenir à l'union. Ses efforts échouèrent devant l'obstination de l'antipape *Benoît XIII,* qu'on ne put faire renoncer à sa dignité, bien qu'il se fût engagé par serment, avant son élection, à travailler à l'extinction du schisme, fallût-il abandonner le souverain pontificat.

9. **Le concile de Pise.** — Les pontifes de Rome ne se montraient guère plus pressés que leur compétiteur de renoncer à leur dignité, et, l'union ne pouvant se rétablir par l'abdication des deux papes rivaux, le *concile de Pise* s'assembla en mars 1409 pour essayer aussi, mais sans plus de succès, de rendre la paix à l'Eglise. *Grégoire XII* de Rome et

Benoît XIII d'Avignon, vainement sommés d'y assister, furent déposés tous les deux par cette assemblée; puis on procéda à l'élection d'*Alexandre V*. Malheureusement les pontifes d'Avignon et de Rome conservèrent obstinément leur titre, et, le premier étant encore reconnu par l'*Espagne*, et le second par une partie de l'*Italie*, au lieu de deux papes il y en eut trois. Le concile, loin de guérir le mal, n'avait fait que l'aggraver.

10. **Le concile de Constance.** — Pour mettre fin à cette anarchie déplorable, et de concert avec *Jean XXIII*, successeur d'*Alexandre V*, l'empereur *Sigismond* fit convoquer un nouveau concile à *Constance* (1414-1418). L'un des plus illustres docteurs qui s'y trouvèrent était *Jean Gerson*, chancelier de l'université de Paris et chanoine de Notre-Dame, un de ceux à qui l'on a attribué l'*Imitation de Jésus-Christ*.

11. **Les hussites.** — A l'exemple de l'Anglais *Wiclef*, deux hérésiarques de Bohême, *Jean Huss* et *Jérôme de Prague*, se livraient alors à de violentes attaques contre le pouvoir du pape et contre toute autorité religieuse; le concile de Constance, après avoir vainement essayé de vaincre l'opiniâtreté de ces sectaires, les abandonna aux juges séculiers. Ceux-ci, leur appliquant sans pitié la sévère législation du temps, les condamnèrent au supplice du feu.

Le concile déclara ensuite qu'à lui seul appartenait d'élire un nouveau pape, qui ne pourrait être aucun des trois prétendants. *Jean XXIII* fut forcé de renoncer solennellement à son titre; *Grégoire XII* abdiqua spontanément; quant à *Benoît XIII* d'Avignon, il résista encore et fut déposé par les pères, qui élurent (1417) *Martin V* chef unique et suprême de l'Eglise, sous condition qu'il travaillerait avec eux à réformer les abus.

12. **Les conciles de Bâle et de Florence.** — On commença la réforme au concile de *Bâle,* en 1431. Mais, dès les premiers jours et dans tout le cours de leurs réunions, les pères parurent ne songer qu'à affaiblir l'autorité du saint-siège; aussi la discorde ne tarda-t-elle pas à éclater entre le pape et cette assemblée. *Eugène IV,* successeur de Martin V, transféra le concile à *Ferrare,* puis, à cause de la peste, à *Florence,* et excommunia ceux des pères qui s'obstinaient à siéger à Bâle. Ceux-ci, ne gardant aucune mesure, déposèrent alors le pontife et nommèrent à sa place *Félix V.* Il y eut cette fois non seulement deux papes, mais deux conciles, le concile de Florence, auquel la présidence du pape donnait le caractère de concile général[1], et le conciliabule de Bâle, en révolte contre le saint-siège : le schisme recommençait de plus belle. Il ne se termina qu'en 1449. *Nicolas V,* successeur d'Eugène IV (1447), négocia habilement avec les rois et le conciliabule de Bâle, et engagea celui-ci à se dissoudre de lui-même. Félix V abandonna son titre de pape, et l'Eglise fut pacifiée, mais sans avoir été réformée.

13. **Nécessité d'une réforme dans l'Eglise.** — Le partage de la chrétienté entre deux papes, et la difficulté de reconnaître lequel des deux était le pape légitime, préparaient à l'Eglise bien d'autres

---

1. Les conciles de Pise et de Constance, tenus forcément, à cause du schisme, en dehors du chef de l'Eglise, n'ont pu être appelés conciles généraux.

malheurs. Ces rivalités interminables amoindrissaient forcément le respect dû au chef de l'Eglise. D'autre part, elles détournaient son attention du relâchement qui, faute de direction et de surveillance, s'introduisait, sur bien des points, dans les monastères et dans le clergé. « Il faut réformer l'Eglise dans son chef et dans ses membres, » disait-on au concile de Constance. Si cette réforme de l'Eglise, que le schisme avait rendue nécessaire, ne s'accomplissait régulièrement par l'Eglise elle-même, il était à craindre qu'on ne vînt, sous prétexte de réforme, prêcher la révolte contre les pasteurs légitimes et altérer par de nouvelles hérésies le dogme chrétien.

QUESTIONNAIRE. — 1. Quelles causes affaiblirent la puissance morale de la papauté aux xive et xve siècles ? — 2. Racontez la querelle de Philippe le Bel et de Boniface VIII. — En quelle année et à quelle occasion fut tenue la première réunion des états généraux ? — Qu'avait de nouveau cette assemblée ? — Que signifie le mot *tiers état ?* — 3. Les papes, après Boniface VIII, ne changèrent-ils pas de résidence ? — En quelle année et pour combien de temps ? — 4. Sous quel pape et par quel concile fut prononcée l'abolition de l'ordre des Templiers ? — Qu'étaient devenus les chevaliers du Temple après la perte de la terre sainte ? — De quels crimes les accusait-on ? — Quel fut, en Italie, en Allemagne et en Espagne, le résultat de l'enquête ordonnée par le pape sur ces accusations ? — 5. Comment les traita Philippe le Bel en France ? — Que fit-il des biens confisqués aux Templiers ? — 6. Quel nom a-t-on donné au séjour des papes à Avignon, et pourquoi ? — Dites quelques mots des troubles de Rome pendant l'absence des papes. — Comment Grégoire XI revint-il à Rome en 1377 ? — 7. Indiquez le successeur de Grégoire XI. — De quel pays était Urbain VI, et que savez-vous de son élection ? — Quelles causes firent bientôt nommer un antipape ? — Combien d'années dura le grand schisme d'Occident ? — Par quels peuples de l'Europe Clément VII fut-il reconnu? — Quels pays Urbain VI conserva-t-il dans son obédience? — 8. Résumez l'histoire du grand schisme jusqu'au concile de Pise. — 9. A quoi aboutit ce concile? — 10-11. Quand et par qui fut convoqué le concile de Constance? — Quels furent les premiers actes de cette assemblée? — Comment le concile de Constance établit-il momentanément la paix dans l'Eglise? — Quand et comment le schisme recommença-t-il? — 12. A quelle époque et sous quel pape fut-il terminé? — 13. Montrez comment le schisme d'Occident préparait à l'Eglise bien d'autres maux.

CHAPITRE II

LA FRANCE ET L'ANGLETERRE PENDANT LA GUERRE DE CENT ANS. — PREMIÈRE PÉRIODE (1337-1380)

RÉSUMÉ. — Les rois d'Angleterre et les rois de France furent en guerre continuelle les uns contre les autres.
Edouard Iᵉʳ conquit le pays de Galles et essaya inutilement de s'emparer de l'Ecosse.
A l'avènement de Philippe VI de Valois, Edouard III d'Angleterre éleva des prétentions au trône de France. Ce fut le début de la guerre de Cent ans.
La lutte commença en Flandre. La flotte française fut vaincue au fort de l'Ecluse. Edouard III débarqua ensuite en Normandie, vainquit les Français à la bataille de Crécy et s'empara de Calais.
Le prince Noir, fils d'Edouard III, battit Jean le Bon à Poitiers et le fit prisonnier.
Charles V, qui eut à défendre son trône contre les mécontents, à la tête desquels était Etienne Marcel, prévôt des marchands de Paris, fut obligé de signer le traité humiliant de Brétigny.
Aidé par Du Guesclin, il releva la fortune de la France et enleva aux Anglais presque toutes leurs possessions.

14. Guerres entre la France et l'Angleterre sous Philippe III et Philippe IV. — L'époque de Philippe-Auguste et de saint Louis avait vu une première période de rivalité entre la France et l'Angleterre. Dans les trois quarts de siècle qui suivirent le *traité d'Abbeville* (1259-1337), les deux pays s'agrandirent par voie d'héritage ou de conquête, et la paix entre eux ne fut que peu de temps et faiblement troublée.

En France, *Philippe III* et *Philippe IV le Bel* réunirent par héritage au domaine royal le *Languedoc* et la *Champagne*. Le dernier de ces princes voulut ensuite conquérir par les armes la *Guyenne* et la *Flandre,* et se lança étourdiment dans des guerres qui restèrent sans résultats. La lutte avec l'Angleterre n'eut point d'importance. Une querelle de matelots à Bayonne, et des hostilités entre des navires de commerce anglais et normands furent les occasions de la rupture (1291). Philippe déclara la Guyenne confisquée et y envoya des troupes; mais la guerre, plusieurs fois mollement renouvelée, laissa cette province au roi *Edouard II,* qui épousa la fille de son adversaire, Isabelle de France (1303). Les *Flamands,* alliés d'Edouard, furent batus à *Furnes* par les Français, puis vainqueurs à *Courtrai* (1302). En 1304, la victoire de Philippe à *Mons-en-Puelle* amena un traité qui lui livra temporairement la Flandre française.

15. **Conquête du pays de Galles par Edouard Ier. — Guerre contre l'Ecosse.** — En Angleterre, *Edouard Ier* (1272-1307) fit la conquête du pays de *Galles* (1283)[1], puis, profitant des divi-

---

1. Pour calmer l'irritation des Gallois, Edouard Ier leur donna pour roi son fils, né dans leur pays. Depuis cette époque

sions de l'Ecosse, où *Baliol* et *Robert Bruce* se disputaient le trône, il intervint dans les affaires de ce pays et soutint le premier de ces prétendants, qui s'engageait à le reconnaître pour suzerain. Mais le sentiment national poussa Baliol à s'affranchir de cette humiliation, et la guerre fut aussitôt déclarée. Les Ecossais, vaincus à *Dunbar* (1297), où leur roi fut fait prisonnier, prirent pour chef *William Wallace*. Celui-ci, défait à son tour à *Falkirk* (1298), fut décapité par ordre du vainqueur. L'Ecosse trouva encore un défenseur dans l'ancien compétiteur de Baliol, Robert Bruce. La grande victoire de *Bannock-Burn* (1314) assura l'indépendance du pays.

16. **Causes de la guerre de Cent ans.** — Trente ans plus tard commençait entre la France et l'Angleterre une lutte terrible, la **guerre de Cent ans**, qui remplit le xiv⁰ siècle et la première moitié du xv⁰. A l'avènement de *Philippe VI* de Valois, le roi d'Angleterre *Edouard III* (1327-1377), petit-fils de Philippe le Bel par sa mère, éleva des prétentions au trône de France; cette rivalité ne tarda pas à jeter les deux peuples dans une guerre longue et acharnée.

Ces prétentions n'étaient nullement fondées. Pour exclure les femmes du trône de France, et empêcher ainsi la couronne de passer par mariage à des familles étrangères, les états généraux s'étaient appuyés sur un texte de la vieille loi des Francs Saliens, qu'on appela désormais la *loi salique* (1316). Ce principe avait été appliqué déjà pour les trois fils de Philippe

l'héritier présomptif de la couronne porte, en Angleterre, le titre de prince de Galles.

le Bel, morts tous trois sans héritiers mâles. Du reste, la princesse *Jeanne,* fille de Louis X et épouse de Philippe d'Evreux, se trouvait d'un degré plus rapprochée du trône que la mère d'Edouard : elle n'avait pourtant d'autre couronne que celle de *Navarre,* accessible aux femmes, et qui lui venait de son aïeule, épouse de Philippe le Bel.

Edouard III lui-même, en prêtant hommage à Philippe VI pour sa province de Guyenne (1329), l'avait reconnu pour roi légitime ; mais un prince indigne de ce nom, un troisième *Robert d'Artois* [1], condamné comme faussaire par le parlement et réfugié en Angleterre, le poussa à réclamer le trône de France.

17. Division de la guerre de Cent ans. — La guerre, déclarée par Edouard III en 1337, ne se termina qu'en 1453.

Elle se partage en deux grandes périodes, l'une de 1337 à 1380, l'autre de 1415 à 1453. Toutes deux débutent par d'affreux revers pour la France et se terminent par d'éclatants succès pour elle. Dès le début, les *communes flamandes* se déclarent pour l'Angleterre ; la France a l'*Ecosse* pour alliée, plus nominale que réelle, et elle achète parfois le secours des vaisseaux et des archers génois.

18. Guerre de Flandre. — La France fut d'a-

---

1. Ce Robert d'Artois était petit-fils de Robert II, tué à Courtrai en 1302, et son père, Philippe, avait péri cinq ans plus tôt, à la bataille de Furnes. L'Artois, qui admettait la succession féminine, avait passé, en 1302, à sa tante Mathilde ou Mahaut, désignée d'ailleurs par le testament de Robert II. Il avait plaidé contre elle pour la succession et produit un faux testament pour servir sa cause.

bord représentée, dans cette grande lutte, par le bouillant et irréfléchi Philippe VI (1328-1350), et la guerre, sous ce règne, eut successivement pour théâtre la *Flandre,* la *Bretagne* et le cœur même de la France.

Louis de Nevers, comte de Flandre, par des mesures vexatoires, avait soulevé ses sujets contre lui, et il avait fallu, pour le soutenir (1328), que Philippe gagnât sur les Flamands la sanglante bataille de *Cassel.* Ce souvenir était de nature à le rattacher intimement à la cause du roi de France. Au contraire, les propriétaires et fermiers anglais, pour vendre la laine de leurs troupeaux, et les communes flamandes, pour se procurer la matière première de leurs draps, ne pouvaient se passer les uns des autres.

Un brasseur de bière de Gand, *Jacques d'Artevelde,* doyen des métiers de sa ville, poussa les Flamands à reconnaître Edouard III pour vrai roi de France et leur suzerain (1340).

La guerre s'ouvrit par la bataille de l'*Ecluse,* où la flotte française fut détruite.

19. **Invasion des Anglais en France.** — Six ans plus tard, en 1346, *Edouard III,* débarquant en Normandie avec trente-deux mille hommes, mit tout à feu et à sang le long de la Seine, jusqu'aux portes de Paris. Une fois là, il craignit pourtant de s'être trop avancé et de se voir cerné par les troupes françaises. Il fit retraite sur la Picardie, suivi de près par une armée trois fois plus nombreuse. Malgré la résistance des douze mille hommes que Philippe avait envoyés garder le passage de la Somme, il alla ranger son armée sur le penchant de la colline de *Crécy.*

20. Bataille de Crécy. — La bataille (26 août) fut désastreuse pour la France. Les troupes de Philippe VI, parties d'Abbeville le matin, ne se trouvèrent en face de l'ennemi qu'après avoir marché six heures et reçu une pluie battante. Les Génois commencèrent à lancer leurs flèches; mais elles retombaient sans effet, tandis que celles des Anglais volaient sur eux « si serrées que semblait neige ».

Ils reculèrent alors, sentant que leurs armes leur manquaient. Par ordre du roi, la cavalerie leur passa sur le corps, mais ces charges ne purent qu'ébranler les lignes ennemies, sans les rompre. Après quelques heures de combat, la discipline anglaise triompha de ces ardents seigneurs qui n'avaient pour eux que leur courage. Onze princes, douze cents chevaliers et 30,000 soldats de l'armée française perdirent la vie dans cette sanglante bataille, où Edouard avait donné ordre de ne faire aucun quartier aux seigneurs.

21. Prise de Calais. — Cette défaite eut pour conséquence la **prise de Calais**, qui, après un an de résistance, fut réduite par la famine et forcée de se rendre à discrétion. Edouard III voulait d'abord faire égorger tous les habitants : il ne consentit à les épargner qu'à la condition que six des plus notables viendraient en chemise, les pieds nus et la corde au cou, lui apporter les clefs, et donneraient leur vie pour racheter celle des autres. *Eustache de Saint-Pierre* se dévoua, cinq autres suivirent son exemple, et se rendirent avec lui, comme il était dit, au camp d'Edouard III. La reine d'Angleterre obtint la grâce des victimes. Les habitants se retirèrent, sans rien emporter, dans les villes de France les plus voisines, et Calais, pendant deux siècles, servit de tête de pont aux Anglais pour envahir le nord de la France (1347).

22. **Jean le Bon.** — Le roi *Jean* (1350-1354), qu'on a surnommé *le Bon,* sans autre motif que sa générosité malencontreuse et sa complaisante humeur pour ses favoris, n'était pas homme à relever la France de la situation où son père l'avait laissée. Brave et loyal chevalier, mais prince frivole, prodigue, et violent jusqu'à la brutalité, il n'avait rien de ce qu'il aurait fallu pour réparer les malheurs du règne précédent. Il ne fit qu'y ajouter.

23. **Bataille de Poitiers.** — La guerre amena bientôt de nouveaux désastres. A la tête de dix à douze mille hommes, *le prince de Galles* ou *prince Noir*[1], fils d'Edouard III, parcourut, en pillant les villes et ravageant les campagnes, le *Languedoc* (1355), les provinces du Centre, *Limousin* et *Auvergne, Berry* et *Poitou* (1356). Il retournait vers *Bordeaux,* emmenant à sa suite cinq mille prisonniers, lorsqu'il apprit que le roi Jean, parti de Normandie, s'avançait pour le combattre. Les deux armées se rencontrèrent sur le plateau de *Maupertuis,* près de **Poitiers.** Les Français, bien supérieurs en nombre, auraient pu cerner l'armée anglaise; un peu de patience la livrait à ses ennemis, car elle manquait de vivres et de fourrages. Mais, comme à Crecy, nos chevaliers s'élancèrent impétueusement sans combiner l'attaque et se

---

1. Le prince de Galles, appelé Edouard, comme son père, devait ce nom de prince Noir à la couleur de son armure.

firent tuer par milliers. Le roi Jean, ralliant les débris de ses troupes, tint tête aux Anglais pendant plusieurs heures ; mais à la fin, serré de tous côtés et blessé deux fois en plein visage, il fut contraint de rendre son épée. Les Français avaient perdu onze mille hommes, tués ou pris ; les Anglais, trois à quatre mille. Le roi *Jean,* prisonnier des Anglais, fut emmené à *Londres* (1356).

24. Charles V et Etienne Marcel. — Sur l'ordre formel de son père, le fils aîné du roi Jean avait quitté le champ de Maupertuis avant la fin de la bataille. Ce fut à ce jeune prince de dix-neuf ans, maigre et pâle d'aspect, plein de sens et toujours calme, appelé plus tard *Charles le Sage,* qu'il fut donné de remédier aux maux de la France et de relever son drapeau.

Il rencontra de grandes difficultés au début. Sous l'énergique influence d'**Etienne Marcel,** prévôt des marchands de Paris, les états généraux voulurent arracher le gouvernement au dauphin[1] ; mais le prévôt, par ses violences, compromit sa cause, perdit toute popularité, et l'autorité royale ne fut point ébranlée par cette tentative de révolution. Un prince pervers, *Charles le Mauvais,* roi de *Navarre,* petit-fils de Louis X, voulut profiter des agitations populaires pour se poser en prétendant à la couronne.

Enfin, cent mille paysans de l'Ile-de-France, du Beauvaisis, de la Picardie et de la Champagne se soulevèrent, en 1358, contre la noblesse ; ils désho-

---

1. Le Dauphiné avait été cédé à la couronne en 1349, sous la condition formelle que le fils aîné du roi de France porterait à l'avenir le titre de dauphin.

norèrent leur cause par les plus abominables atrocités, et, pour triompher de cette révolte, de cette
Jacquerie, comme on disait (du nom de *Jacques Bon-
homme,* qu'on donnait aux paysans), les seigneurs les
tuèrent par milliers, « comme bêtes dangereuses ».

25. **Traité de Brétigny.** — A ces préoccupations
de l'intérieur se joignit la triste nécessité de conclure
l'humiliant **traité de Brétigny,** près de Chartres, par
lequel la Guyenne cessa d'être un fief français pour
appartenir en toute souveraineté au roi d'Angleterre
(1360). Edouard III conservait de plus, au nord de la
France, *Calais* et le *Ponthieu* (Abbeville), et la rançon du roi était fixée à trois millions d'écus d'or. Le
roi Jean revint en France; mais, son fils le duc d'Anjou, otage jusqu'à l'entier payement, ayant quitté l'Angleterre, il ne prit conseil que de sa loyauté, et, malgré ses courtisans, retourna lui-même à Londres, où
il mourut quelques mois après.

26. **Caractère de Charles V.** — L'ardeur irréflé-
chie du roi et des seigneurs et leur amour désordonné
des grandes batailles avaient perdu la France sous
les deux premiers Valois. Le troisième, **Charles V**
(1364-1380), fut de tout point l'opposé de son père
et de son aïeul. Il se montrait peu, et ses armées ne
le virent guère; mais, de son hôtel de Saint-Paul,
il s'inquiétait de tout, prévoyait, dirigeait, et, sans
bruit et sans éclat, triomphait. « Onques (jamais) roi
ne s'arma si peu, disait Edouard III, et onques roi
ne me donna tant à faire. »

Homme de conseil et de tête, il lui fallait à ses ordres un homme d'action. Il eut la bonne fortune de
rencontrer et la sagesse d'apprécier un petit gentil-

homme breton qui à la bravoure du soldat et aux talents du capitaine unissait la haute intelligence du chef d'armée, **Bertrand Du Guesclin.**

27. Du Guesclin. — Charles V, dès le début de son règne, montra tout le cas qu'il faisait de son épée. Il le chargea de combattre le roi de Navarre, et du Guesclin vainquit ce prince à *Cocherel*, près d'Evreux ; il l'envoya en *Bretagne* pour y soutenir la cause de *Charles de Blois :* Du Guesclin y fut fait prisonnier à la bataille d'*Auray ;* mais le vainqueur, *Jean de Montfort,* se reconnut, par le *traité de Guérande* Loire-Inférieure) (1365), vassal du roi Charles V, et la province fut pacifiée.

Enfin Du Guesclin délivra la France du fléau des *grandes compagnies.* On appelait ainsi les bandes de soldats mercenaires ou routiers[1] que la cessation des hostilités avait jetés en pillards sur les campagnes. Il en entraîna 30,000 en Castille pour soutenir *Henri de Transtamare* révolté contre son frère Pierre le Cruel; cette guerre donna, malgré les Anglais, la couronne à Henri, qui devint pour la France un utile allié.

28. Changement dans la tactique de l'armée française. — En 1370, Du Guesclin fut créé *connétable.* Le roi d'Angleterre n'avait pas tenu tous les engagements de Brétigny. Sur les réclamations des seigneurs gascons contre le prince Noir, et le refus de celui-ci de comparaître devant la cour des pairs de France, la lutte allait recommencer entre les deux peuples.

---

1. Du vieux mot *route,* bande, troupe, compagnie.

Charles V et Du Guesclin suivirent un système de guerre tout différent de l'ancien. Ils recommandèrent à tous les chefs militaires d'éviter les grandes batailles, de laisser les Anglais user leurs forces dans des ravages sans résultats, de les harceler sans cesse et de combattre partout leurs fourrageurs, pour détruire l'ennemi en détail.

Quand Du Guesclin les voyait accablés de fatigue par leurs courses dévastatrices, il lançait sur eux des troupes impatientes de combattre, et les écrasait. Ainsi fit-il à *Pontvalain* dans le Maine, en 1370, où la déroute de l'armée anglaise fut complète. Une à une, les provinces occupées par les Anglais furent reconquises, et sur mer la flotte castillane, alliée de la France, détruisit devant *la Rochelle* celle d'Édouard III (1372).

29. La France à la mort de Du Guesclin. — Une maladie enleva le prince Noir en 1376. Son père le suivit au bout d'un an, et les Anglais perdirent toutes leurs espérances. La France, plus heureuse, conserva jusqu'en 1380 Charles V et Du Guesclin à la tête de son gouvernement et de ses armées. Quand le bon connétable, comme on l'appelait, et le sage roi moururent, la cause des Anglais semblait perdue : il ne leur restait plus, avec quelques bourgs ou châteaux, que trois places en France : *Calais* au nord, *Bordeaux* et *Bayonne* au midi.

Philippe le Bel en Guyenne et en Flandre. — 15. Quelle province acquit l'Angleterre sous le règne d'Edouard Ier? — Racontez, avec ses dates, la lutte d'Edouard Ier contre l'Ecosse. — 16. Quelle fut la cause de la guerre de Cent ans? — D'où venaient les prétentions d'Edouard III à la couronne de France, et que valaient-elles? — Qui le poussa à réclamer le trône? — 17. Donnez les dates et les grandes divisions de cette guerre. — Sous quels rois de France et d'Angleterre eut-elle lieu? — Indiquez les alliances des deux pays. — 18. Dates du règne de Philippe VI. — Théâtres successifs de la guerre sous ce roi. — Auquel des deux prétendants se rattachaient le comte et les communes de Flandre, et d'où venait ce désaccord? — Indiquez la date et le résultat de la bataille navale de l'Ecluse. — Quels princes se disputèrent à cette époque la Bretagne, et par quel roi chacun d'eux fut-il soutenu? — 19. Racontez l'invasion d'Edouard III en France jusqu'à son arrivée à Crécy. — 20. Racontez la bataille de Crécy avec sa date, et montrez quelles furent les grandes causes de la défaite des Français. — 21. Date et récit de la prise de Calais et du dévouement d'Eustache de Saint-Pierre. — 22. Faites le portrait du roi Jean et indiquez les dates de son règne. — Quand et comment recommença la guerre avec l'Angleterre? — 23. Racontez, avec sa date, la bataille de Poitiers et dites les causes de ce revers. — 24. A qui revint le gouvernement de la France pendant la captivité du roi Jean? — Quelles difficultés rencontra le dauphin à l'intérieur? — 25. Donnez la date et les conditions du traité de Brétigny. — Quel fut le dernier grand acte du roi Jean? — Lieu et date de sa mort. — 26. Dates du règne de Charles V. — Portrait de ce roi. — 27. Qu'était Du Guesclin, et que savez-vous de son enfance et de sa vie avant cette époque? — 28. Quand et à quelle occasion fut rompu le traité de Brétigny? — A qui Charles V confia-t-il la direction de la guerre, et avec quels pouvoirs? — Quel nouveau système de guerre fut suivi, et quels résultats amena-t-il? — 29. Dates de la mort du prince Noir et d'Edouard III, de Du Guesclin et de Charles V. — Que restait-il aux Anglais en France?

CHAPITRE III

LA FRANCE ET L'ANGLETERRE DE 1380 A 1415.
— DEUXIÈME PÉRIODE DE LA GUERRE DE CENT
ANS (1415-1453).

RÉSUMÉ. — Sous le règne de Richard II, l'Angleterre fut troublée par les prédications de Wiclef, qui ébranlaient à la fois l'Eglise et la société. La guerre contre la France recommença à l'avènement de la maison de Lancastre.

La France était alors déchirée par les querelles des Bourguignons et des Armagnacs. Le roi Charles VI était fou, et la reine Isabeau de Bavière se livrait aux plus grands désordres.

Les Français furent battus à Azincourt. L'assassinat de Jean sans Peur au pont de Montereau eut pour résultat l'alliance des Bourguignons et des Anglais.

Isabeau fit signer à Charles VI le honteux traité de Troyes, par lequel le roi d'Angleterre Henri V était déclaré régent de France et héritier présomptif.

Cependant, à la mort de Charles VI, le dauphin fut proclamé roi sous le nom de Charles VII, en même temps que Henri V.

Les Anglais mirent le siège devant Orléans.

Jeanne d'Arc reçut alors de Dieu la mission de sauver la France. Elle délivra Orléans et fit sacrer le roi à Reims. Trahie à Compiègne et livrée aux Anglais, elle fut jugée à Rouen et condamnée au supplice du feu.

Cependant les Anglais furent chassés de la France, où ils ne conservèrent que Calais et Guines.

30. **Wiclef.** — Après la mort de Charles V, la guerre entre la France et l'Angleterre fut suspendue trente-cinq ans (1380-1415). Ce fut cependant une triste époque pour les deux pays, désolés l'un et l'autre par d'épouvantables guerres civiles.

En Angleterre, le règne de *Richard II,* fils du prince

Noir (1377-1399), vit se propager, avec les hérésies du moine **Wiclef**, qui repoussait toute autorité religieuse, des idées analogues dans l'ordre social et politique.

L'introduction d'une nouvelle taxe amena, en 1379, le soulèvement des comtés d'Essex et de Kent; sous la conduite d'un couvreur de tuiles, appelé *Wat-Tyler,* les révoltés marchèrent sur Londres au nombre de 60,000, s'emparèrent de la Tour, et mirent à mort le chancelier et le primat, comme oppresseurs du peuple. Dans l'entrevue de *Smithfield,* que Richard leur accorda, Wat-Tyler s'avança hardiment jusqu'au roi et lui exposa les griefs des paysans. Le maire de Londres crut voir dans ses gestes une menace faite au souverain et le frappa d'un coup de masse d'armes. Richard, inspiré par le péril, s'avança seul alors au-devant des rebelles. Il parvint à les retenir jusqu'au moment où la cavalerie féodale, réunie par le maire de Londres, tomba sur eux et en fit un grand carnage.

31. Avènement de la maison de Lancastre. — L'ambition des oncles du roi, qui se mirent à la tête de la noblesse mécontente, fut une autre cause de luttes intérieures. Richard en fit assassiner un, le *duc de Glocester* (1397), et en relégua un autre dans ses terres, *Jean* de Gand, *duc de Lancastre.* Mais il fut lui-même détrôné en 1300 par le fils de ce dernier, *Henri de Lancastre,* qu'il avait exilé en France. Ce prince profita de l'irritation excitée par le mariage de Richard avec une princesse française, fille de Charles VI, pour débarquer en Angleterre avec quelques troupes; les mécontents qui accoururent sous ses drapeaux lui formèrent bientôt une armée.

Richard, qui était allé combattre l'*Irlande* insurgée, revint en toute hâte, tomba aux mains de ses ennemis, et, déposé par le parlement, fut enfermé à la Tour de Londres, où il périt de mort violente. Henri de Lancastre fut reconnu roi sous le nom de *Henri IV* en 1399.

32. Charles VI. — Sous *Charles VI* (1380-1422), la France avait aussi ses agitations et ses guerres civiles. Elles eurent d'abord pour cause les lourds impôts établis pendant la minorité du roi par ses oncles, les *ducs d'Anjou, de Berry* et *de Bourgogne*. Les Parisiens, munis de toutes sortes d'armes, entre autres de forts maillets (d'où le nom de *maillotins*), tuèrent les percepteurs et pillèrent l'hôtel de ville. La province fit comme eux sur plus d'un point, et notamment dans le *Languedoc*.

La *Flandre,* insurgée de nouveau contre son comte, sous la conduite du fils d'Artevelde, était pour toutes ces révoltes un exemple et un encouragement. De là l'empressement que mirent les princes français et le jeune roi lui-même à intervenir contre les villes flamandes. Ils les défirent complètement à *Rosebecque,* près d'Ypres (Belgique) (1382), et ils profitèrent de l'impression produite par cette victoire pour se venger, sans mesure et parfois sans justice, des soulèvements de Paris, qui perdit ses élections et son corps municipal.

33. Isabeau de Bavière. — Lorsque Charles VI prit en main le gouvernement (1388), la France espérait beaucoup de lui. Il se montrait affable, courtois et bienveillant pour tous; il avait rappelé les habiles conseillers de son père; mais la démence du jeune roi rejeta bientôt le pays dans l'anarchie.

Pendant trente ans la couronne resta sur la tête de ce pauvre fou, et, à côté du malheureux roi, délaissé de tous les siens, au point d'avoir parfois à peine de quoi changer de vêtements et de linge, la France vit une reine sans cœur et sans honte, *Isabeau de Bavière,* scandaliser la cour et le peuple par la licence de sa vie, tandis que les princes du sang, oncles ou frère du souverain, ne songeaient qu'à exploiter le royaume à leur profit, au lieu de le gouverner.

34. Assassinat du duc d'Orléans. — Aux intrigues et aux rivalités de cour succédèrent, en 1402, des haines déclarées entre deux de ces grandes familles princières, la *maison d'Orléans* et la *maison de Bourgogne.* Quand Charles VI enleva le gouvernement du royaume à son oncle, Philippe le Hardi, duc de Bourgogne, pour le remettre à son frère Louis d'Orléans, ces haines allèrent jusqu'à l'assassinat. En 1407, le nouveau duc de Bourgogne, *Jean sans Peur,* fit égorger la nuit, dans une rue de Paris, le *duc d'Orléans,* et osa faire publiquement l'apologie de son crime. *Valentine Visconti,* veuve de la victime, mourut de chagrin l'année suivante sans avoir pu obtenir justice, et la soif de la vengeance rendit les luttes des deux familles plus acharnées et plus sanglantes encore.

35. Les Bourguignons et les Armagnacs. — En 1410, Charles d'Orléans, fils du duc assassiné, épousa la fille d'un puissant seigneur du Midi, *Bernard, comte d'Armagnac,* qui devint le chef du parti, et qui lui donna, avec son nom, l'appui de ses bandes d'aventuriers de Gascogne. De son côté, Jean sans Peur s'appuyait sur la populace de Paris, et notamment sur la puissante et hardie corporation des bouchers. Les bouchers mettaient à sa disposition toute une armée de valets et d'écorcheurs, à qui le sang des hommes ne causait pas plus d'émotion que le sang des bêtes. Pendant neuf ans, ces deux factions des **Bourguignons** et des **Armagnacs** se firent une guerre incessante, prenant, perdant, reprenant et reperdant le pouvoir, et, plus d'une fois, le triomphe des bouchers et de la populace parisienne répandit le sang à flots dans Paris.

36. Bataille d'Azincourt. — Pendant que la France était en proie à l'anarchie, la guerre recommença avec l'Angleterre, et fut aussi malheureuse qu'avant Du Guesclin. En 1415, le roi d'Angleterre *Henri V* (1413-1422), qui voulait, par des victoires en France, affermir et populariser la souveraineté naissante des Lancastre, débarqua en Normandie, s'empara de *Harfleur,* clef de la province, et battit peu après les Français près du village d'**Azincourt** (Pas-de-Calais). Cette fois encore, le défaut de prévoyance et l'impatience de combattre et de se montrer rendirent inutile la valeur de la chevalerie française. Dix mille Français demeurèrent sur la place, tandis que les Anglais ne perdaient que seize cents hommes.

37. Assassinat de Jean sans Peur. — Le jeune duc d'Orléans était parmi les prisonniers ; son beau-père, le comte d'Armagnac, fut égorgé dans un massacre des siens en 1418, et le *dauphin Charles,* tout aux Armagnacs, resta seul à la tête du parti. En 1419, il accepta, en vue d'une réconciliation solennelle, une entrevue au pont de *Montereau* (Seine-et-Marne) avec le duc de Bourgogne, et ce dernier y fut traîteusement assassiné par *Tanneguy-Duchâtel,* l'un des gens du prince.

38. Le traité de Troyes. — Le crime de Montereau donna une nouvelle force au roi d'Angleterre, qui, depuis sa victoire, s'était emparé de toute la Normandie. Le nouveau duc de Bourgogne, *Philippe le Bon,* pour venger son père, embrassa publiquement l'alliance anglaise, et l'année suivante, d'accord avec la reine Isabeau, il fit signer au pauvre insensé qui portait le titre de roi de France le honteux *traité de Troyes.* Le roi *Henri V* épousait la princesse Catherine, fille de Charles VI; il était déclaré *régent de France* et héritier présomptif de la couronne, au détriment du dauphin déshérité.

39. Charles VII. — En 1422, après la mort de Charles VI, deux rois de France furent proclamés en même temps. L'un, *Henri VI,* âgé de dix mois, le fut à Paris, en grande pompe, par les soins du *duc de Bedford,* son oncle. Tout le nord de la France, c'est-à-dire le tiers du royaume environ, reconnut sans difficulté le souverain étranger que lui imposait le traité de Troyes. L'héritier légitime, *Charles VII,* fut proclamé devant quelques serviteurs dans un château du Berry. Les Anglais l'appelèrent dédaigneusement le *roi de Bourges,* parce qu'il résidait d'ordinaire en cette ville ou aux environs. La tâche était lourde pour ce jeune homme de dix-neuf ans, insouciant de sa nature, et plus occupé de ses plaisirs que de la défense du pays.

Deux défaites, celle de *Crevant-sur-Yonne,* en Bourgogne, et celle de *Verneuil* près d'Evreux, en

Normandie (1423, 1424), inaugurèrent tristement le nouveau règne, et Charles VII y perdit la plupart des Ecossais auxiliaires qui faisaient la force de son armée. Sur d'autres points, en *Picardie,* en *Champagne,* dans le *Maine,* ses défenseurs n'éprouvèrent aussi que des revers.

40. Siège d'Orléans. — Enfin, en 1428, les Anglais mirent le siège devant *Orléans,* dont la possession devait leur assurer le passage de la Loire et leur ouvrir les provinces du Centre et du Sud. Après sept mois de résistance, la ville, soumise à un blocus rigoureux, était menacée de la famine et semblait perdue. Là où les guerriers ne pouvaient plus rien, Dieu envoya une jeune fille de dix-huit ans, **Jeanne d'Arc**, et la France fut sauvée.

41. Jeanne d'Arc. — *Jeanne* était née en 1412 dans le village de Domremy, aux confins de la Champagne et de la Lorraine. Elle avait jusqu'alors vécu dans sa famille, partageant les soins du ménage avec sa mère, les travaux des champs avec son père, se mêlant à ses compagnes dans les fêtes, et aimée de tous. Cependant, depuis cinq ans déjà, elle-même l'a raconté, des voix célestes la préparaient à la grande mission qu'elle allait remplir. C'étaient l'archange saint Michel, sainte Catherine, sainte Marguerite, toute la troupe des anges : « Je les ai vus des yeux de mon corps, dit-elle, aussi bien que je vous vois, et lorsqu'ils s'en allaient de moi, je pleurais et j'aurais bien voulu qu'ils m'eussent emportée. » Ils lui parlaient de « la pitié qui était au royaume de France », et lui disaient qu'il faudrait y aller et qu'elle y viendrait un jour au secours du roi.

Au moment du blocus d'Orléans, les voix devinrent plus pressantes, et Jeanne, sans avertir personne, quitta tout ce qu'elle aimait, sa mère, son père, ses compagnes. Elle vint avec son oncle demander au *sire de Baudricourt,* capitaine de *Vaucouleurs,* de la faire conduire au roi, à qui elle venait en aide de la part de Dieu. Mal reçue d'abord et traitée de folle, elle ne se laissa point décourager, et il fallut à la fin céder devant la ferme volonté et la foi ardente de la jeune fille.

42. Jeanne à Chinon. — Jeanne partit à cheval, en costume de guerre, avec six hommes d'armes pour l'escorter. Ils traversèrent, sans rencontre fâcheuse, un vaste pays dont les Anglais et les Bourguignons étaient les maîtres, et au bout de onze jours, après avoir fait cent cinquante lieues, ils arrivèrent à *Chinon* (Indre-et-Loire), où était le roi.

Jeanne se présenta humblement, « comme une pauvre paysanne », dit un témoin; mais ce fut avec assurance qu'elle promit à Charles, au nom de Dieu, de le faire sacrer à Reims.

43. Délivrance d'Orléans. — On lui donna enfin dix à douze mille hommes. Une fois chef de guerre, elle somma les Anglais de retourner en leur pays. Dieu ordonnait, leur disait-elle, qu'ils fussent « boutés (mis) hors de toute France, veuillent ou non veuillent ». Elle fit entrer des vivres dans la place assiégée, elle y entra elle-même, elle enflamma sa petite armée de sa foi et de son ardeur; elle dirigea en personne, sa bannière en main, l'attaque des bastilles anglaises et y fut blessée, mais elle les enleva l'une après l'autre. Après quatre jours seulement de combats, les Anglais, vaincus par une femme qu'ils avaient accablée de grossiers outrages, furent réduits à lever honteusement le siège.

44. Bataille de Patay. — Sacre de Charles VII à Reims. — Un mois après, en juin, Jeanne les attaqua dans leur retraite, et remporta sur eux, à *Patay*[1], une victoire éclatante. En juillet, elle entraîna vers Reims le roi, toujours hésitant : « Je ne durerai guère plus d'un an, lui disait-elle, et il faut besogner, car il y a beaucoup à faire. » Elle traversa la *Champagne* sans que les Anglais, démoralisés par les revers récents, cherchassent à lui faire obstacle, et elle arriva jusqu'à *Reims* sans coup férir. Le sacre s'y fit avec une solennité plus émouvante que jamais. L'Eglise prenait ainsi parti pour l'un des deux rois qui se disputaient la France ; Charles VII devenait l'élu de Dieu et l'*oint du Seigneur.* Pendant la cérémonie, Jeanne d'Arc, qui pleurait de joie, se tint debout aux côtés du roi, son étendard à la main. « Il avait été à la peine, a-t-elle dit, c'était bien raison qu'il fût à l'honneur. » (1429.)

45. Captivité de Jeanne d'Arc. — Orléans délivrée et Charles sacré à Reims, la mission de Jeanne était accomplie. Néanmoins, sur les instances du roi, elle resta à l'armée. L'indolence de Charles VII et de son entourage paralysa l'action de la sainte héroïne. Elle voulait que, sans tarder, le roi reprît sa capitale ; mais on perdit du temps à recevoir les soumissions volontaires des villes de la route, et Bedford en profita pour se fortifier.

---

1. Petite ville à dix lieues au nord-ouest d'Orléans.

On arriva à la fin devant Paris, et la place fut vigoureusement attaquée ; mais au moment où Jeanne espérait qu'un second assaut allait lui en livrer l'entrée, elle reçut l'ordre d'abandonner le siège, et, la douleur dans l'âme, il lui fallut obéir.

Peu de temps après, lasse de jouer dans l'armée du roi un rôle de parade, elle alla s'enfermer dans *Compiègne,* qu'assiégeaient les Bourguignons. Elle fut prise dans une sortie par les soldats de *Jean de Luxembourg,* et vendue par lui à l'Angleterre. Conduite à **Rouen,** elle fut enfermée, enchaînée, et gardée nuit et jour par des soldats grossiers qui ne lui ménageaient pas les insultes. Puis un évêque de Beauvais tristement célèbre, *Pierre Cauchon,* et un tribunal dévoué comme lui à la cause anglaise furent chargés de juger la sainte fille, qu'ils appelaient déjà la *sorcière* et qu'ils voulaient, pour détruire l'effet prodigieux de sa mission, faire brûler comme telle.

46. **Procès et supplice de Jeanne d'Arc.** — Le procès dura trois mois, et la prisonnière fut, pendant ces trois mois, un modèle de résignation et de patience. Quarante fois elle parut devant ses juges, et ce fut chose merveilleuse que le bon sens exquis et la hardiesse inébranlable de cette paysanne de dix-neuf ans, répondant aux questions, souvent perfides, qui lui étaient adressées. Elle avait dit plusieurs fois qu'elle aimait mieux son étendard que son épée, et ses juges lui demandèrent si elle ne faisait pas croire aux siens que son étendard portait bonheur : « Je ne faisais rien croire, répondit-elle ; je disais à mes gens : « Entrez hardiment parmi les Anglais, » et j'y entrais

moi-même. » — « Dieu ne hait-il pas les Anglais ? lui dit-on une autre fois. — De l'amour ou de la haine que Dieu a pour les Anglais, je ne sais rien, répondit-elle ; mais je sais bien qu'ils seront boutés hors de France, excepté ceux qui y mourront. »

Un jour pourtant, épuisée par la lutte, harassée de fatigue, menacée du bûcher si elle ne cédait, elle signa d'une croix, sans savoir ce qu'elle faisait, un acte où elle se reconnaissait coupable des crimes que lui imputaient ses juges, et désavouait, comme mensongères, ses révélations et apparitions. Sur cet aveu dû à la fraude, la cour la condamna à la prison, au pain et à l'eau, pour le reste de ses jours.

Mais bientôt Jeanne déclara que ses voix lui reprochaient de la part de Dieu d'avoir désavoué ses visions pour sauver sa vie, qu'elle ne l'avait fait que par crainte du feu, sans comprendre ce qu'elle signait, et qu'elle aimait mieux mourir en maintenant la vérité que de rester vivante en sa prison en la trahissant. « Elle revient à ses mensonges, elle est *relapse,* » s'écrièrent ses juges. Ils prononcèrent contre elle le supplice du feu, et la haine des Anglais fut satisfaite.

« Hélas ! s'écria la pauvre martyre en apprenant cette condamnation nouvelle, me traite-t-on si terriblement et si cruellement qu'il faille que mon corps, qui n'a rien de corrompu, soit aujourd'hui consumé et réduit en cendres ! J'en appelle à Dieu, le grand juge, des cruautés qu'on me fait ! » Au milieu des flammes qui l'enveloppaient, elle ne cessa de prier à haute voix, et le nom de Jésus fut le dernier mot qui sortit de ses lèvres. « Je voudrais, s'écrièrent deux de ses juges, que mon âme fût où je crois qu'est l'âme de cette femme. — Nous sommes tous perdus, disait le secrétaire du roi Henri VI, nous avons brûlé une sainte. » (30 mai 1431.)

47. Les Anglais chassés de France. — La cause anglaise fut en effet perdue en France à partir de ce moment. Charles VII, qui avait laissé juger et brûler Jeanne d'Arc sans rien tenter pour elle, profita de la généreuse impulsion qu'elle avait donnée et de l'indignation que son martyre avait excitée contre ses bourreaux.

Jeanne d'Arc sur le bûcher.

En désavouant, au *traité d'Arras,* le meurtre de Montereau, et en donnant les villes de la Somme et quelques autres pays à la maison de Bourgogne, il détacha, en 1435, le duc Philippe le Bon de l'alliance anglaise. *Paris* ouvrit ses portes en 1436; Charles VII y rentra solennelle-ment l'année suivante. Les provinces, à leur tour, furent délivrées l'une après l'autre de l'étranger et revinrent au roi national. Bientôt les Anglais n'en eurent plus que deux, la *Normandie* et la *Guyenne*. La bataille de **Formigny** (Calvados) et la prise de *Cherbourg* leur enlevèrent la première en 1450. La victoire de *Castillon* (Gironde) (1451) et la prise de *Bayonne* et de *Bordeaux* (1451-1453) leur arrachèrent la seconde. En 1453, ils n'avaient plus que *Calais* et *Guines :* la prédiction de Jeanne d'Arc était accomplie.

Cette terrible guerre de Cent ans avait coûté bien des humiliations et bien du sang à la France; la noblesse féodale y avait perdu sa renommée et la moitié de ses membres; mais le pays en sortait victorieux, et le sentiment national y avait gagné. En luttant pendant un siècle contre l'étranger, toutes les provinces avaient compris qu'elles n'étaient pas seulement la Bourgogne ou la Normandie, la Gascogne ou la Champagne, mais que toutes ensemble elles formaient un seul peuple, animé des mêmes sentiments et défendant les mêmes intérêts, la nation française. La royauté avait grandi dans l'opinion par ses succès inespérés. En délivrant le pays des soldats d'aventure, et en créant à leur place, comme armée nationale, une cavalerie de neuf à dix mille hommes (1439), Charles VII lui donna en même temps une force nouvelle, qui profita tout ensemble à la France et à son souverain.

En Angleterre, ces vingt-quatre ans de revers et la perte de toutes les provinces françaises avaient enlevé toute popularité à la maison de Lancastre : ce vif mécontentement préparait de nouvelles révolutions et l'avènement d'une autre famille.

QUESTIONNAIRE. — 30. Que devint la guerre anglaise après

Charles V? — Comment cet intervalle fut-il rempli pour les

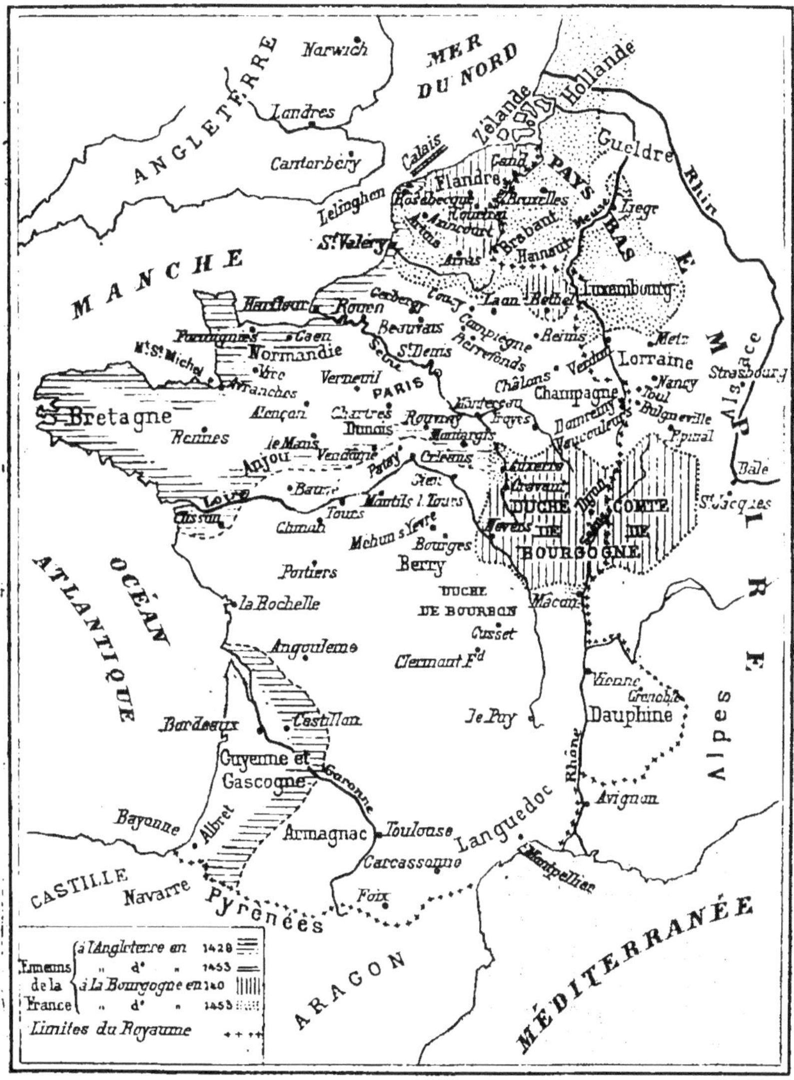

La France à la fin de la guerre de Cent ans.

deux pays? — Donnez une idée des doctrines de Wiclef et de
ses disciples. — Racontez, avec sa date, l'insurrection de
Wat-Tyler. — Quels ennemis Richard II trouva-t-il dans sa

famille? — 31. Quand et par qui fut-il détrôné? — Racontez, avec ses résultats, la lutte de Richard II et de Henri de Lancastre. — Quelle tradition Henri IV exploita-t-il pour légitimer son usurpation? — 32. Quels soulèvements eurent lieu et quelle guerre se fit pendant la minorité de Charles VI? — 33. En quelle année Charles VI prit-il en main le gouvernement? — Portrait de ce roi. — Quel triste événement rejeta bientôt le pays dans l'anarchie? — Faites un tableau de la France pendant la démence de Charles VI. — 34-35. Dates de l'assassinat du duc d'Orléans et du mariage de son fils avec la fille du comte d'Armagnac. — 36. Racontez, avec sa date, la bataille d'Azincourt. — 37. Où, quand, par qui et dans quelle circonstance fut tué le duc de Bourgogne Jean sans Peur? — Quelle fut la conséquence de ce crime? — 38. Date et conditions du traité de Troyes. — Dates de la mort de Henri V d'Angleterre et de celle de Charles VI. — A qui, d'après le traité de Troyes, revenait alors la couronne de France? — 39-40. Que devint la couronne de France à la mort de Charles VI? — Racontez les six premières années du règne de Charles VII. — 41. Date et lieu de naissance de Jeanne d'Arc. — Faites son portrait et dites ce que vous savez de son enfance et de sa jeunesse. — Racontez son départ de Domremy et sa démarche auprès du capitaine de Vaucouleurs. — 42. Comment se fit son voyage à Chinon, et que promit-elle au roi? — Comment soutint-elle l'examen des prélats et des docteurs de Poitiers? — 43-44. Combien de troupes lui confia-t-on? — Racontez ses trois grands succès du début. — 45. Par qui et comment l'action de Jeanne d'Arc fut-elle entravée? — Où et quand fut-elle faite prisonnière? — A qui fut-elle livrée? — Que firent d'elle les Anglais? — 46. Racontez le procès de Jeanne d'Arc et rapportez quelques-unes de ses réponses. — Comment obtint-on d'elle un désaveu de ses visions? — Maintint-elle ce désaveu? — Que lui reprochèrent encore ses juges? — A quel titre fut-elle condamnée? — Racontez son supplice et dites l'impression qu'il produisit sur les assistants. — Indiquez la date de sa mort. — 47. Résumez l'histoire de la guerre de Cent ans depuis cette époque. — Quand se termina-t-elle, et quels en furent les grands résultats pour la France et pour l'Angleterre?

CHAPITRE IV

L'ALLEMAGNE DEPUIS LE GRAND INTERRÈGNE JUSQU'A L'AVÈNEMENT DÉFINITIF DE LA MAISON DE HABSBOURG-AUTRICHE (1273-1437).

RÉSUMÉ. — **L'Allemagne formait une fédération de trois à quatre cents Etats, sous la suzeraineté de l'empereur.**
Rodolphe fonda la puissance de la maison autrichienne de Habsbourg.
Sous Albert Ier, les cantons suisses se rendirent indépendants et formèrent une confédération.
Charles IV promulga la bulle d'or, qui réduisait le nombre des électeurs impériaux à sept, quatre électeurs laïques et trois ecclésiastiques.

48. Etat de l'empire germanique. — De la France à l'Oder et à la March ou Morawa (affluent du Danube), de la mer du Nord et de la Baltique au Rhin supérieur, aux Alpes et à l'Adriatique, s'étendait une fédération de trois à quatre cents Etats réunis sous le nom d'*empire germanique*. L'empereur, qui représentait cette unité apparente, n'avait presque aucun pouvoir réel. Nommé par un petit nombre de princes allemands, il n'avait guère d'autre part dans le gouvernement que le droit de convoquer et de présider les diètes. Cette absence d'autorité centrale, qui livrait l'Allemagne à des luttes intérieures continuelles, lui enlevait par suite toute influence au dehors.

49. Rodolphe de Habsbourg. — Le *grand interrègne* (1250-1273), où les souverains qui se disputèrent la couronne parurent à peine dans leurs Etats, porta au comble les bouleversements et l'anarchie.

Les électeurs prolongeaient à dessein une situation qui les rendait maîtres absolus : il fallut, pour les faire sortir de leur inaction, les menaces du pape, qui annonçait la résolution de nommer lui-même un empereur, et les réclamations de l'Allemagne, qui voulait un pouvoir capable de maintenir l'ordre et la paix.

Ils réunirent enfin leurs suffrages sur un petit seigneur, **Rodolphe de Habsbourg**[1] (1273), qui, ne possédant que la haute Alsace et quelques domaines en Suisse, ne leur paraissait pas dangereux pour leur indépendance. Mais la puissance de Rodolphe ne tarda pas à grandir; il profita de son titre d'empereur pour donner à sa famille l'*Autriche,* la *Styrie* et la *Carniole* devenues vacantes, et il éleva même, pour son fils *Albert,* des prétentions sur la couronne de *Hongrie.*

Non content de fonder la puissance territoriale de sa maison, il lui donna en outre une grande influence morale. Avant lui, l'Allemagne était désolée par des troupes de bandits qu'organisaient les seigneurs eux-mêmes; il y rétablit l'ordre, décapitant les nobles, rasant leurs donjons, ne montrant nulle pitié pour le rang, quand le rang ne servait qu'à protéger le crime. « Ce ne sont point des nobles, disait-il, ce sont d'exécrables brigands, ceux qui oppriment le pauvre et troublent la paix publique. La vraie noblesse est loyale, humaine et juste; elle n'offense et ne dépouille personne. » Aussi l'Allemagne regretta-t-elle longtemps celui qu'elle avait appelé *la loi vivante.*

50. **Albert Ier.** — La puissance des princes de

1. Le château de Habsbourg était situé en Suisse, près de la rive droite de l'Aar (canton actuel d'Argovie).

Habsbourg parut trop grande aux électeurs, et, à la mort de Rodolphe (1291), ils écartèrent d'abord de l'empire son fils Albert. Mais les fautes d'*Adolphe de Nassau,* dont les actes arbitraires indignèrent bientôt toute l'Allemagne, rendirent aux descendants de Rodolphe ce que la défiance lui avait d'abord fait perdre.

Albert Ier, élu en 1298, vainquit et tua son rival à *Gelheim,* près de Worms. A son tour, le nouvel empereur (1298-1308) inquiéta la féodalité par son ambition. Il voulut s'emparer de la *Hollande,* de la *Bohéme,* de la *Thuringe;* il voulut devenir, dans l'ancienne Helvétie, le maître des cantons d'*Uri,* de *Schwitz* et d'*Unterwalden,* dont il n'était que l'avoyer ou avoué. Partout il échoua, et ses prétentions firent naître la ligue helvétique, qui devait être plus d'une fois funeste aux Habsbourg.

51. Conjuration du Grutli. — Depuis plusieurs années, Albert avait résolu de déterminer ces petits pays, qui, sous la suprématie de l'empire, jouissaient d'une indépendance presque illimitée, à reconnaître la souveraineté de sa famille. Mais les montagnards de ces cantons, jaloux de leur liberté, avaient résisté aux offres comme aux menaces. Voyant alors que la force seule pouvait changer son patronage en domination, il ordonna aux *baillis,* qu'il envoyait dans les provinces au nom de l'empire, d'y exciter, à force de vexations, quelque révolte qui lui donnât l'occasion d'arriver à ses fins.

Il ne fut que trop bien servi. Les horribles excès auxquels se livrèrent Gessler et ses collègues produisirent l'effet qu'Albert en attendait. Trois héros conçurent le projet de délivrer leur pays de cette insultante tyrannie : *Werner Stauffacher,* d'Uri, *Arnold, Melchthal,* d'Unterwalden, et *Walter Furst,* de Schwitz. Ils se rendirent de nuit, chacun avec dix amis de son choix, sur la plage solitaire du *Grutli,* près du lac des Quatre-Cantons, et y jurèrent ensemble de sauver leur patrie ou de mourir pour la défense de leurs droits (1307).

52. Guillaume Tell. — D'après les récits poétiques, mais douteux, de l'affranchissement de la Suisse, la hardiesse imprudente d'un des conjurés et le meurtre du tyran devinrent le signal de l'insurrection. Un jour, dit la légende, Gessler fit élever sur la place publique d'Altorf (canton d'Uri) un poteau sur lequel on plaça un bonnet. Les Suisses reçurent l'ordre de saluer en passant ce symbole de la puissance du gouverneur. Sur son refus d'obéir, *Guillaume Tell,* gendre de Furst, fut condamné à mort, et cet habile archer ne put racheter sa vie qu'à la condition de percer de sa flèche une pomme placée sur la tête de son enfant. Bien que le trait eût atteint son but, Gessler n'en voulut pas moins, au mépris des lois de la Suisse, transférer Tell hors du canton où il était né, et il s'embarqua avec lui sur le lac des Quatre-Cantons. Mais quand Guillaume se vit près de la rive, il s'y élança d'un bond, repoussa du pied la barque loin du bord, et une de ses flèches vint frapper Gessler sur le lac.

53. Indépendance des cantons suisses. — L'insurrection éclata le premier jour de l'année 1308. A un signal répété de montagne en montagne, les conjurés, protégés par un secret religieusement gardé, surprirent toutes les forteresses qu'Albert avait fait construire dans leur pays et les détruisirent de fond en comble. Peu de jours après, les habitants des trois cantons conclurent à *runen,* dans le canton de Schwitz, dont le nom devint celui de la nouvelle république, une ligue de dix ans, pour défendre leurs vies, leurs biens et la liberté qu'ils venaient de recouvrer. Albert accourait avec une armée pour dompter les rebelles, lorsqu'il fut assassiné, sur les bords de la *Reuss* (affluent de l'Aar), par son neveu *Jean de Souabe,* dont il retenait injustement les domaines patrimoniaux (1308).

54. Guerre entre les Suisses et l'empire. — Après la mort d'Albert, la maison de Habsbourg-Autriche perdit l'empire pour ne le recouvrer que cent trente ans plus tard (1437). Dans l'intervalle, non contente d'acquérir des possessions nouvelles, la *Carinthie* et le *Tyrol,* elle essaya plus d'une fois de reprendre la Suisse. Mais la république sut toujours défendre sa liberté. A trois reprises, elle triompha de ses adversaires, à *Morgarten* en 1315, à *Sempach* en 1386, à *Nœfels* en 1388.

Dans la seconde de ces batailles, les Suisses ne pouvaient rompre le carré hérissé de lances que leurs ennemis avaient formé; *Arnold de Winkelried* se dévoua héroïquement : « Compagnons, dit-il, pensez à ma femme et à mes enfants. » Saisissant alors dans les rangs ennemis autant de fers de lances qu'il put, il les dirigea contre sa poitrine, les entraîna avec lui, et fraya ainsi un passage à ses compatriotes. Ces succès assurèrent l'indépendance de la ligue helvétique, qui, depuis sa naissance, s'était accrue de cinq cantons nouveaux (*Lucerne, Zurich, Glaris, Zug* et *Berne*).

55. Henri VII. — Après la maison de Habsbourg, le trône impérial passa tour à tour à celles de *Luxembourg* et de *Bavière*, et la constitution féodale de l'Allemagne ne fit que s'affermir.

Henri VII de Luxembourg (1308-1313) voulut faire valoir de nouveau ses désastreuses prétentions sur l'Italie que ses prédécesseurs avaient eu la prudence de négliger; il mourut subitement dans le cours de l'expédition.

Le règne de *Louis V de Bavière* (1314-1347) n'a d'autre importance que la promulgation de la *Pragmatique sanction de Francfort,* qui, en 1338, déclara la royauté allemande complètement indépendante du saint-siège et enleva au pape le droit de confirmer ou de rejeter le choix des électeurs.

56. Charles IV. — La bulle d'or. — *Charles IV de Luxembourg* (1347-1378), prince rusé et cupide, ne songea qu'à enrichir et à agrandir sa maison. C'est par lui que fut promulguée la **bulle d'or**[1], faite avec le concours des princes et des députés des villes (1356). Cet acte régla définitivement les formes, le lieu et le mode d'élection des empereurs. Le droit de suffrage fut réservé à sept électeurs : les trois *archevêques* du Rhin (*Trèves, Mayence, Cologne*), le *duc de Saxe,* le *roi de Bohême,* le *comte palatin du Rhin* et le *margrave de Brandebourg.* Ces princes, qui occupèrent dès lors le premier rang après l'empereur, exercèrent dans leurs domaines tous les

---

1. Cet acte tire son nom de ce que le sceau de l'empire qui y était suspendu était en or.

droits de souveraineté, et la loi de lèse-majesté fut appliquée à leurs personnes. En annulant presque l'autorité impériale à l'égard de trois dignitaires ecclésiastiques et de quatre familles puissantes, la bulle d'or rendait la féodalité allemande plus forte et plus redoutable que jamais.

57. **Les derniers empereurs de la maison de Habsbourg.** — Après les règnes sans importance de *Wenceslas l'Ivrogne* et de *Robert de Bavière* (1400-1410), les électeurs réunirent leurs suffrages sur *Sigismond de Luxembourg,* qui aux titres d'électeur de Brandebourg et de roi de Hongrie joignait l'expectative de la Bohême, où il devait succéder à son frère Wenceslas (1410-1437). Le pouvoir impérial semblait alors destiné à reprendre quelque vigueur. Mais les attaques des Turcs Ottomans, qui cherchaient à s'établir en Europe et qu'il eut toujours à combattre; le besoin de rétablir l'ordre et l'unité dans l'Eglise en mettant fin au grand schisme; et surtout une guerre religieuse en Bohême, la *guerre des hussites,* que le supplice de leur chef avait exaltés jusqu'à la fureur, entravèrent ses efforts et l'empêchèrent de rendre à la couronne son ancien éclat.

Après Sigismond, la maison de Habsbourg-Autriche remonta sur le trône impérial dans la personne d'*Albert II* (1437-1439), qui succéda en même temps à son beau-père en Hongrie et en Bohême. Sous *Frédéric III,* qui le remplaça en 1439, des mariages devaient encore agrandir les Etats de cette puissante famille, qui pendant trois siècles allait conserver le titre d'empereur.

QUESTIONNAIRE. — 48. Donnez une idée du pouvoir impérial en Allemagne après la mort de Frédéric II. — Quel intérêt avaient les électeurs à prolonger le grand interrègne? — 49. Quelles causes les décidèrent à nommer enfin un empereur? — Sur quel prince réunirent-ils leurs suffrages, et pourquoi? — Comment Rodolphe de Habsbourg agrandit-il sa puissance? — Dites quelques mots de ses réformes et de l'influence morale qu'elles lui donnèrent. — 50. Qui succéda à Rodolphe, et comment le trône impérial revint-il bientôt à la maison de Habsbourg? — Par quels projets ambitieux Albert Ier inquiéta-t-il à son tour la féodalité allemande? — 51. Quels moyens employa-t-il pour subjuguer les cantons de l'ancienne Helvétie? — Quel fut le résultat de sa tyrannie? — Indiquez la date du serment du Grutli et nommez les principaux conjurés. — 52. Donnez quelques détails sur l'histoire de Guillaume Tell et sur la mort de Gessler. — 53. Racontez, avec sa date, l'insurrection des cantons suisses. — Où, quand et pour combien de temps les habitants des trois cantons conclurent-ils la ligue helvétique? — D'où vient le nom de la nouvelle république? — Où et comment mourut Albert d'Autriche? — 54. Quand la maison de Habsbourg-Autriche devait-elle remonter sur le trône impérial? — Quels pays ajouta-t-elle à ses possessions pendant ces cent trente ans? — Parlez de ses efforts pour reprendre la Suisse. — Lieux et dates de ses défaites. — Dites un mot du dévouement d'Arnold de Winkelried à Sempach. — Combien de cantons comprit alors la ligue helvétique? — 55. Que devint l'empire après la mort d'Albert Ier? — Racontez, avec ses dates, le règne de Henri VII de Luxembourg; — celui de Louis V de Bavière. — 56. Donnez quelques détails sur la *bulle d'or* et ses conséquences. — D'où vient le nom de bulle d'or? — 57. A qui donna-t-on la couronne après la mort de Robert de Bavière? — Quelles causes empêchèrent Sigismond de consolider le pouvoir impérial? — Donnez les noms de ses deux successeurs. — Combien de temps le titre d'empereur allait-il rester dans la maison de Habsbourg-Autriche?

CHAPITRE V

L'ITALIE DANS LES DEUX DERNIERS SIÈCLES DU MOYEN AGE

RÉSUMÉ. — Charles d'Anjou, appelé par le pape Urbain IV, s'empara du royaume des Deux-Siciles. Le mauvais gouvernement de Charles eut pour conséquence le massacre des Français aux Vêpres siciliennes.

La république de Florence fut longtemps troublée par les querelles des partis. Elle retrouva la paix sous le gouvernement des Médicis.

.Le duché de Milan appartint successivement aux Visconti et aux Sforza, qui se le disputèrent les armes à la main.

La maison de Savoie commença à accroître peu à peu sa puissance, et ses chefs prirent le nom de ducs.

La république de Gênes fut en lutte perpétuelle avec celle de Pise, et sa constitution démocratique empêcha le développement de sa puissance.

La république de Venise eut, au contraire, une constitution aristocratique. Le grand conseil, le conseil des Dix et les trois inquisiteurs empêchaient tout trouble intérieur, mais en faisant régner la terreur.

58. Divisions de l'Italie. — Les luttes patriotiques que l'Italie avait soutenues au XIIe et au XIIIe siècle l'avaient sauvée de la domination allemande sans lui donner l'unité nationale, et elle restait morcelée en un grand nombre de petits Etats. Les principaux étaient : au sud, le *royaume des Deux-Siciles ;* au centre, *Florence* et les *Etats de l'Eglise ;* au nord, *Milan* et le *duché de Savoie ;* enfin les républiques maritimes de *Gênes,* de *Pise,* sur la mer de Toscane, et de *Venise* au fond de l'Adriatique.

59. Les derniers Hohenstaufen. — Après Frédéric II, son fils *Manfred* se maintint jusqu'en 1265 sur le trône de Naples, malgré l'opposition et les anathèmes du saint-siège. A cette époque, le pape *Urbain IV* offrit la couronne des Deux-Siciles à *Charles d'Anjou,* frère de saint Louis, qui s'empressa de l'accepter; les deux victoires de ce prince à *Bénévent,* où Manfred fut tué (1266), et à *Tagliacozzo* (1268), où il battit le jeune *Conradin,* neveu de Manfred, lui assurèrent la possession du royaume.

Mais des cruautés indignes souillèrent son triomphe : il fit juger *Conradin* et son cousin *Frédéric d'Autriche* par un tribunal qu'il avait composé lui-même ; parmi les juges, un seul osa voter la mort. Charles adopta cette sentence, et l'exécution du dernier des *Hohenstaufen* eut lieu en plein jour sur la place de Naples. De l'échafaud, Conradin jeta son gantelet dans la foule; il avait, dit-on, chargé l'un des siens de le porter à *Pierre III d'Aragon,* son parent, à qui il transmettait ses droits et qu'il chargeait du soin de sa vengeance : l'occasion ne se fit pas longtemps attendre.

60. **Les Vêpres siciliennes.** — L'ambition turbulente de Charles d'Anjou, son caractère dur et hautain, son administration exigeante et rapace, exaspérèrent ses sujets et amenèrent, en 1282, le massacre connu sous le nom de **Vêpres siciliennes.** Une rixe éclata à Palerme, le lundi de Pâques, au moment où l'on se rendait aux vêpres ; les Français voulurent fouiller les Siciliens, hommes ou femmes, sous prétexte d'armes cachées; ceux-ci, indignés, se révoltèrent, et les Français furent tous égorgés sans pitié. Cette fièvre d'indépendance et de meurtre gagna ensuite l'île entière. La Sicile se donna au roi d'A-

ragon, et Charles d'Anjou essaya en vain de la reprendre.

L'île de Sicile et le pays de Naples restèrent ainsi séparés pendant un siècle et demi. Enfin, à la mort de *Jeanne II,* dernière héritière du frère de saint Louis (1435), deux prétendants qu'elle avait successivement adoptés se disputèrent la couronne : c'étaient *Alphonse V, roi d'Aragon,* et *René, comte d'Anjou,* du Maine et de Provence[1]. Une guerre s'ensuivit, dans laquelle Alphonse, plus puissant et plus habile que son rival, s'empara de Naples et rétablit l'unité du *royaume des Deux-Siciles* dans la main des princes aragonais (1442).

61. Les États de l'Église. — Dans les États de l'Église, l'absence des papes laissait le champ libre aux agitateurs de Rome, et permettait aux vassaux du saint-siège de se constituer en souverains indépendants, dont la domination dégénérait trop souvent en un véritable brigandage. Ce n'était pas tout encore. *Venise,* toujours avide d'agrandir ses États, s'empara, en 1441, de l'importante ville de *Ravenne* sur l'Adriatique.

62. Constitution de Florence. — La république de *Florence* fut longtemps plongée dans l'anarchie et désolée par les factions. « Les nobles, dit Machiavel, se divisèrent d'abord entre eux, ensuite les nobles et le peuple, et enfin le peuple et le bas peuple; et il

---

1. L'Anjou et le Maine étaient revenus à la couronne de France par le mariage de Charles IV le Bel avec une princesse de Naples, et le roi Jean le Bon avait donné ces provinces au prince Louis, un de ses fils, tige d'une seconde maison d'Anjou et aïeul de René. Quant à la Provence, Louis l'avait reçue de Jeanne Ire, reine de Naples.

arriva souvent qu'un des partis demeuré supérieur se divisa en deux. » Toute l'histoire de Florence est là.

D'abord agitée par les luttes de la noblesse, pour laquelle les vieux noms de *guelfes* et de *gibelins* représentaient plus encore des ambitions privées que des rivalités politiques, elle vit bientôt les guelfes vainqueurs se partager en deux factions, les *blancs* et les *noirs*.

Pendant ce temps, le peuple, enrichi par l'industrie et le commerce, et organisé en corporations en 1266, grandissait peu à peu et arrivait au gouvernement : les *arts majeurs* ou le gros négoce, en 1282 ; les *arts mineurs* ou le petit commerce et les artisans, en 1343. La révolution démocratique ne s'arrêta pas là : après les luttes du peuple et de la noblesse, désormais proscrite à moins de se faire *peuple;* après celles des arts majeurs, devenus une nouvelle aristocratie (*il popolo grasso*), et des arts mineurs, vinrent les soulèvements et les excès de la populace privée du droit de s'organiser en corporations et placée sous la dépendance des arts.

63. Les Médicis. — Fatiguée de toutes ces guerres intestines, Florence fut heureuse de se remettre aux mains des **Médicis,** qui gouvernèrent sans autre titre que le talent et la richesse. Simples *gonfaloniers de justice,* ils n'avaient d'autre pouvoir que celui d'appeler le peuple sous leur étendard ou *gonfalon,* lorsque les voies de conciliation avaient été épuisées [1].

Cosme de Médicis, le *père de la patrie,* fut le vrai

---

1. Les magistrats appelés gonfaloniers de justice avaient été créés par les Florentins, en 1292, pour essayer d'apporter un remède aux troubles civils.

fondateur de la puissance de sa maison, dans la première partie du xvᵉ siècle. République de nom, Florence devint presque une monarchie sous cette opulente famille, sortie des arts majeurs, mais placée depuis longtemps à la tête des arts mineurs. Les discordes civiles ne l'avaient pas empêchée d'étendre sa domination sur une grande partie de la Toscane, et elle était, à la fin du moyen âge, la plus florissante des cités italiennes.

64. Le duché de Milan. — Au nord, *Milan* devint, à la fin du xivᵉ siècle, un duché qui passa successivement aux *Visconti* et aux *Sforza*. Les premiers obtinrent le titre de ducs en 1395, mais leur famille s'éteignit en 1447. Le duché passa alors aux Sforza, valeureux condottieri ou chefs de bandes, qui depuis un demi-siècle jouaient un grand rôle dans la péninsule, et dont l'un, *Francois Sforza,* avait épousé la fille du dernier Visconti, Philippe-Marie. C'était une belle couronne que celle qui lui donnait, au nord du Pô, les villes de *Milan,* de *Pavie,* de *Novare* et de *Côme;* les villes de *Crémone* et de *Plaisance* sur le fleuve, de *Parme* et *Alexandrie* un peu au sud.

65. Le duché de Savoie. — A l'ouest du Milanais s'étendait la province montagneuse de *Savoie,* longtemps comprise dans la Bourgogne Transjurane, et réunie à l'empire germanique par Conrad le Salique en 1031. Le premier chef connu de ce petit État, *Humbert aux blanches mains,* avait été créé par Rodolphe III *comte de Savoie et de Maurienne* (1027); moins d'un demi-siècle après, un héritage avait joint à ces deux pays le *Piémont* (Turin), de l'autre côté des Alpes.

Telle fut l'origine de la *maison de Savoie*. En 1416, un titre nouveau, celui de duc, fut donné par l'empereur Sigismond au chef de cette famille, *Amédée VIII*.

66. La république de Gênes. — Les républiques maritimes de *Gênes,* de *Pise* et de *Venise* remplirent de leurs divisions et de leurs guerres toute la fin du moyen âge. Les triomphes de *Gênes* sur ses rivales auraient fait d'elle un État des plus importants, si sa constitution purement démocratique et les luttes incessantes de deux riches familles, les *Adorni* et les *Fregosi,* ne l'avaient livrée, depuis le milieu du XIVe siècle, à une anarchie continuelle.

En soutenant les efforts des Grecs pour renverser l'empire latin, elle avait, dès 1261, détruit la puissance des Vénitiens à Constantinople. A la fin du XIIIe siècle, une nouvelle guerre avec *Venise* sembla devoir amener la décadence de cette ville, et les deux grandes batailles navales de *Curzola* (Dalmatie) et de *Gallipoli* (terre d'Otrante) la forcèrent à subir une paix humiliante, qui fermait à ses vaisseaux la mer Noire et la mer de Syrie.

67. Pise. — En même temps, Gênes accablait *Pise.* Une terrible défaite, la défaite de la *Meloria* (petite île voisine de Livourne) (1284), détruisit toute la marine des Pisans, et un traité désastreux les condamna à combler leur port. A l'intérieur, Pise n'était pas plus heureuse. Elle subissait la tyrannie du comte *Ugolin* de la Gherardesca, qui finit par être attaqué par le peuple, fait prisonnier et condamné à mourir de faim avec ses cinq enfants, dans une tour située près de la ville, et qu'on appela depuis du nom terrible de tour de la Faim. Ces atrocités ne relevèrent pas la fortune de Pise. En 1323, la *Sardaigne* lui fut enlevée par le roi d'Aragon; un demi-siècle après, elle perdit même son indépendance, et les Visconti, devenus ses maîtres, ne tardèrent pas à la vendre aux Florentins (1406).

68. Constitution de la république de Venise. — Venise était tranquille, grâce au gouvernement tyrannique qui la dirigeait. Une aristocratie défiante

Vaisseaux vénitiens au XII° siècle.

et habile la préservait des agitations des autres villes italiennes, mais au prix de la liberté pour ses habitants, et au mépris des droits de la morale, sans cesse outragée par un gouvernement qui provoquait à la délation, qui jugeait et tuait dans l'ombre.

La noblesse, inscrite au *Livre d'or,* réunissait en ses mains tous les pouvoirs. Par cette seule inscription, et sans élection aucune, les jeunes Vénitiens dont les familles avaient déjà fait partie du *grand conseil* devenaient eux-mêmes membres de ce corps à vingt-cinq ans. Le doge n'était le chef de la république qu'en apparence. Misérablement rétribué pour une charge onéreuse, entouré partout d'espions, il n'avait que les dehors et la pompe du pouvoir. C'est en vain que le doge *Marino Faliero* avait tenté de s'appuyer sur le peuple pour s'affranchir de cette humiliante tutelle. Dénoncé et arrêté dès les premiers jours, il avait été condamné comme traître et puni du dernier supplice (1355). Enfin, le grand conseil lui-même tremblait devant le *conseil des Dix,* sorte de comité de salut public qui protégeait Venise contre les ambitions individuelles, et dont l'action, en 1454, se concentra encore par la création des trois *inquisiteurs d'Etat,* pris parmi les Dix, et inconnus de tous, sauf des collègues qui les nommaient.

Au xve siècle, non contente de posséder, avec bien d'autres encore, les îles grecques de *Négrepont,* de *Candie,* de *Corfou,* et le rivage oriental de l'Adriatique, *Venise* acquit, à défaut de son ancienne puissance maritime, des possessions continentales importantes : toute la partie orientale de l'Italie du Nord jusqu'à l'*Adda* lui appartint.

69. Organisation militaire de l'Italie. — Tous les Etats de l'Italie avaient encore des armées, mais l'esprit militaire avait complètement disparu de la péninsule. Ces armées depuis longtemps ne se composaient plus que de troupes mercenaires, conduites par des chefs de bandes ou *condottieri* (conducteurs). Les Italiens, grands ménagers de leur argent, avaient de plus en plus amoindri le nombre de ces soldats d'aventure. Ceux-ci, de leur côté, pour augmenter leur solde par les rançons, cherchaient plutôt à faire des prisonniers qu'à tuer leurs adversaires. Les guerres étaient devenues des simulacres de guerre, et des batailles se livraient parfois sans mort d'homme.

QUESTIONNAIRE. — 58. Quels étaient les principaux Etats de l'Italie à la fin du XIIIᵉ siècle? — 59. Qui succéda à Frédéric II sur le trône de Naples? — Quand et comment Charles d'Anjou devint-il roi des Deux-Siciles? — Indiquez, avec leurs dates, ses victoires sur Manfred et Conradin. — Donnez quelques détails sur la mort de ce dernier. — Comment le gouvernement de Charles d'Anjou excita-t-il contre lui une révolution? — 60. Racontez, avec sa date et ses résultats, le massacre des Vêpres siciliennes. — Quand, comment et en quelles mains la Sicile et le pays de Naples furent-ils de nouveau réunis? — 61. Indiquez les principaux faits de l'histoire des Etats de l'Eglise depuis la translation du saint-siège à Avignon. — 62. Donnez une idée des divisions continuelles de la république de Florence. — Rappelez les luttes de la noblesse. — Quel rôle y joua le poète Dante Alighieri? — Montrez comment le peuple, grandissant peu à peu, finit par prendre part au gouvernement. — 63. A quelle époque et sous quel titre les Médicis exercèrent-ils le pouvoir? — Qu'était-ce qu'un gonfalonier? — A quelle classe appartenaient les Médicis et quel fut le fondateur de leur puissance? — Sur quel pays Florence avait-elle étendu sa domination pendant ses discordes intestines? — 64. Quel titre nouveau Milan avait-elle reçu à la fin du XVIᵉ siècle? — Par quelles familles fut-elle successivement gouvernée? — Indiquez les principales villes du duché de Milan. — 65. Origine de la maison de Savoie. — Enumérez ses acquisitions jusqu'au XVᵉ siècle. — A quelle époque ce pays fut-il érigé en duché? — 66. Dites un mot de l'histoire intérieure de Gênes, et rappelez ses triomphes sur Venise et sur Pise. — 67. Que savez-vous des troubles de Pise? — Par qui la Sardaigne lui fut-elle enlevée? — Quand et comment Pise perdit-elle son indépendance? — 68. Donnez une idée du gouvernement de Venise. — A qui appartenait le pouvoir? — Quelle était la situation des doges? — Quel rôle jouait dans la république le conseil des Dix? — Quand furent créés les inquisiteurs d'Etat? — Indiquez les conquêtes de Venise au xv° siècle. — 69. Comment se formaient les armées italiennes, et qu'étaient devenues les guerres de la péninsule dans les deux derniers siècles du moyen âge ?

CHAPITRE VI

L'EUROPE SEPTENTRIONALE ET L'EUROPE ORIENTALE. — CONQUÊTE DE CONSTANTINOPLE ET DE L'EMPIRE GREC PAR LES TURCS OTTOMANS.

RÉSUMÉ. — **Sous le règne de Canut le Grand, les Danois furent maîtres de l'Angleterre et de la Norwège.**

Les Etats scandinaves furent de nouveau réunis sous Marguerite de Waldemar.

La Pologne, réunie à la Lithuanie, fut gouvernée par la dynastie des Jagellons.

La Russie, convertie à peine au christianisme, était tributaire des Mongols.

L'empire grec reçut le dernier coup de la main des Turcs Ottomans.

La dynastie des empereurs ottomans doit son nom à Othman, souverain de Bithynie, qui dut en partie ses succès au corps des janissaires.

Bajazet Ier envahit l'Europe, et, après la victoire de Nicopolis, attaqua Constantinople.

Les progrès des Ottomans furent un moment arrêtés par les exploits des Mongols, qui avaient pour chef Tamerlan.

Mahomet Ier remporta de nouvelles victoires sur les Grecs.

Jean-Hunyade Corvin sauva la Hongrie, et Scanderbeg défendit l'indépendance de l'Albanie.

Mahomet II s'empara de Constantinople en 1453.

70. **Les Etats scandinaves.** — Au delà des quatre grands Etats de l'Europe occidentale, habitaient d'autres peuples, encore sans relations avec le monde civilisé : c'étaient, au nord, les *Scandinaves ;*

à l'est, les *Slaves,* en partie asservis par les Mongols depuis le milieu du xiiie siècle ; au sud, enfin, l'*empire grec* en décadence.

Sous le nom d'hommes du Nord ou de Normands, les Scandinaves avaient fait d'importantes conquêtes en France, en Russie, en Angleterre ; mais l'histoire intérieure de ces Etats barbares n'a encore, au moyen âge, qu'une importance secondaire.

Sous le règne de *Canut le Grand* (1016-1036), les Danois, déjà maîtres de l'Angleterre, avaient encore ajouté la Norwège à leurs anciennes possessions. A la mort de ce prince, un chef norwégien, *Magnus le Bon,* secoua le joug danois, rendit l'indépendance à sa patrie, et les deux Etats restèrent séparés, le Danemark sous les descendants de Canut, et la Norwège sous ceux de Magnus.

Au xiie siècle, avec des rois conquérants, parmi lesquels il faut citer surtout *Waldemar Ier* et *Waldemar II,* les Danois étendirent leur empire sur les côtes de la Baltique, depuis le *Holstein* jusqu'à l'*Esthonie,* des rives de l'*Elbe* à celles de la *Néva.* Mais ils ne conservèrent pas longtemps ces conquêtes. L'Esthonie leur fut bientôt reprise par les chevaliers teutoniques, qui, revenus en Europe depuis la prise de Jérusalem (1187), et chargés par un prince polonais de combattre les *Prussiens* idolâtres, avaient, en un demi-siècle, établi leur domination sur tous les pays compris entre la *Vistule* et le *Niémen.* Un siècle plus tard environ, la grande association commerciale de la *ligue hanséatique*[1] enleva au Danemark, avec

---

1. La hanse teutonique ou ligue hanséatique, de l'allemand *hansen,* s'associer, avait été formée, en 1241, entre Hambourg

le commerce de la Baltique, la plupart des autres provinces du littoral.

71. Réunion des Etats scandinaves. — En 1397, *Marguerite de Waldemar* réunit les trois Etats scandinaves : le *Danemark,* où elle succéda à son père *Waldemar III;* la *Suède,* où elle remplaça son mari *Haquin,* mort en 1380; et la *Norwège,* où elle fut proclamée reine en 1387. A l'assemblée de *Calmar,* cette princesse, surnommée par les historiens la *Sémiramis du Nord,* décida les députés des trois nations à jurer une fédération perpétuelle. D'après cet acte célèbre, chaque pays conservait ses lois, son sénat, son administration, mais tous obéissaient à un même roi, qui devait être pris dans la famille de Marguerite. Sans les divisions continuelles des trois peuples, cet acte aurait pu donner une grande puissance aux Etats scandinaves; mais, jusqu'au xvie siècle, leur histoire se borne aux efforts des Suédois pour briser l'union de Calmar, et à ceux des Danois pour la maintenir. Les *Suédois* s'en détachèrent dès 1448.

72. La Pologne. — Parmi les Etats slaves, le plus puissant était la *Pologne,* réunie au grand-duché de *Lithuanie,* depuis qu'elle était gouvernée par la dynastie lithuanienne des *Jagellons* (1386). Ces deux pays, qui conservaient leurs constitutions respectives, formaient ensemble, avec *Cracovie* et *Wilna* pour capitales, une des plus vastes monar-

et Lubeck, et s'était étendue successivement à toutes les villes commerçantes du Nord. Pour protéger le commerce de la ligue, chaque ville fournissait son contingent militaire et sa contribution en argent.

chies de l'Europe. Non contents de voir ainsi doublée l'étendue de leur royaume, les Polonais y ajoutèrent encore plusieurs provinces voisines, enlevées à l'ordre teutonique, que le *traité de Thorn* (1466) allait bientôt rendre vassal de la Pologne.

Malheureusement, il n'y avait chez cette nation ni bourgeoisie ni peuple libre, et la royauté y était sans pouvoir. Tout dépendait d'une aristocratie guerrière et remuante, rarement d'accord avec elle-même, et cependant la constitution exigeait, pour l'adoption d'une loi, l'unanimité des votes. Chaque noble jouissant du droit de *veto,* toute décision était impossible dans ces assemblées, qui dégénéraient souvent en rixes sanglantes.

73. **La Russie.** — Quant à la Russie, sa barbarie autant que sa position l'isolaient du reste de l'Europe. Les mœurs de ses habitants étaient rudes et incultes; ils avaient à peine l'idée des doctrines de l'Eglise grecque à laquelle ils appartenaient. Asservis aux Mongols depuis le XIIIe siècle, les différents princes du pays ne commandaient à leurs sujets que sous le bon plaisir des Tartares de la *horde d'or,* ainsi nommés de la tente (en mongol *ordo*) couverte d'étoffe brodée d'or qui servait de demeure à leur chef. Le *grand-duc de Moscou* leur payait, chaque année, un tribut en bétail, en pelleteries et en argent.

74. **L'empire grec.** — Au sud des Etats slaves, l'empire grec penchait de plus en plus vers sa ruine, sous la triste administration des *Paléologues,* qui occupaient le trône depuis la chute de l'empire latin (1261). C'était toujours la même faiblesse : des intrigues de palais, des guerres civiles, auxquelles se

joignaient les incessantes réclamations des Génois, qui, depuis 1261, avaient succédé dans Constantinople à l'influence de Venise. Les Turcs Ottomans vinrent porter le dernier coup à cette monarchie décrépite, dont l'histoire, pendant presque tout le moyen âge, avait été une longue agonie, et qui, au xve siècle, ne fit qu'achever de mourir.

75. **L'empire ottoman.** — Après avoir détruit la domination des Turcs Seldjoucides, les *Mongols* avaient, vers 1300, partagé l'Asie Mineure en dix parties indépendantes, qu'ils abandonnèrent aux chefs de quelques hordes turcomanes. Parmi ces chefs, l'histoire a particulièrement remarqué celui de Bithynie, *Othman,* dont les descendants réunirent bientôt sous leurs lois les neuf autres principautés et créèrent l'**empire ottoman,** ainsi appelé du nom de son fondateur.

76. **Les janissaires.** — Ils durent en grande partie ces succès au corps redoutable des *janissaires (yenitscheri,* nouvelle troupe), milice instituée par *Orkhan,* successeur d'Othman (1326-1360), et toute composée d'enfants chrétiens qu'on forçait à embrasser l'islamisme. Soumis à des maîtres inflexibles et ne connaissant qu'eux, les janissaires apprenaient de bonne heure à leur obéir aveuglément et à supporter la fatigue et la faim. Un avancement certain était la récompense de leur docilité et de leur courage. Ils n'étaient que mille à l'origine, mais tous les ans on contraignit mille autres jeunes chrétiens, faits prisonniers ou enlevés aux sujets du sultan, à embrasser la religion de Mahomet et l'état militaire. Les victoires signalées que la nouvelle

troupe remporta en Asie et en Europe ne tardèrent pas à justifier les espérances que son premier chef en avait conçues.

77. **Bajazet Ier.** — Maîtres d'*Andrinople* depuis 1360, les Ottomans franchirent bientôt le détroit qui les séparait de l'Europe et envahirent la Bulgarie et la Serbie. Quand *Amurat Ier*, successeur d'Orkhan, périt au milieu de sa victoire de *Cossova* (Serbie) (1389), il laissa à son fils, *Bajazet Ier*, un empire considérablement agrandi. Celui-ci continua d'abord ces succès. Portant la guerre jusqu'en Hongrie, il défit à *Nicopolis* (sur le Danube) l'empereur *Sigismond*, que cent mille chrétiens, et parmi eux la plus haute noblesse de France, étaient venus soutenir (1396).

78. **Tamerlan.** — Après sa victoire de Nicopolis, le sultan vint attaquer Constantinople, et déjà il rêvait la conquête de l'Italie, disant avec arrogance que son cheval mangerait bientôt l'avoine sur le maître autel de l'église Saint-Pierre, lorsqu'il fut arrêté dans ses projets par les exploits de **Tamerlan**.

C'était un simple émir mongol, descendant de Gengis-Khan par les femmes, et qui, renouvelant à un siècle et demi de distance les victoires de son aïeul, s'était rendu maître de presque toute l'Asie.

Appelé par quelques émirs turcs que Bajazet avait dépouillés, il marcha contre le sultan ; les deux armées se rencontrèrent à *Angora,* autrefois Ancyre, en Galatie (1402). Bajazet vaincu fut fait prisonnier et mourut peu de temps après sa défaite (1403). Tamerlan ne lui survécut que deux ans ; après lui, son empire fut partagé entre ses fils, et les troubles de la succession donnèrent quelque répit aux Turcs.

79. Mahomet Iᵉʳ. — Les princes ottomans auraient pu mettre à profit les divisions qui affaiblissaient leurs ennemis; mais ils étaient livrés euxmêmes à des discordes intestines, qui arrêtèrent un instant l'extension de leur empire. Au bout de dix ans, l'ordre se rétablit avec *Mahomet Iᵉʳ* (1413-1421), et de nouvelles victoires furent remportées. Pour se venger de l'empereur grec *Manuel Comnène,* qui avait excité des agitations dans ses Etats, *Amurat II* (1422-1451) marcha contre Constantinople, qui acheta la paix à prix d'or. Poursuivant ensuite ses conquêtes en Europe, il prit d'assaut *Thessalonique,* s'empara de l'*Albanie septentrionale* et ravagea la *Transylvanie.* Plus que jamais la chrétienté était menacée, et il eût fallu que tout l'Occident s'unît contre ces Barbares.

Malheureusement les circonstances ne permettaient plus alors à l'Occident de venir au secours de l'empire grec qui succombait, de l'Allemagne et de la Hongrie menacées.

80. Jean-Hunyade Corvin. — Réduite à se défendre seule, la *Hongrie* soutint la lutte avec une indomptable vigueur. Cette résistance a rendu célèbre le nom du vayvode ou gouverneur de Transylvanie *Jean-Hunyade Corvin.* Le héros remporta près d'*Hermanstadt* (Transylvanie) une victoire qui coûta la vie à 20,000 musulmans; quelque temps après, il défit non loin de là, à *Wasag,* avec 15,000 hommes, une armée bien supérieure en nombre, et triompha de nouveau à Vissa dans la Serbie. Les Turcs, il est vrai, reprirent l'avantage, battirent les Hongrois à *Warna* (Turquie d'Europe) (1444) et à

Cossova (Serbie) (1448), mais la Hongrie n'eut jamais à se courber sous le joug ottoman.

81. Scanderbeg. — Sur un autre point dans l'*Albanie* (ancienne Epire), depuis longtemps soumise aux Turcs, l'islamisme rencontra des adversaires résolus et audacieux. Le fils d'un prince albanais, *Scanderbeg*, élevé à la cour d'Amurat II dans la religion musulmane, et l'un des chefs les plus valeureux de l'armée turque, se repentit un jour d'avoir si longtemps combattu pour les oppresseurs de son pays. Il revint à la foi chrétienne, vit accourir à sa voix 12,000 hommes bien armés, et jusqu'à sa mort (1467) défendit sans relâche et avec succès l'indépendance de ses montagnes.

82. Mahomet II. — Prise de Constantinople par les Turcs. — Sous *Mahomet II* (1451-1481), les Turcs se rendirent maîtres des provinces voisines de Constantinople; l'empereur grec *Constantin Dracosès* fut à peu près réduit à sa capitale; enfin, en 1453, la capitale elle-même fut attaquée. Mahomet vint l'assiéger avec 250,000 hommes et une flotte d'environ 500 voiles. Le nombre des Grecs sous les armes n'atteignait pas cinq mille hommes, auxquels se joignaient deux à trois mille étrangers; leurs forces maritimes se composaient de quinze bâtiments, vénitiens, génois et autres. *Constantinople* succomba avec courage : après une défense vigoureuse de cinquante-trois jours qu'opposa le brave et malheureux empereur *Constantin Dracosès*, la ville fut emportée d'assaut. L'empire ottoman remplaça l'empire romain d'Orient.

QUESTIONNAIRE. — 70. Quels peuples habitaient, au XIIIe siècle, le nord et l'est de l'Europe ? — L'histoire des Etats scandinaves a-t-elle une grande importance au moyen âge ? — Que comprenait l'empire de Canut le Grand ? — A quelle époque la Norwège secoua-t-elle le joug du Danemark ? — Conquêtes des Danois au XIIᵉ siècle. — Quand et par qui ces nouvelles possessions leur furent-elles enlevées ? — Qu'était-ce que la ligue hanséatique ? — 71. Quand et par quel souverain les trois Etats scandinaves furent-ils réunis ? — Dites quelques mots de l'union de Calmar. — Quand la Suède se détacha-t-elle de l'alliance ? — Quelles furent, pour la Norwège, les conséquences de l'union de Calmar ?—72. Quel était, au XIIIᵉ siècle, le plus puissant des Etats slaves ? — Quand et comment le grand-duché de Lithuanie avait-il été réuni à la Pologne ? — Indiquez le caractère de la constitution de Pologne, et montrez-en les funestes conséquences. — 73. Donnez une idée de la barbarie des Russes et du despotisme des Mongols. — 74. Qu'était devenu l'empire grec depuis la chute des Latins? — Quel peuple lui porta les derniers coups ? — 75. Origine de l'empire ottoman. — A quelle troupe les Turcs devaient-ils surtout leurs succès ? — 76. Qu'étaient les janissaires ? — 77. A quelle époque les Ottomans passèrent-ils en Europe? — Parlez de leurs progrès jusqu'à la bataille de Nicopolis. — Donnez, avec la date, quelques détails sur cette bataille. — 78. Par qui Bajazet fut-il arrêté dans ses projets? — Parlez des conquêtes de Tamerlan. — Où et quand triompha-t-il de Bajazet? — Que devint l'empire des Mongols après sa mort ? — 79. Quelles causes empêchèrent les Turcs Ottomans de profiter des divisions de leurs ennemis ? — Sous quel prince recommencèrent leurs succès ? — Indiquez les conquêtes de Mahomet Iᵉʳ. — Dites pourquoi les Etats de l'Occident ne pouvaient alors s'unir contre les Turcs. — Sur quel pays retomba tout le poids de la lutte ? — 80. Racontez la résistance héroïque de Jean-Hunyade Corvin. — 81. Dites quelques mots de la défense de Scanderbeg en Albanie. — 82. Racontez, avec la date et quelques détails, le siège et la prise de Constantinople.

CONCLUSION

GRANDES INVENTIONS DE LA FIN DU MOYEN AGE

RÉSUMÉ. — Le moyen âge est la période pendant laquelle se forment les nations et les langues modernes.

En Italie, Dante, Pétrarque et Boccace donnent le plus grand éclat à la poésie et à la prose.

Le dernier siècle du moyen âge est celui des grandes inventions.

La boussole permet aux marins les voyages au long cours et la découverte de pays nouveaux.

Roger Bacon retrouve la composition de la poudre à canon.

Les Grecs fabriquent le papier de coton. Guttenberg découvre l'imprimerie, et Finiguerra la gravure.

Ces découvertes opèrent une transformation dans la civilisation, et le monde moderne commence.

83. La fin du moyen âge. — Le moyen âge est la période de naissance et de formation des Etats modernes. On les verra plus tard grandir, se développer, changer parfois de frontières; mais ils avaient, dès lors, pris leur place dans le monde, et la plupart avaient déjà ou à peu près les limites qu'ils ont conservées depuis. C'est aussi l'âge de formation des langues européennes; au milieu du XVe siècle, ces langues n'en étaient plus aux tâtonnements et aux pas incertains de leurs premiers temps.

84. Les lettres. — L'Italie avait donné au monde chrétien le plus grand peut-être de ses poètes, *Dante*. *Pétrarque* l'avait suivi de près, et, par ses odes et ses sonnets, il avait atteint la perfection dans le genre lyrique, comme Dante y était arrivé dans sa grande épopée de la *Divine Comédie*. La prose italienne

n'était pas restée en arrière; le récit que *Boccacc*
nous a tracé de la peste de Florence en 1348 a pu
être comparé aux récits analogues des grands écrivains de l'antiquité. La poésie française n'avait pas
encore de chefs-d'œuvre, comme celle de l'Italie,
mais notre pays avait déjà deux grands historiens,
Joinville et *Froissart*.

85. Les grandes inventions. — Le dernier
siècle du moyen âge vit naître de grandes découvertes,
dont l'action fit des temps qui suivirent un monde
nouveau. La marine et la guerre allaient se transformer par l'usage chaque jour croissant de la *boussole*
et de la *poudre à canon;* la découverte de l'*imprimerie* et l'emploi du *papier de linge* allaient amener
la diffusion des connaissances, et remplacer les manuscrits, qui coûtaient cher et qui étaient accessibles seulement au petit nombre, par les livres, que
leur prix modique mettait à la portée de tous.

La boussole, la poudre à canon et le papier de
linge avaient été de bonne heure connus des *Chinois*.
Mais, dans ce vieil empire, l'horreur des innovations
et l'absence de tout rapport avec les étrangers avaient
laissé ces inventions dans leur grossièreté primitive
et comme dans une éternelle enfance. Les Arabes les
leur avaient empruntées, et peut-être est-ce par eux
que l'Europe en eut connaissance.

86. La boussole. — Introduite en Occident dès
le xiiᵉ siècle, la **boussole** ne fut vraiment utilisée par
les marins qu'au commencement du xivᵉ. En permet-
tant de s'élancer avec plus d'audace au milieu des
mers, elle prépara les grandes découvertes qui devaient bientôt ouvrir aux Européens tant de terres

nouvelles. Les Portugais entrèrent les premiers dans cette voie, et l'exploration progressive qu'ils entreprirent de la côte occidentale d'Afrique — groupe de *Madère* (1418), *Açores* (1432), *cap Bojador* (1433), *cap Blanc* (1441), *cap Vert* (1447) — inaugura brillamment le siècle de **Colomb** et de **Vasco de Gama**.

87. **La poudre à canon.** — Un moine anglais, *Roger Bacon,* trouva ou retrouva la composition de la poudre vers le milieu du XIII° siècle, et, au XIV°, des canons ou bombardes lançaient de grosses pierres qui écrasaient sous leur poids les édifices et les remparts des villes assiégées. Bien que Froissart n'en fasse pas mention, Edouard III en avait à Crécy (1346), et l'historien italien *Villani* attribue des effets extraordinaires à ces bombardes du roi anglais : « Il semblait, dit-il, que Dieu tonnât avec une grande destruction d'hommes et de chevaux. » Cette arme allait bientôt rendre les guerres plus savantes, en laissant moins de part à la valeur personnelle, pour donner plus d'importance à la tactique, c'est-à-dire à l'art de combiner et de diriger vers un but commun les forces dont on dispose.

88. **Le papier.** — Dès le VIII° siècle, après que l'Egypte leur eut échappé, les Grecs remplacèrent le parchemin et le papier que faisaient les Egyptiens avec le papyrus[1], par un nouveau papier qu'ils fabriquaient en réduisant le coton cru en bouillie. De là à faire du papier avec le vieux linge, avec les chiffons, il n'y avait qu'un pas. On le fit à la fin du XIII° siècle ou au début du XIV°, et plusieurs villes d'Italie, Pa-

---

1. Plante qui croissait en abondance dans les marais du Nil.

doue entre autres, réclament l'honneur de cette invention. L'usage du papier de linge se répandit peu à peu dans tout l'Occident, et devint général au xvᵉ siècle : il contribua puissamment au développement rapide de la plus merveilleuse des inventions, celle de l'imprimerie.

89. **L'imprimerie et la gravure.** — Il était bien difficile, avant le xvᵉ siècle, de se procurer les livres nécessaires pour étudier : le prix du parchemin ou du vélin et le travail des copistes donnaient aux manuscrits une valeur qui les écartait de la plupart des mains. Pour acheter un Tite-Live, un savant de Palerme se vit un jour obligé de vendre une terre patrimoniale; sous Edouard III, un chancelier d'Angleterre donna 50 livres pesant d'argent pour trente à quarante volumes. De 1436 à 1450, **Guttenberg,** de Mayence, avec ses associés *Faust* et *Shœffer*, créa l'art si précieux qui allait permettre de multiplier à l'infini et très rapidement, par des procédés mécaniques, les ouvrages que des copistes mettaient un temps énorme à transcrire une seule fois. Dès ce moment l'*imprimerie* prit un rapide essor; avant la fin du siècle, la traduction latine de la Bible appelée *Vulgate* et presque tous les écrivains classiques étaient publiés. Enfin, en 1452, l'orfèvre florentin *Finiguerra* trouvait le moyen d'orner et d'embellir les livres en reproduisant les images par la *gravure* sur métal d'abord, et bientôt après par la gravure à l'eau-forte.

90. **Le commencement du monde moderne.** — Le monde moderne commençait. Grâce à la boussole, **Colomb,** en découvrant l'Amérique, allait en

doubler l'étendue. Grâce à l'imprimerie, qui permettait la culture à toutes les intelligences, l'esprit humain allait aussi décupler ses forces, et le génie enfanter plus de chefs-d'œuvre, la civilisation accomplir plus de progrès merveilleux en quatre siècles, que ne l'avait pu faire le moyen âge dans un millier d'années.

QUESTIONNAIRE. — 83-84. La formation des Etats et des langues modernes était-elle achevée à la fin du moyen âge ? — 85-89. Indiquez les grandes inventions des XIVᵉ et XVᵉ siècles. — Donnez quelques détails sur celles de la boussole, de la poudre à canon, de l'imprimerie. — 90. Quand commence le monde moderne ?

FIN

TABLE DES MATIÈRES

AVERTISSEMENT.................................... 5
INTRODUCTION 11

PREMIÈRE PARTIE

De la mort de Théodose à l'avènement de Pépin le Bref (395-752).

L'EMPIRE D'OCCIDENT DÉMEMBRÉ PAR L'INVASION GERMAINE. — L'EMPIRE D'ORIENT AMOINDRI PAR L'INVASION ARABE. — RENCONTRE DES DEUX INVASIONS (711, 732).

CHAP. Iᵉʳ. — Le monde romain et les Barbares du Nord à la fin du IVᵉ siècle............ 13
— II. — L'invasion germaine sous le règne d'Honorius. — Alaric et les Wisigoths (395-424)............................ 18
— III. — L'invasion germaine de la mort d'Honorius à la fin de l'empire d'Occident. — Les Vandales de Genséric et les Huns d'Attila (423-476)..................... 23
— IV. — Les Francs sous Clovis et ses fils (481-561).............................. 29
— V. — Théodoric et les Ostrogoths (489-526)... 35
— VI. — Réaction momentanée de l'empire grec. — Justinien (527-565)................ 38
— VII. — Triomphe définitif des Barbares germains...................................... 45
— VIII. — Résultats généraux de l'invasion. — Les royaumes barbares chrétiens et catholiques. — Saint Grégoire le Grand (590-604) 50
— IX. — L'empire grec en partie démembré. — Mahomet et les conquêtes des Arabes. — I............................... 56

Chap. X.   — L'empire grec en partie démembré. —
              Conquêtes des Arabes (632-732). — II.   61
  — XI.   — Guerres civiles des Francs (561-687)....   65
  — XII.   — Les Francs sous les maires de la maison
              d'Héristal (687-752). — Les Arabes
              vaincus à Poitiers (732)..............   70
              Résumé de l'invasion germaine des
              Vᵉ et VIᵉ siècles (tableau)   74
              Les Carlovingiens avant leur avène-
              ment au trône (tableau)..............   75

DEUXIÈME PARTIE

De l'avènement de Pépin le Bref à l'avènement de saint Grégoire VII (752-1073).

FORMATION ET DÉMEMBREMENT DE L'EMPIRE CARLOVINGIEN.
LA FÉODALITÉ. — DÉMEMBREMENT DE L'EMPIRE ARABE.

Chap. Iᵉʳ.   — Pépin le Bref et Charlemagne. — L'em-
              pire et le gouvernement carlovingien.
              — Le pouvoir temporel du saint-siège
              (752-814)   76
  — II.   — Démembrement de l'empire carlovingien
              et ruine du pouvoir central. — Etablis-
              sement de la féodalité (814-887)   90
  — III.   — Fin de la dynastie carlovingienne en Al-
              lemagne (887-911), en Italie (887) et en
              France (887-987). — Premiers Capé-
              tiens de France (987-1060)   98
              Les Carlovingiens depuis leur avè-
              nement au trône (tableau)   103
  — IV.   — L'Allemagne et l'Italie féodales (911-1039).
              — Reconstitution de l'empire de Char-
              lemagne par Othon le Grand (962)....   104
  — V.   — La féodalité : ses grands caractères et ses
              résultats   110
  — VI.   — L'Angleterre tour à tour conquise par les
              Danois et par les Normands (1066). —
              Etablissement de la féodalité   115
  — VII.   — Conquêtes des Normands et établisse-

ment de la féodalité dans l'Italie méridionale (1025-1085). — Fondation du royaume des Deux-Siciles (1130)...... 123

CHAP. VIII. — Démembrement de l'empire des Arabes. 129

— IX. — Le monde musulman et le monde chrétien vers la fin du xi⁰ siècle. — Schisme de l'Eglise grecque..................... 137

Démembrement de l'empire des Arabes (tableau)........................ 142

TROISIÈME PARTIE

De la querelle des investitures à la mort de saint Louis (1073-1270).

SAINT GRÉGOIRE VII ET LES CROISADES. — PROGRÈS DE LA ROYAUTÉ ET DES VILLES.

CHAP. Iᵉʳ. — Querelle des investitures (1073-1122).... 143

— II. — La première croisade (1095-1099)....... 150

— III. — Les dernières croisades (1147-1270). — Résultats de ces expéditions......... 158

— IV. — Les chrétiens et les musulmans d'Espagne dans les quatre derniers siècles du moyen âge........................ 172

— V. — Progrès de la royauté et des villes en France. — I. Louis VI et Philippe-Auguste............................... 179

— VI. — Progrès de la royauté et des villes en France. — II. Guerre des albigeois. — Saint Louis...................... 190

— VII. — Les républiques italiennes et leur lutte contre la maison de Souabe. — Affermissement de la féodalité en Allemagne (xiiᵉ et xiiiᵉ siècles)............. 201

— VIII. — L'Angleterre de 1087 à 1272. — Etablissement du gouvernement parlementaire. 209

— IX. — Etat du monde à la fin du xiiiᵉ siècle... 216

Tableau des croisades............. 226

La féodalité dans les quatre grands pays de l'Europe (tableau)........... 228

QUATRIÈME PARTIE ·

De la mort de saint Louis à la prise de Constantinople par les Turcs (1270-1453)

LE GRAND SCHISME D'OCCIDENT. — LA GUERRE DE CENT ANS. — LES TURCS OTTOMANS EN EUROPE. — L'IMPRIMERIE ET LA BOUSSOLE.

CHAP. Ier. — Philippe le Bel et Boniface VIII. — Les papes d'Avignon (1309-1377). — Le grand schisme d'Occident (1378-1449) . 230

— II. — La France et l'Angleterre pendant la guerre de Cent ans. — Première période (1337-1380) 238

— III. — La France et l'Angleterre de 1380 à 1415. — Deuxième période de la guerre de Cent ans (1415-1453)................. 250

— IV. — L'Allemagne depuis le grand interrègne jusqu'à l'avènement définitif de la maison de Habsbourg-Autriche (1273-1437). 265

— V. — L'Italie dans les deux derniers siècles du moyen âge......................... 273

— VI. — L'Europe septentrionale et l'Europe orientale. — Conquête de Constantinople et de l'empire grec par les Turcs Ottomans.............................. 282

CONCLUSION.— Grandes inventions de la fin du moyen âge.......................... 297

SOCIÉTÉ ANONYME D'IMPRIMERIE DE VILLEFRANCHE-DE-ROUERGUE
Jules Bardoux, Directeur.